人力资源管理

（第二版）

主　编　李春仙

副主编　韩燕雄　贾立珊　刘学艺

中国财富出版社有限公司

图书在版编目（CIP）数据

人力资源管理 / 李春仙主编 . —2 版 . —北京：中国财富出版社有限公司，2020. 9
ISBN 978 - 7 - 5047 - 7238 - 1

Ⅰ. ①人…　Ⅱ. ①李…　Ⅲ. ①人力资源管理—高等学校—教材　Ⅳ. ①F243

中国版本图书馆 CIP 数据核字（2020）第 173363 号

策划编辑　李　晗　　责任编辑　李　伟

责任印制　梁　凡　　责任校对　卓闪闪　　责任发行　白　昕

出版发行　中国财富出版社有限公司

社　　址　北京市丰台区南四环西路 188 号 5 区 20 楼　　邮政编码　100070

电　　话　010 - 52227588 转 2098（发行部）　　010 - 52227588 转 321（总编室）

010 - 52227588 转 100（读者服务部）　　010 - 52227588 转 305（质检部）

网　　址　http：//www. cfpress. com. cn　　排　　版　宝蕾元

经　　销　新华书店　　印　　刷　天津市仁浩印刷有限公司

书　　号　ISBN 978 - 7 - 5047 - 7238 - 1/F · 3222

开　　本　787mm × 1092mm　1/16　　版　　次　2020 年 10 月第 2 版

印　　张　17. 75　　印　　次　2020 年 10 月第 1 次印刷

字　　数　389 千字　　定　　价　45. 00 元

修订说明

人力资源管理萌芽于中古世纪的欧洲，历经18世纪末至19世纪初传统管理阶段的人力资源管理、19世纪末至20世纪初科学管理阶段的人力资源管理、20世纪20年代人际关系—行为科学阶段的人力资源管理，到20世纪70年代的现代人力资源管理，理论体系逐渐成熟。

中国是一个文明古国，具有五千多年的悠久文明史，我们的祖先积累的丰富的人事管理思想，早已融入中华文明和世界文明的思想宝库，是一份珍贵的历史文化遗产。中华人民共和国成立后，在我国的社会主义建设过程中，逐步形成了具有中国特色的社会主义人力资源管理思想，特别是改革开放以后，我国的人力资源管理逐步与世界接轨，经过40余年的发展，已初步形成较为完善的人力资源管理理论、方法、步骤和措施，逐步取代了传统的人事管理，并有了较大的突破和发展。当今社会，人力资源管理在组织的经济管理中起着举足轻重的作用，是组织的主要管理形式之一。

《人力资源管理》出版至今已有5个年头，其间，无论理论还是实践都发生了很大的变化，对人力资源管理提出了新的要求，鉴于此，我们对《人力资源管理》进行了修订。《人力资源管理》（第二版）继续以人力资源管理的七个板块为主线，延续了第一版“理论够用，实践并举”的编写理念，与第一版相比，内容更完善，板块更清晰，案例更丰富，知识拓展更具体，更易于学习者的理论学习和实践训练。

本教材适合普通高等院校经济类、管理类及高等职业院校、高等专科院校等有关专业的师生使用，同时也适合人力资源从业人员以及所有对人力资源感兴趣的人士阅读。

编　者

2020年3月

修订说明

[illegible]

编　者

2020年　月

前　言

21 世纪是充满竞争和机遇的新世纪。全球经济发展的关键、竞争的焦点，已无可置疑地转向科技和知识。而科技和知识的载体是人，所以，知识经济的内涵就是人力资源的经济，科技和知识的竞争归根结底就是人力资源的竞争。人力资源管理又是管理理论的一个重要主题，是管理者知识结构的主要支柱，因此人力资源管理已经成为现代企业竞争和管理的核心之一。

在这样的一个“以人为本”的时代，“人”在价值创造中的地位和作用越来越重要，“人”是企业的四大要素中最重要的要素，企业的生存与发展越来越依赖于“人”的因素，越来越多的企业通过“人”来获得竞争优势。如何开发人力资源，取得最大的经济效益，是当今世界管理科学发展中的一个极为重要的课题，也是一门值得重视、研究的科学课题。

人力资源管理是高等院校经济管理类专业的一门重要课程，其原理和方法不仅对在校大学生，而且对企业以及所有组织都有着普遍的学习和指导意义。本书从高等院校的教学需求出发，着眼于企业的实际情况，本着工学结合的原则，系统地介绍了人力资源管理的理论、方法和技术。本书主要内容包括人力资源管理概论、人力资源管理的演进、人力资源规划、工作分析与职位评价、人员招聘与录用、员工培训、绩效考评、薪酬与福利、劳动关系与员工安全、企业文化与人力资源管理、人力资源管理业务外包。本书的特点是：理论逻辑思路清晰，案例素材丰富翔实，深入浅出，通俗易懂，力求在体系结构上体现新颖性、系统性，在内容上体现可读性、实用性。

本书由陕西服装工程学院李春仙等老师编写。具体分工如下：李春仙设计、编写大纲，编写第 1 ~9 章及各任务小结，并对全书进行修改及最后定稿；刘学艺编写第 10 章，韩燕雄、贾立珊、来燕、韩涛编写第 11 章。在本书的编写过程中，陕西服装工程学院学生傅新风、莫棋提供了大力帮助，在此表示感谢。

本书在编写过程中，参考了国内外同行的已有成果，在此向他们表示深深的感谢！由于编者自身知识结构等限制，难免有不准确和不足之处，敬请专家学者和广大读者不吝赐教。

最后，要特别感谢中国财富出版社的编辑为本书出版付出的大量心血，在设计、写作和修改过程中提出的许多宝贵意见和建议，谢谢你们！

李春仙

2020 年 3 月

目 录

1 人力资源管理概论

学习目标

1. 掌握人力资源管理的概念
2. 理解人力资源管理的重要性
3. 了解人力资源管理的地位与作用
4. 熟悉工作分析的流程、人力资源管理的目标与任务
5. 掌握人力资源管理的基本内容与范畴

案例导入

微软研究院的人才管理方式

作为世界上最著名的计算机软件公司，微软研究院在人力资源管理方面有很多独到之处，摘录几点如下。

1. 引导，但不控制

研究院研究的项目、细节、方法、成败，都由研究员自己来决定。对于细节，领导层可以提出自己的意见，但决定权在研究员手中。即使领导层并不认同他们的决定，研究员在研发过程中也会得到领导层的全力支持。

2. 自由、真诚、平等

微软研究院不允许官僚作风、傲慢作风和明争暗斗的存在，鼓励不同资历、级别的员工互信、互助、互重，每名员工都能够对他人提出自己的想法。就算是批评、争论，也是在互信、互助、互重的前提下做出的。

3. 员工的满足

很多人可能认为良好的待遇是员工最大的需求。当然，良好的待遇是非常重要的，但对于一个研究员来说更重要的是能够有足够的资源来专门从事研究，能够得到学术界的认可，并能有机会将技术转变为成功的产品。

微软是这样做的：提供丰富的研究资源。用公司的雄厚资本，让每名研究员没有后顾之忧，能够全心全意地做研究。这种资源是多元性的，如不仅包括计算机、软件、仪器、实验，还包括足够的经费让研究员出国开会、考察或学习。微软深知研究员更希望全神贯注地做他们热爱的研究，而不必做他们不热衷也不擅长的工作，所以，微

软研究院雇佣了多名技术支持人员、行政助理、图书管理员、数据搜索员等来支持研究员的工作。

有多元的研究队伍。一个研究队伍，除了有数名研究员之外，还有多名副研究员（类似博士后）、实习生、开发人员和访问学者。这样一个多元的队伍能够很快地做出成果。

支持研究人员获得学术界的认可。有了开放的环境，员工不必担心因公司把他们的重大发明变为公司机密，而丧失与国外学者交流或被认可（获得论文奖）的机会。

4. 发掘人才

人才在信息社会中的价值，远远超过在工业社会中。原因很简单，在工业社会中，一个最好的、最有效率的工人，或许比一个一般的工人能多生产20%或30%的产品。但是，在信息社会中，一个好的软件研发人员，能够比一个一般工作人员多做500%甚至1000%的工作。例如，为微软带来巨额利润的Windows是由一个研究小组做出来的。既然人才如此重要，微软研究院是如何去发掘人才的呢？

找出有杰出成果的领导者。这些领导者，有些是著名的专家，但要注意有时候最有能力的人不一定是最有名的人。许多计算机界的杰出成果，经常是由一批幕后研究英雄创造的。无论是台前的知名教授，还是幕后的研究英雄，只要他们申请工作，微软都会花很多的时间去了解他们的工作，并说服他们考虑到微软研究院工作。

找出最有潜力的人。在中国，因为信息技术起步较晚，所以，现阶段杰出的成果和世界级的领导者比起美国要少得多。但是，基于中国年轻人（如应届硕士生或博士生）的聪明才智、基础和创造力，微软专门成立了中国研究院，在中国寻找有潜力的人才。

5. 吸引、留住人才

很多人认为，雇佣人才的关键是待遇，因此，微软来到中国可以"高薪收买人才"。微软认为，每一个人都应该得到适当的待遇，但是除了提供有竞争性（但是合理）的待遇之外，微软更重视研究的环境。微软为研发人员开辟的环境极富吸引力，包括：充分的资源支持，让每个人没有后顾之忧；最佳的研究队伍和开放、平等的环境，让每个人都有彼此切磋、彼此学习的机会；造福人类的机会，让每个人都能为自己所研究开发的产品自豪；长远的眼光和吸引人的研究课题，让每个人都热爱自己的工作；有理解并支持自己研究的领导，让每个人都能得到支持，在紧随公司大方向的同时，仍有足够的空间及自由去发挥自己的才能，追求自己的梦想。

思考：

1. 微软研究院人力资源管理独到之处的核心是什么？

2. 如果你是微软研究院中国分部的人力资源主管，你将在哪些方面加强人力资源开发与管理工作？

本章要点

较全面地阐述了人力资源管理的有关理论。人力资源管理是现代管理学的分支。人力资源管理作为一门管理科学，是研究社会劳动过程中人与事之间，以及共事的人与人之间相互关系及其运动、发展、变化规律的一门综合性的社会科学。本章叙述了人力资源的概念、特征，人力资源管理的含义、特点及分类；讲述了人力资源管理的地位与作用，以及人力资源管理的主要目标与任务；阐明了人力资源管理的职能责任，以及用系统的方法来分析人力资源管理职能的相互关系；最后，明确了人力资源管理的基本内容与范畴。

1.1 人力资源管理是一门科学

21 世纪是充满竞争和机遇的新世纪。时间的车轮驶入 21 世纪 20 年代，全球经济发展的关键、竞争的焦点，已无可置疑地转向科技的竞争和知识的竞争。而科技和经济的载体是人，所以知识经济的内涵，就是人力资源的经济。科技和经济的竞争，归根结底就是人力资源的竞争。在人、土地、厂房、资金、机器等所有的生产要素中，土地、厂房、资金、机器等已不再是国家和企业致富的唯一源泉，人力资源才是企业的生存之根本。由于人力资源是各个要素中最积极、最活跃，并且起着主动性作用的因素，因此人力资源在当代已被称为推动经济增长和社会发展的第一资源。当今世界，各国科学技术的进步、产业结构的调整和经济实力的增强，首要的决定因素已经不再是资本的拥有量，而是人力资源的拥有量。谁能有效地开发和管理人力资源，谁就能掌握科技、掌握市场、掌握生产力，保持持久旺盛的生命和活力。人力资源作为一国经济发展的关键因素，其重要地位和作用已成为世界各国政府、企业界和民众的共识，并已经成为世界各国未来发展战略中一个举足轻重的问题。

现代企业的成功与失败，无一不与人的素质密切相关。人力资源在现代企业中是最重要的资源，有效地开发和合理科学地管理人力资源，才能引导企业走向成功。21 世纪的经济竞争，是人才的竞争，是人力资源综合素质的竞争。我国企业面对 21 世纪错综复杂的内外部环境，如何继续生存和发展，关键在于人力资源的开发与管理，在于如何充分利用和发挥我国人力资源的优势，取得更大的经济效益。

1.1.1 人力资源管理的重要性

在当前市场竞争异常激烈的情况下，人力资源管理的优劣直接关系到企业的成败与命运。每一家成功的企业都十分重视人力资源管理。被称作“经营之神”的日本著名企业家松下幸之助曾这样说过：“国家的兴盛在于人，国家的灭亡亦在于人，古圣先贤，早有明训；回顾历史，可谓丝毫不爽。经营事业的失败，不容讳言，与治国同一道理，在于人事安排是否适宜。”他深刻地说明了人力资源管理在现代企业中的重要性。

人力资源管理成为一门科学，在国外已有多年的历史。早在1923年，美国的司考特与克洛奚尔两位博士就著有《人事管理学》一书，之后连印六版。

目前，人事管理的领域进一步扩大，在西方的管理观念和实践中，已趋向采用“人力资源管理”这一概念来代替人事管理的概念。美国许多大学都设立了人力资源开发系（科）并建立了一些培养人力资源开发专职人员的业余学校。它们开设了“人力经济学”“人才流动学”“行为科学”，以及“自我设计学”等十几门课程。

在党的十一届三中全会以前，我们的政工人事部门没有把人力资源管理作为一门科学来研究。党的十一届三中全会以来，随着改革开放，国家机关、企事业单位都面临新的挑战，需要通过有效的管理激发员工的活力，提高机构的办事效率，以适应社会发展的要求，因而人力资源管理的研究才日益受到重视。邓小平同志指出：改革经济体制，我最关心的，是人才。改革科技体制，我最关心的，还是人才……要创造一种环境，使拔尖人才能够脱颖而出。改革就是要创造这种环境。

为了实现这种改革，创造一种真正优化的环境，使我国的人力资源得到更好地开发，就必须研究人力资源管理。

人力资源管理在今天已逐步受到人们的重视，而且有取代传统人事管理的趋势，其主要原因是人力资源管理更重视人在组织中的重要性和价值，并通过不同的管理功能和安排，将人的能力和潜力有效地发挥出来。

1.1.2 人力资源的含义与特征

1. 人力资源的含义

对于人力资源定义的认识和概括，国内外诸多学者从不同角度给出了多种不同的界定，大体上主要有三种观点。一是狭义论，认为人力资源是指在一定时间、一定空间地域内的人口总体中所具有的劳动能力之总和。二是广义论，认为人力资源是指在一定范围内能够作为生产要素投入社会经济活动中的全部劳动人口的总和。三是中间论，认为人力资源是指能够推动整个经济和社会发展的劳动者的能力，即处在劳动年龄已直接投入经济建设和尚未投入经济建设的人口能力的总和。

我们认为，所谓人力资源是指能够推动整个经济和社会的发展、具有智力劳动和体力劳动能力的劳动者的总和。宏观意义上的人力资源概念，以国家或地区为单位进行划分和计量；微观意义上的人力资源以部门、企业、事业等用人单位进行划分和计量。

人力资源包括人的智力、体力、知识和技能，作为一定人口总体中所拥有的劳动能力的总和，表现为数量和质量两个方面。人力资源的数量和质量是密切联系的两个方面，数量是基础，质量是关键，数量适中而且质量精良，是人力资源管理的理想目标之一。

1）在数量上的构成

人力资源的数量包括绝对数量和相对数量。

（1）人力资源绝对数量

人力资源绝对数量从宏观上看，指的是一个国家或地区中具有劳动能力，从事社会劳动的人口总数，它是一个国家或地区劳动适龄人口减去其中丧失劳动能力的人口，加上非劳动适龄人口中具有劳动能力的人口。其中包括：

① 处于劳动年龄之内，正在从事社会劳动的人口（我国法定劳动年龄为男职工16~60周岁，女干部16~55周岁，女工人16~50周岁），即劳动适龄就业人口 。这部分人员占人力资源的大部分。从事井下、高温、高空，特别繁重体力劳动或其他有害身心健康工作的，男50周岁，女45周岁退休。

② 尚未达到劳动年龄，已经从事社会劳动的人口，即未成年就业人口。

③ 已经超过劳动年龄，继续从事社会劳动的人口，即老年就业人口。

④ 处于劳动年龄之内，具有劳动能力并要求参加社会劳动的人口（我国目前称为失业人口、求业人口、下岗待业人员等）。

⑤ 处于劳动年龄之内，正在从事学习的人口，即求学人口。

⑥ 处于劳动年龄之内，正在从事家务劳动的人口。

⑦ 处于劳动年龄之内，正在军队服役的人口。

⑧ 处于劳动年龄之内的其他人口。

⑨ 处于劳动年龄之内的病残人口。

（2）人力资源相对数量

人力资源相对数量用人力资源率表示，人力资源率指人力资源的绝对数量占总人口的比例，是反映经济实力的重要指标之一。一个国家或地区的人力资源率越高，表明其经济越具有某种优势。

2）在质量上的构成

人力资源的质量是人力资源所具有的体力、智力、知识和技能的水平以及劳动者的劳动态度等。一般体现在劳动者的体质水平、文化水平、专业技术水平以及积极性等方面，往往用健康指标、受教育状况、劳动者的技术等级状况和劳动态度等指标来衡量。人力资源的质量综合体现在劳动者个体和人力资源整体的健康情况、知识水平、技能水平和劳动态度等方面，他们往往可以用健康指标（如平均寿命、婴儿死亡率、每万名人口中拥有的医务人员数、人均摄入热量等），受教育状况（劳动者的人均受教育年限、每万名人口中大学生数量、大中小学入学比例等），劳动者的技术等级状况（如劳动者技术职称等级的现实比例、每万名人口中高级职称人员所占比例等）和劳动态度（如对工作的满意程度、工作的努力程度、工作的负责程度、与他人的合作性等）来衡量。因此，与人力资源数量相比，人力资源的质量对于国家和社会经济发展的作用更为重要。随着社会的发展，现代科学技术对人力资源的质量提出了更高的要求，尤其是在以信息、知识和技术密集为特征的知识经济时代，提高一国或地区人力资源的质量是人力资源发展的重要目标和方向。影响人力资源的因素有人类体质与智能遗传，营养状况，教育状况（国家教育发展水平、成人教育、早期教育），文化观念以及经济和社会环境等。

2. 人力资源的特征

人力资源作为国民经济资源中的一个特殊部分，既有质、量、时、空的属性，也有自然的生理特征。人力资源具有以下几个特征。

1）人力资源的能动性

人力资源的能动性是人力资源的首要特征，是人力资源与其他资源相比最根本的区别。所谓能动性，就是指人的体力与智力结合在一起，具有主观能动性，而且还有不断开发的潜能。因此，人力资源的能动性可以从以下几个方面理解和把握：①人具有意识性。人在经济活动中，知道活动的目的性，这样就可以有效地对自身活动做出抉择，调节自身与外部的关系。②人具有创造性。这是人力资源能动性的主要方面，是人力资源发挥潜能的决定性因素。③人具有可激励性。在经济活动过程中，通过对人的工作能力的提高和工作动机的激励来提高工作效率。④人具有主体性。所谓主体性，就是人力资源在经济活动中起着主导作用。一切经济活动首先是人的活动，人的活动引发、控制、带动了其他资源的活动。

2）人力资源的双重性

人力资源的双重性是指人力资源的生产性和消费性。人力资源的生产性强调其首先是物质财富的创造者，而且是有条件地创造。例如，人力资源必须与自然资源等其他资源相结合，有足够的活动空间和时间、相应的活动条件才能进行。而人力资源的消费性则强调人力资源的保持需要消费一定量的物质财富，并且是无条件地消费。人力资源的双重性是相辅相成的：生产性能够创造出物质财富，为人类的生存和发展提供条件；消费性则能够为人力资源的维持和发展创造条件，推动社会生产力的进一步发展，如能够维持人的生计，满足需要，提供教育与培训等。但是，就生产性和消费性而言，生产性总是大于消费性的，否则社会就不会发展了。当然，人力资源的数量过剩，质量结构和现行经济结构以及社会需求相互脱节或不匹配时，就会造成人力资源和物力资源的双重浪费，有碍社会发展。

3）人力资源开发过程的时代性

人力资源开发过程的时代性是指组成人力资源的人都生活在一定的历史条件下和社会环境中，不同时期社会经济发展的总体水平必然决定人力资源的总体水平，决定和影响人们的认识能力、创造能力。

4）人力资源开发过程的持续性

所谓人力资源开发过程的持续性，是指人力资源是可以不断开发的资源，其不像物质资源那样，通过一次开发、二次开发、再次开发，以至形成最终产品之后，就不能继续开发下去了。人力资源开发过程具有持续性，不仅人力资源的使用过程是开发的过程，而且其培训、积累、提高、创造的过程也是开发的过程，它是一个可以“多次开发”的资源。

5）人力资源的再生性

人力资源的再生性，主要基于人口的再生产和劳动力的再生产。人力资源是“活”的资源，一方面，通过人口的繁衍，人力资源不断地再生产；另一方面，人的体能在一个生产过程中消耗之后，可以通过休息和补充能量得以恢复。如果人的知识技能过时了，也可以通过培训和学习手段得到更新和补充。

6）人力资源的社会性

从宏观上看，人力资源总是与一定的社会环境相联系的。人力资源的形成要依赖社会，它的配置要通过社会，它的开发和使用要处于社会经济的分工体系中，所以说它是一种社会活动。从微观上看，人类劳动是群体性劳动，不同的劳动者一般在社会经济运行中分别处于各个地区劳动组织中，构成了人力资源社会性的微观基础。从本质上讲，人力资源是一种社会资源，它的所有权应当归整个社会，而不应仅归属于某一个具体的社会经济单位。

1.1.3 人口资源、人力资源与人才资源

从人力资源的概念来看，它是一个内容涵盖面很广的理论概括。它的提出开拓了社会学特别是经济学对人和劳动力研究的全新领域。分析人口资源、人力资源和人才资源的关系有助于更准确地理解人力资源的实质、内容及重要性。

1. 人口资源

人口资源是指一个国家或地区一定时期所有人口的总和，其主要表现是数量概念，是人力资源和人才资源的基础和来源，只有拥有一定的人口资源才能保证一定的人力资源和人才资源。

2. 人力资源

人力资源是指一个国家或地区一切具有为社会创造物质财富和精神、文化财富的，从事智力劳动和体力劳动的劳动者的总和。

3. 人才资源

人才资源则是指一个国家或地区具有较强的管理能力、研究能力、创造能力和专业技术能力的人的总称，它重点强调人的质量方面，强调人力资源中较杰出的、优秀的那一部分，表明一个国家或地区所拥有的人才质量，反映了一个国家民族的素质，是民族的希望所在。

人口资源、人力资源与人才资源三者在数量上存在着一种包含与被包含的关系：人口资源数量的多少是人力资源形成的数量基础；人口资源中具备一定脑力和体力的人是人力资源；而人才资源又是人力资源的一部分，是人力资源中质量较高，数量较

少的那部分。我国人口众多，从数量上看，人口资源居于首位，人力资源和人才资源却比较匮乏，人力资源的文化水平较低、素质较差。因此，我国人力资源的潜力很大，如何大力开发和合理使用人力资源，是理论和实践的重要研究课题。

1.1.4 人力资本与人力资源

人力资本和人力资源是两个密切相关的概念，两者拥有相同之处，又有明显的区别，它们在理论渊源、研究对象、分析目的上都是相同的。人力资源是具有一定的体力、知识和能力的人；人力资本是通过对人力资源的投资而体现在劳动者身上的体力、智力和技能。可以看出，人力资本理论是人力资源理论的基础，两者都以人为研究对象，其分析目的都是最大限度发挥人的能力和潜力。但两者之间还是存在一定区别的，主要表现在两者研究问题的角度和关注的重点与分析的内容上。人力资源主要是管理领域的概念，强调人力作为一种经济资源的稀有性和有用性，是指经过开发而形成的具有一定体力、智力和技能的生产要素的资源形式，强调能力作为生产要素在生产过程中的创造能力。人力资源研究的侧重点是管理方法，包括人力资源的获取、开发、使用、考核、激励和薪酬等方面的内容。人力资本则主要是经济领域的概念，其分析内容侧重于价值的研究。人力资本描述了通过资本投资形成的以一定人力存量存在于人体中的资本形式，强调以某种代价所获得的能力与技能的价值，投资的代价可在提高生产力的过程中以更大的收益收回。其研究内容侧重于对人力的投资与回报。

人力资本的特征主要体现在以下四个方面：

1. 人力资本的生产性

人力资本是经济建设生产过程中必不可少的生产要素。尤其在现代经济中，人力资本显现出远大于物质资本的重要性。所以，人力资本的生产性是人力资本最基本的性质。

2. 人力资本的稀缺性

无论在何等优越的条件下，一个人所能获得的人力资本及其维持的时间都是有限的，再加上人力资本的形成、存量的增加需要投入劳动、时间和金钱等稀缺性的资源，所以，人力资本也同样是一种稀缺的资源。一般来说，在其他条件一定的前提下，人力资本水平越高，拥有者的人数也就越少。

3. 人力资本的可变性

一个群体的人力资本存量并不是固定不变的，它存在两种变化形式：一种是通过人力资本投资和社会需求的变化使人力资本存量价值增加；另一种是人力资本的消耗、闲置和贬值，也就是负增长变化。同物质资本相同，人力资本在使用过程中也会有消耗。只有在使用过程中投入一定的成本进行维护，才能保证它的正常工作状态，从而发挥其正常的生产功能。人力资本的贬值可能是由于技术、生产和市场变化，比如，当某项技术失去市场需求时，就是一种贬值；人的年龄老化或健康状况不理想，甚至死亡，也将导致人力资本的贬值或消亡。

4. 人力资本的功利性

人力资本同其他形式的成本一样，具有功利性质，也就是说人力资本是其所有者用来谋取经济利益的一种手段，是为在未来获得预期收益而在目前投资所形成的人力，是资本化了的人力资产，人们之所以愿意牺牲或放弃目前的利益，进行人力资本的投资，就是为了在将来能从中获得更多的利益。

1.1.5 人力资源管理的含义及其分类

1. 人力资源管理的含义

人力资源管理是指对人力资源的生产、开发、配置、使用等诸环节所进行的计划、组织、指挥和控制的管理活动，它是研究组织中人与人关系的调整，人与事的配合，以充分开发人力资源潜能，调动人的积极性，提高工作效率，改进工作质量，实现组织目标的理论、方法、工具和技术。作为人力资源管理部门，其主要工作涉及工作人员的招聘、录用、选拔、任用、考核、奖惩、晋升、使用、培训、工资、福利、社会保险、劳动关系等方面。

人力资源管理可以分为宏观、微观两个方面。宏观人力资源管理是指对于全社会人力资源，包括人力资源形成及前期的人口规划管理、教育规划管理、职业定向指导、职业技术培训、人力资源的部门与地区间配置、就业与调配、流动管理、劳动保护管理、劳动保险及社会保障管理等。微观人力资源管理指对于企业、事业单位人力资源的管理，包括职务与工作分析、人员配置与劳动组织设置、定额定员管理以及对人员的激励、考核等。

为了正确理解人力资源管理这一概念的含义，可以从以下几个方面去把握：

（1）人力资源管理是对社会劳动过程中人与事之间的相互关系进行管理，而不是直接管理社会劳动过程，也不是简单地对人或事进行管理。它是谋求社会劳动过程中人与事、人与人、人与组织的相互适应，做到事得其人、人尽其才。

（2）人力资源管理是通过组织、协调、控制、监督等手段进行的。组织就是在知人、识事的基础上，根据因事择人的原则，把人与事组合起来。协调就是根据人与事各自的变化及时地调整它们之间的关系，保持人事相宜的良好状态。控制就是采用行政的、组织的、思想的种种方法，来防止人与事、人与人、人与组织的对抗。监督就是对组织、协调、控制人力资源活动的监察。要监督就要将人力资源管理过程公开化，增大透明度，做到人力资源法制化，依法管理。依法管理和公开管理是互为前提、相辅相成的。

（3）人力资源管理是积极的动态的管理。这就是说，人力资源管理并不是消极地被动地适应事的需要，而是要根据每个人的能力特点和水平，把人安置在一定的工作岗位上，为每个人提供充分施展才华的条件，而不是限制他们的发展。因此人力资源管理要根据人的聪明才智的提高和能力的增强，及时调整其工作岗位，为其提供充分施展才华的条件，这是人力资源管理的职能之一 。

总之，人力资源管理就是运用现代化的科学方法，对与一定物力相结合的人力进行合理组织、协调、培训、调配等工作，使人力、物力经常保持最佳的比例，同时对人的思想、心理行为进行恰当的诱导、控制和监督，以充分发挥人的主观能动性，做到事得其人，人尽其才，人事相宜，事竟功成，以实现组织的目标。

2. 人力资源管理活动的分类

人力资源管理活动的分类主要包括以下三个方面：一是人力资源的鉴定和取得，主要包括人力规划、甄选招聘、调配和安置；二是人力资源的保留，主要包括报酬与福利、劳资关系、安全与卫生以及良好的工作环境；三是人力资源的使用与发展，主要包括工作绩效评估、员工培训、事业策划以及员工沟通。人力资源管理活动的分类如图 1－1 所示。

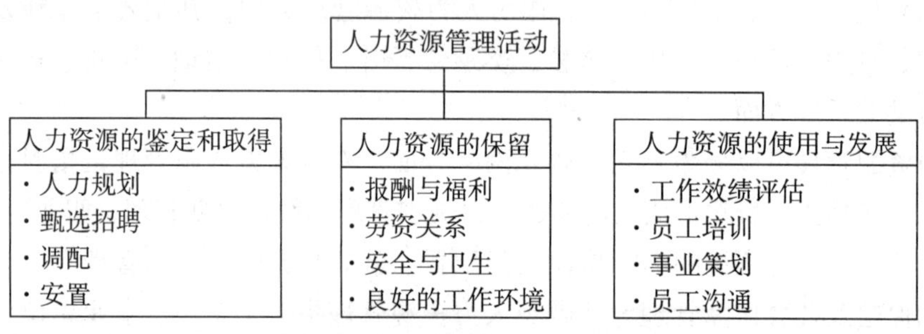

图 1－1　人力资源管理活动的分类

图 1－1 列出了各项人力资源管理活动。人力资源的鉴定和取得是通过人力规划，从外部甄选招聘、安置或从内部调配、提升等。一旦获得所需人才，便需要设法把人留在企业内。各项挽留人才的措施包括提供优厚的报酬及福利、良好的工作环境等。通过与员工的沟通、工作绩效评估、培训以及事业策划等，做到人尽其才，使每个员工有发挥潜能的机会。

3. 人力资源管理的特点

每一门学科都有其特殊的研究对象，而人力资源管理的特点，来自人力资源管理特殊的研究对象。人力资源管理的对象决定了它具有与其他学科不同的特点。人力资源管理的特点主要有以下几个方面。

1）人力资源管理是一门综合性学科

人力资源管理是一门比较复杂、综合性很强而且涉及面比较广的学科，需要综合考虑各种因素，如政治因素、经济因素、社会因素、文化因素、心理因素、竞争因素等。除上述外部环境因素外，还有内部的各种因素，包括领导素质、员工素质、业务技术素质和管理素质等。它涉及哲学、社会学、经济学、管理学、心理学、人类学、行为科学、人才学、领导学等多种学科，所以是一门综合性学科。

2）人力资源管理是一门实用性的管理学科

人力资源管理的理论来源于实际生活中对人力资源管理经验的概括与总结，反过来，它又指导实践并接受实践的检验。随着我国科学技术的突飞猛进，生产化程度不断提高，不仅需要大批直接从事生产、科技、文化活动方面的人员，而且需要大批管理人员来加强对社会生活各方面的管理，以保证社会的稳定和发展。整个社会的任何活动，都离不开管理人员，都是通过管理人员的活动来实现的。因此，要选拔各级各类的管理人员，把他们安排在适当的岗位上，为他们提供良好的工作环境，充分发挥他们的聪明才智，更好地为我国现代化建设服务。人力资源管理作为一门学科，其主要理论诞生于发达国家。因此，我们应该从我国实际出发，借鉴发达国家人力资源管理的研究成果，解决我国人力资源管理的实际问题。

3）人力资源管理具有民族性

人的行为深受其思想观念和感情的影响，而人的思想感情无不受到民族文化传统的制约。因此，人力资源管理带有鲜明的民族性。例如：美国和日本人力资源管理上有很大的差异。多民族的美国能容忍、包纳多民族文化、多种意识形态和宗教信仰，人们的思想观念是开放型的。美国企业与员工的关系是由合同契约的形式所明确的利益关系。美国企业中的经理与员工都可以自由流动，根据合同决定来去。相应地，在人力资源管理上，实行的是自由解雇制。这是一种个人之间高度竞争的“压力型”劳动制度。而日本则不同，他们习惯于人与人之间的尊卑关系，个人意志较淡薄。由于受儒家文化的影响，重群体、尊长辈、讲内和的传统文化，使其人力资源管理的特点是“家族人”。“忠于企业大家庭”是日本人的行为准则。相应地，在人力资源管理上，实行的是雇佣制，这是一种个人之间密切合作的“吸引力”劳动制度。又例如：我国实行的是社会主义制度，员工是国家和企业的主人，经理（厂长）与员工地位完全平等，是同志式合作关系；而日本则实行资本主义制度，本质上老板与雇员是雇佣关系，因而是不平等的。中、美、日在人力资源管理上的差异，很大一部分是源于民族文化差异。

1.1.6 人力资源管理与传统人事管理比较

现代人力资源管理源于英国的劳工管理，并经由美国的人事管理演变而来。应当指出的是，人力资源管理与人事管理是两个不同的术语，它们代表了在人的管理方面不同的历史发展阶段的不同特点。

人事部门的正式出现是在20世纪20年代，产业革命促成了工厂系统的生成，不仅给人们提供了众多就业的机会，也给工厂主提供了选择劳动力的机会。这样，如何用较少的人干更多的事、更好地使用机器来降低成本、提高劳动生产率，就成为人事部门必须考虑的问题。随着社会经济的发展和物质文化水平的提高，人们在实践中发现，传统的人事管理已明显不适用，改革人力资源管理方式去开发人的潜力，充分发挥人的主观能动作用，是更为重要的手段，人力资源是一切资源中最为重要的资源。从20世纪70年代起，由于人力资源在组织中所起的作用越来越大，人事管理的概念、模式、内容、方法等全方位地向人力资源管理转变。人力资源管理与传统的人事管理已不仅仅是名词的差别，而是对传统的人事管理的全面更新，是建立在全新的理论与思维之上的，这种本质的差别主要有以下几个方面。

1. 人力资源管理的范围更加广泛

传统人事管理基本上属于行政事务性的工作，活动范围有限，以短期导向为主，考虑的是员工的选拔、使用、考核、报酬、晋升、调动、退休等，主要由人事部门职员执行，很少涉及组织高层战略决策。现代人力资源管理将传统人事管理的职能予以扩大，从行政的事务性的员工控制工作转变为为实现组织的目标，进行人力资源规划、开发与管理或地区、单位所有体力、脑力劳动者的管理。除考虑“从入到出”这个管理过程外，还考虑各类人力资源之间如何以适当的比例平衡发展，这种比例是与国家或地区经济社会发展的需要相适应的，用以提高组织的竞争力，因而人力资源管理更具有战略性、整体性和未来性。

2. 人力资源管理的内容更加丰富

传统人事管理的内容比较简单，主要工作是从事人员的招聘、录用、考核、奖惩、工资发放、档案保管以及其他人事制度的制订等管理活动。人力资源管理则大大丰富了工作内容，不仅包括传统人事管理的基本内容，而且适应现代社会发展和人力资源发展的需求，重新增加了一些新的内容，如人力资源的预测与规划、人员测评与甄选、人力资源的开发培养、人力资源投资收益分析等，担负起进行工作设计、规划工作流程、协调工作关系的任务，使人力资源管理与组织的发展紧密地结合在一起。

3. 人力资源管理更具有主动性

传统人事管理一般将组织的工作人员看作被动的工具，与组织工作相比，人的地位是附属性的。所以在传统人事管理过程中，组织比较强调管制、监控等方面的功能，关注的是对人的管理，而忽略了对人的能动性的开发。而人力资源管理将组织中的人作为组织发展的主体，人与工作相比，前者具有广泛的能动性，它把人看作是一种可以开发的资源，认为他们身上有可以开发的知识和技能，通过开发和管理，可以使其升值，创造出更大的甚至意想不到的价值，能够使他们主动地适应不同工作的需要，完成组织的工作任务。

4. 人力资源管理更能创造效益

传统人事管理将人视为一种成本或生产、技术要素，是对组织资本资源的消耗。而人力资源管理则将人本身看作资源，而且与其他物质资源的一次性开发、使用不同的是，人力资源可以持续不断地开发和有效使用，它本身就能够给组织带来巨大的投资回报率和效益。人力资源管理的根本任务就是用最少的人力投资来实现组织的目标。可以通过工作分析和人力资源规划，使组织保持最少的人力数量和最低的人员标准；

通过招聘与录用规划，控制招募成本；通过制订切实可行的人力资源开发计划，为组织节约更多的投入；通过人力资源的整合与调控，提高员工的满意度与他们的工作生活质量，调动其劳动积极性，发挥人力资源的整体优势，为组织创造更大的效益；通过制订与实行合理的报酬与福利制度，调动员工的工作积极性，充分发挥员工的作用，为组织效力，为组织节约大量成本。

5. 人力资源管理更具有系统性

传统人事管理在我国是被分割的，不同的部门各管各的，分散、不系统，缺乏相互的衔接、配合。而人力资源管理要求将组织现有的全部人员，甚至包括有可能利用的组织外的人员作为统一的系统加以规划，制订恰当的选拔、培养、任用、调配、激励等政策，以达到尽可能利用人的创造力提高组织效益和效率的目的。

6. 人力资源管理更强调使用与开发并重

传统人事管理关注的是组织成员的现状，它比较注重现有人员的使用，而不重视其素质和能力的进一步提升。人力资源管理强调的则是人力资源的使用与开发并重，一方面强调要充分发挥现有人员的智慧与才能，另一方面还要充分挖掘人员的潜能，使其在未来的发展中具有较大的弹性，并为组织未来的发展储备各种人才。

7. 人力资源管理的地位更高

传统人事管理不为人们所重视，人们把人事活动看作技术含量低的、无须特殊专长的工作，人事管理只属于执行层次的工作，只是为领导者提供某些建议，并不参与决策。随着人力资源管理与开发地位的提高，越来越多的人力资源管理部门上升为具有决策职能的业务部门，人力资源管理的主管已出现在组织的高层领导中，并有人出任组织的最高领导，从执行到决策，其地位日益提高。

1.1.7 人力资源管理是现代管理学的分支

管理是社会生产力发展的产物，是共同劳动的结果。管理是为了达到一定的目标，管理者依照某些原则、程序、方式、方法和手段，对有关的人和事进行计划、组织、指挥、协调和控制的一系列活动过程的总称。随着企业规模的扩大与生产的社会化，管理工作日益重要。美国正是由于不仅重视科学技术，而且特别注意科学管理，因此不仅在经济上领先于其他发达国家，而且在现代科学技术的发展上也取得了较大的成功。1961 年美国组织了规模巨大的“阿波罗登月计划”，发射的“土星 5 号”运载火箭有 560 万个零部件，宇宙飞船有 300 万个零部件，先后参加这项计划的研究人员有 400 万人，最多时一次就动员了 42 万人。200 家公司，120 所大学分工协作，奋战 8 年，花费了 300 亿美元。这么浩大、复杂的工程为什么能获得成功呢？“阿波罗登月计划”的总负责人韦伯博士说：“我们没有使用一项别人没有的技术，我们的技术就是科学的组织管理。”美国的一些刊物在总结企业成败的原因时也指出：企业成功的原因，几乎都是管理绩效良好；而失败的原因，90% 以上是缺乏管理能力和经验。日本能够成为一个后起的经济发达国家，甚至在许多领域已明显超过美国，重要原因之一是采取了“引进技术与引进管理并重”的方针，特别是重视管理思想和管理方法的引进。所以，管理与设备相比，管理更重要。管理出效率，管理出质量，管理可以提高经济效益，管理为采用先进的技术准备条件。

俗话说：学有专攻。研究现代管理学的人有的专攻生产管理，有的专攻财务管理，有的专政市场营销管理，有的专攻人力资源管理，因而也就形成了现代管理学的若干分支，而人力资源管理便是其中之一。

1.1.8 人力资源管理的研究对象

每门学科都有自己特定的研究对象，没有独特的研究对象就不能成为科学。人力资源管理的研究对象是社会组织中的人，人与事之间以及共事的人与人之间的关系及其发展变化规律。人力资源管理的研究对象具体有以下几个方面。

1. 研究“人”

人力资源管理要做的工作是人的工作，要进行的管理是人的管理。人力资源管理的研究对象离不开人。人要干事，事要人干。由此可见，人处于人力资源管理的核心位置，离开了人，就没有管理可言，更无人力资源管理。

2. 研究人与事的配合

谋求人与事的适当配合，以实现人尽其才、事尽其功的目的。人与事的配合，需要经由一定的程序才能实现。一是要有工作分析。首先要根据工作的性质加以分类，再根据工作繁简难易与责任轻重加以分级，然后考虑从事每一级工作所需具备的知识和才能等条件，以此作为聘用新人及挑选各职务人选的依据。二是要有人员的分类。首先根据人员知识和才能的性质加以分类，再根据他们所具有知识水平的高低加以分级，以此作为新选人员派职及原有人员调职的依据。在工作分析与人员分类的基础上，某职需要何人担任与某人需派何职，才有客观依据可循，否则，人与事适当配合的目标是难以达到的。

3. 研究人与人的配合，以建立合理的群体结构

新的人力资源管理观念注重人力资源开发的整体性，自然要把人与人的配合作为其所研究的对象之一。日本松下幸之助在《如何处理人事问题》一书中十分强调人与人的配合。他认为，要办好事情并不是人越多越好，也不是个个都是聪明能干的人就好，而在于人的配合要妥当。他谈到，有家公司原先是由三个最高干部负责经营的，他们都是极其卓越的人才，经验丰富，能力高强，富有工作热情，然而业绩很差，几乎年年呈现赤字，谁知将三个干部减为两个以后，业绩竟然突飞猛进，由此他得出结论：要提高效率，“主要乃在于人的配合”，只要配合妥当，一加一可为三，亦可为五；否则，一旦配合有误，两个人的力量合起来之后，很可能是零，甚至是负数。因为每个人的个性及观念不同，因此有的人自然合得来，有的人无论如何努力总是合不来。

这样一来，彼此的能力相抵消，形成人越多越不利的局面。他还指出，手下都是聪明能干的人，而没有一位“庸才”，并不是好事。假定有十个人一起工作，这十个人都是非常聪明的人，由于这个缘故，每个人对工作方式及其进行方法都有自己的想法和主张，有的人要这样做，有的人却要那样做，总之，各有各的想法，并坚持己见，所以办法虽多，事情却无法进行。反之，十个人中，只有两个人是聪明人，其他皆是平凡之辈，只要这两个聪明人意见一致，众人就可能会遵从他们的意见去试试看，在这种情况下，事情就得以顺利进行。上述事实说明，必须谋求人的妥善配合，建立合理的群体结构，以便更好地发挥人力资源的效用。

以上三个方面的内容都少不了一个“人”字，但绝不能认为人力资源管理的研究对象只是人。人力资源管理的重要目的还在于人事相宜。一方面要使人员的聪明才智与知识才能有机会在工作中获得充分发挥；另一方面要使组织的业务能顺利开展，完成预定的目标。所以，人力资源管理的研究对象不能是一个方面，人虽然是研究对象中的主体，但还是需要广泛研究人与人、事与事、人与法、人与环境之间的种种关系。

总之，人力资源管理是着重研究在社会劳动中人与事之间，以及共事的人与人之间相互关系及其运动、发展变化规律的科学。

1.2 人力资源管理的地位与作用

1.2.1 人力资源管理的地位

人力资源管理在社会发展中占有十分重要的地位，主要表现在以下几个方面。

1. 人力资源管理是现代化大生产和市场经济发展的必然要求

人力资源管理是随着社会化大生产和市场经济的发展逐步形成的，而它的发展又推动了社会化大生产和市场经济的迅速发展。我国企业要开拓国内外两个市场，促进市场经济的发展，就必须加速培养和造就一支骨干队伍。特别是在社会主义市场经济体制下的经济活动是以市场调节为基础的，商品的供求与价格除宏观调控外，更主要的是经济规律在起作用。因此，必须重视人力资源的开发与管理，必须注意人力资源综合素质的迅速提高。只有这样，才能适应社会化大生产和市场经济发展的要求。

2. 人力资源管理是现代化企业管理的核心

人力资源管理在现代管理中有着重要的地位，这是由人力资源管理本身的重要性所决定的。因为生产、供销、财、物等其他的一切管理，都要靠人，没有人的作用，机器自己不会运转，原材料自己不会运来，产品也不会销出去，只有做好人力资源的开发，才能做好其他各项管理工作。社会的发展水平是由物质资源与人力资源共同决定的，而这依赖于以人为核心的管理。企业竞争的成败，人力资源管理是一个关键性的因素。

我国的学者提出，管理工作中要坚持“人本”原理，抓住人力资源管理这个核心。

这是因为，管理工作是一种社会活动，管理对象中的各个不同因素和管理过程中的各个环节，都需要人去掌握和推动。不能正确、合理地支配和使用财、物、信息、时间，它们就起不到应有的作用；管理过程中指挥、协调和控制等，首先也应该是对人的指挥、协调和控制，不然就无法实现管理的目标。作为一个管理者，如果不明确坚定地抓住这个中心，忽视人们的积极性这个动力，注意力只集中在财、物等因素上，那就是舍本求末，是难以做好管理工作的。

3. 人力资源管理是现代化企业生存与发展的根本保证

现代企业竞争实践证明，企业间的竞争归根结底是人才的竞争。哪个企业拥有大批高素质的人才，哪个企业就能开发和采用新技术、开发和生产新产品，并运用最新的经营战略和技术去占领市场，最终在竞争中获胜。所以，一个企业的生存和发展，取决于生活在这个企业中的人，特别是高层管理人员能否顺利实现该企业所提出的各项任务与目标。企业提出的任务和目标，人们能顺利解决和达成，企业就能生存和发展。否则，企业就会在激烈的市场竞争中处于困难境地或破产。而企业各项任务与目标的解决与达成又取决于人的素质和能力，也就是说取决于人与事是否适宜，取决于人与事关系的适应程度。正是从这个意义上说，人力资源管理关系到现代企业的生存与发展，决定企业成败和命运。

1.2.2 人力资源管理的作用

随着市场经济的发展和社会化大生产的突飞猛进，人力资源管理的作用越来越大。人力资源管理的作用，主要表现在以下几个方面。

1. 科学的人力资源管理，有利于开发人的智能，充分调动其积极性和创造性

马克思主义的基本理论告诉我们：生产力是推动经济和社会发展的基本动力，而人是生产力中最基本、最活跃、最关键的因素。提高人的素质，充分调动人的积极性、创造性，合理利用人力资源，是提高生产力水平的主要途径，而所有这些，又都离不开对人的管理。管理的本质就是人的问题，即对人的智能的开发和利用。人力资源管理在开发和利用人的智能，促进经济和社会发展方面，起重要作用。然而，人的积极性的发挥不是靠发号施令或上级指示能做到的。因为人是有着生理和心理特点的有机体，既有物质的需要，又有精神的需要。只有采用现代化的科学管理，通过物质与精神鼓励的协调配合，把人的积极性调动起来，才能将人的内部潜能充分地挖掘出来。人力资源管理的目的及任务就是要使人的使用价值达到最大化，人的主观能动性得到充分发挥。

2. 加强人力资源管理，有利于提高企业经济效益

实践证明，人力资源管理是经济增长的重要源泉。在相同的内外部环境中，一个企业发展水平、经济效益的高低，与企业人员特别是与经营者素质有着非常密切的关系。可以说，良好的企业人员素质是企业不断提高经济效益的基础。如果企业有一支政治思想素质好、具有开拓精神、善于决策、精于管理的经营者和思想觉悟高、勤劳、品质优良、训练有素的员工队伍，就能有效地提高企业经营业绩。由于人力资源管理的功能是建立良好的、健全的人力资源环境，使人与事实现最适宜的配合，从而最有效地发挥人的作用，进而达到提高效率、降低成本、改善运营、增加收益的效果，因此，加强人力资源管理，提高企业人员的综合素质，能够促使人力资本的价值实现形式向更高的层次发展，促进经济结构向着科技方向转化，使企业经济增长方式从粗放型增长转变为集约型增长，从量的投入变为质的增长，从而不断提高企业经济效益。

3. 科学的人力资源管理，有利于资源的合理配置

人力资源管理是资源合理配置的首要问题。现代企业是一个有机的系统，构成企业系统的资金、物质、设备、信息以及技术等物的要素虽然具有重要作用，但物作为企业系统的要素的属性是由人的活动赋予的，离开人的有目的的活动，没有人正确地、合理科学地掌握和使用，它们就起不到应有的作用，即使是最现代化、自动化的设备也是如此。因此，加强企业人力资源管理，有利于资源的合理、科学配置。

1.3 人力资源管理的目标、任务、职能与责任

人力资源管理最关键的工作是在适当的时间，把适当的人选（最经济的人力）安排在适当的工作岗位上，以人事的协调来提高工作效率。

1.3.1 人力资源管理的目标

人力资源管理工作应达到两个目标：一是取得最大的使用价值；二是发挥员工最大的主观能动性，提高工作效率。

1. 取得最大的使用价值

人力资源管理的首要目标就是把人与事适当地配合起来，使事得其人，人尽其才，取得最大的使用价值。根据价值工程理论 V（价值）$=F$（功能）$/C$（成本）得知，使用价值的大小取决于功能和成本的变化。使使用价值最大化的重要方法就是提高功能、降低成本，这就是在企业管理中被称为“大高低”的目标管理原则，即大价值、高效能、低成本。正如马克思所说的：真正的财富在于用尽量少的价值创造出尽量多的使用价值。换句话说，就是在尽量少的劳动时间里创造出尽量多的物质财富。

具体地应用于人力资源管理中，即：

人的使用价值最大化 = 人的有效技能最大地发挥

人的有效技能 = 人的劳动技能 × 适用率 × 发挥率 × 有效率

其中：

适用率 = 适用技能/拥有技能（是否用其所长）

发挥率 = 耗用技能/适用技能（干劲如何）

有效率 = 有效技能/耗用技能（效果如何）

因此，要使企业员工使用价值最大化，努力方向就是提高适用率、发挥率和有效率。

2. 发挥员工最大的主观能动性，提高工作效率

人力资源管理的另一个目标就是要求人与人之间的关系和谐，以增进合作，发挥员工最大的主观能动性，提高工作效率。

要提高工作效率，不能忽视“行为科学”的基本概念。这个基本概念可以简单地使用以下方程式表达出来：

工作表现（效率） $=f$（能力 × 激励）

工作表现可以看作能力与激励两者的乘积。就是说，只有能力而没有激励是没有结果的。比如，一个很有才干的人，如果他从来提不起工作积极性，就不可能有好的表现，反过来，一个人只有积极性而缺乏工作能力也同样无法表现出色。所谓心有余而力不足，就是这个道理。所以，能力与激励是相辅相成的，两者缺一不可。

从人力资源管理的角度来说，要发挥员工的主观能动性，提高工作效率，首先要招聘优秀的人才，即才能与积极性兼备的人；然后需要有足够的激励，以提高员工的士气。

要招聘有工作能力的人，可从两方面着手：一是可以通过内部评核、选拔，加以培养发展企业所需要的人才；二是从外部招聘所需要的人才。

关于激励人才方面，可以通过物质鼓励和精神鼓励，或提供更好的发展机会来激励员工，调动员工的积极性和创造性。

如果细分，人力资源管理的具体目标主要包括以下几个方面：

①对人力资源的有效运用，使公司的整体目标得以经济有效地完成。

②组织中的各成员应建立良好的工作关系。

③尽可能完成各层次的人力资源管理目标。

④让每个人得到最大的发展。

为了达到上述目标，必须做好下列工作：

① 获得有能力的人。对组织的工作要有妥善的规划，对每一个职位拟定其责任和义务，并列出该职位工作人员所必须具备的资格和条件，以便据此招聘和选择人才。

② 有效利用员工的能力。每个人必须了解组织的目标和自己应尽的责任，他们必须具有相应的知识、技术、权力以及其他有助于完成任务的种种条件。

③ 维持员工的意愿并达成组织的目标。让员工接受公平合理的待遇，并使他们免于因生病、意外、年老、失业，或管理人员的独断专行所带来的消极情绪。

1.3.2 人力资源管理的任务

一般来说，人力资源管理有以下三项主要任务：

1. 吸引及选聘组织真正需要的各类人才

吸引选聘人才，是一件很重要的事情。人力资源管理部门必须与组织内的高层管理人员一起制订明确的政策与策略。如当职位出现空缺时，在什么情况下优先考虑内部现有的员工，在何种情况下才向外招聘；提供的待遇与外界一般水平相比是偏低还是偏高；选聘的条件中，知识、经验以及性格等因素的比重如何，等等。类似的问题，都需经过深思熟虑，一方面要考虑到组织对各方面人员素质上的需要，另一方面也要考虑到财政上的限制，明确地制订合理政策，才能较有把握地选聘到适当的人才。

2. 保证所聘人才能在组织内充分发挥所长

影响员工能否发挥其所长的因素是多方面的。例如，安置是否适当，分工是否合理，有无客观的工作评估制度，赏罚是否分明等，都会极大地影响员工的积极性。这些工作，必须由人力资源管理部门与有关的管理人员一起进行有效处理，否则，将使选聘到的人才产生“怀才不遇”“英雄无用武之地”的感觉，也就难以真正发挥其所长。

3. 为人才提供训练和发展机会，使他们不断增强能力

我们应以战略眼光来看待人力资源，特别是要注重培训工作，把培训员工作为一种智力投资，为组织的未来发展做好准备。

目前，西方在管理观念上，越来越强调人力资源的开发，不少公司成立了人力资源部来代替人事部门，从而突出上述三项任务的重要性。

1.3.3 人力资源管理的职能与责任

1. 人力资源管理的职能及其相互关系

任何经理在对组织中的人进行管理的时候，在某种程度上都难免涉及以下六种职能：吸引、录用、保持、发展、评价和调整。

(1) 吸引。其主要活动包括：确认组织中的工作要求；决定做这些工作的人数及技术要求；向有资格的工作申请人提供均等的聘用机会。

(2) 录用。就是根据工作的需要确定最合格人选的过程。

(3) 保持。其主要活动包括：保持员工有效工作的积极性和主动性；保持安全健康的工作环境。

(4) 发展。这种职能活动是以员工的知识、技巧、能力及其他方面的提高，从而保持和增强员工工作中的竞争性为目标的。

(5) 评价。就是对员工工作表现及对人事政策的服从情况等进行观察和鉴定。

(6) 调整。就是试图让员工保持所要求达到的技术水平而进行的一系列活动。

上述这些职能作用可以在个体、群体及组织单位（如部门）中得以发挥。有时这些职能是由组织提出来的（如聘用计划、管理发展规划），而有时却是由个人或群体提出来的（如自愿退休、安全改革）。人力资源管理主要职能之间的相互关系如图 1－2 所示。

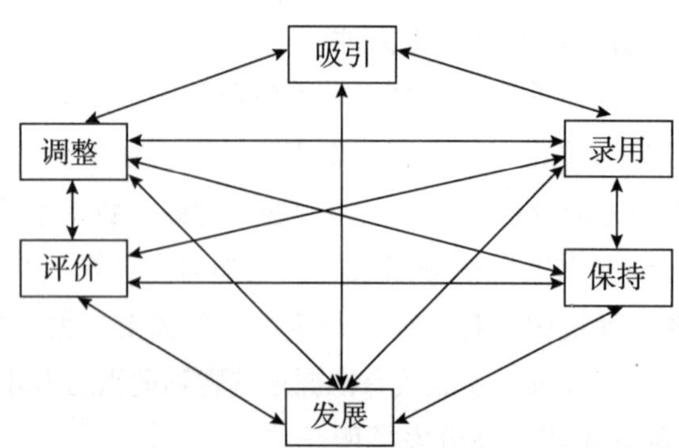

图 1－2　人力资源管理的职能及其相互关系

在任何系统或互相紧密联系而组成的网络关系中，要改变系统中任何一个部分，都会引起其他部分的反应。认清了这一点，我们就能尽量避免把目光局限在问题本身这样的错误上。在我们处理员工录用、培训和报酬，以及劳资关系等问题时，自然就会正确地认识并且预料到这些问题都是互相联系的。

总之，系统分析方法对综合分析系统中的各个组成部分，对人力资源管理体系与较大的组织需要间的相互联系都提供了一个理论模式。

系统分析方法应用于人力资源管理的主要优点是：可以通过改变系统中的任何一点来确定其系统所有其他部分的结果。因此，我们应该把注意力集中在职能和职能责任这样的系统分支之间的相互关系上。如果这两种关系处理不当，就会导致离职、缺勤、浪费和损坏等现象的增加，以及导致生产力水平，乃至劳动生产率和对工作满意程度的下降的严重后果。

应用系统方法时，还必须注意人力资源管理部门与组织长期经营目标之间以及与外部劳动力之间的相互关系。对这些关系的处理，影响着企业的竞争地位，以至于企业长期的灵活性也受到影响。

2. 人力资源管理的责任

人力资源管理的各种职能责任，也由直线经理分担了一部分，如表 1－1 所示。

表 1－1　　直线经理及人事部门的人力资源管理职能责任

职能	直线经理的责任	人事部门的责任
吸引	提供工作分析、工作说明、最低合格要求的资料，使各个单位（部门、分厂）人事计划与分厂战略计划相一致	工作分析 人力资源计划 招聘、赞助性行动
录用	对工作申请人进行面试，综合人事部门收集的资料，做最终录用的决定	服从相关法律规定，发、收申请表，笔试，考核背景，对相关材料进行审查，身体检查
保持	公平对待员工，疏通联系，面对面解决争端，提倡协作，尊重人格及按贡献进行奖励	报酬及福利，劳动关系，健康安全以及员工服务

续 表

职能	直线经理的责任	人事部门的责任
发展	在职培训，工作丰富化，师带徒活动，激励方法的应用，给下属的反馈	技术培训，管理发展与组织发展，职业规划，咨询
评价	工作评价，士气调整	研究工作绩效系统和士气评价系统，人事研究与审核
调整	纪律、解聘、提升、调动	临时性解聘，退休咨询以及解聘前代谋新职的方针

1.4 人力资源管理的基本内容与范畴

一般来说，人力资源管理的基本内容与范畴，主要包括人力资源规划与组织管理、工作分析与职位设计、员工招聘、员工甄选与安置、员工培训与开发、绩效考评、薪酬与福利、员工激励与领导、人员沟通、劳动关系、员工安全与健康等。

1.4.1 人力资源规划与组织管理

根据企业目标、现有人数、离开人数，制订有关的人力资源政策，确保有足够的人才在适当时候担任适当工作。人力资源规划主要是预测未来的人力资源需求，估计外部的人力资源供应以及了解企业现有的人力资源，并保留现有的人力资源，使人力资源供求达到平衡，保证企业目标的实现。对企业劳动过程中的分工与协作、工作时间、工作环境等方面进行科学的合理组织，保证人力资源管理活动的各个环节互相协调，提高劳动效率，以实现企业目标。

1.4.2 工作分析与职位设计

职位分析也叫工作分析或岗位分析，是全面了解一项具体工作或具体职务的管理活动。职位分析的基础是职位设计，职位设计决定组织内如何进行专业分工和任务分解，决定不同职位的权限、责任和职能范围。职位分析是对组织中各个工作职位的特征、规范、要求和流程，以及能够胜任该职位的人的素质、知识、技能等要求进行描述，形成工作描述和工作说明书。

1.4.3 员工招聘

招聘是指根据人力资源规划和职位分析要求，为组织获得所需要的人力资源的过程，它是人力资源管理的首要环节。人员招聘包括招聘准备、招聘实施和招聘评估三个阶段。员工招聘可以从内部提升或向外部招聘。招聘的途径很多，如互联网、广告、职业介绍所或学校推荐、现有人员介绍及自荐等，以收集应试者的资料。

1.4.4 员工甄选与安置

甄选是指组织为了辨别求职者是否具有帮助组织达成目标所必需的知识、技能、能力以及其他性格特征的一个过程。致力于不同战略的组织所需要的员工类型、数量是不同的。从众多的应试者中挑选适当的人选并不容易。选拔的程序主要包括：填写申请表、面谈、测试及审查应试者的资历等。如果应试者能顺利通过一系列的选拔程序，企业决定录用后，便将新聘员工安置在适当的岗位上。要注意人事互相配合，才能达到事得其人、人尽其才的效果。组织能否招聘和甄选到满足工作需要的人才，直接关系到企业能否顺利生存与健康发展。

1.4.5 员工培训与开发

培训是指组织为方便员工学习与工作有关的知识、技能以及行为而付出的有计划的努力。开发是指组织为了提高员工迎接挑战的能力而帮助他们去获得相应的知识、技能以及行为，这些挑战有可能来自现有的各项工作，也可能来自目前尚不存在但在未来可能出现的一些工作。为了提高组织的适应能力和竞争力，需要对员工进行培训与开发，使他们明确自己的任务、职责和目标，丰富知识和提升技能，具备与实现组织目标相适应的自身素质和技术业务能力。

1.4.6 绩效考评

绩效考评是根据工作的范围及职责，考核员工是否履行了应尽的责任，评定他们的绩效，作为决定加薪或升职的依据。同时，可以鉴定员工缺点，进而决定他们该接受哪些训练或监督，如果发现员工不称职，可以考虑把他们调到其他合适的职位上。

1.4.7 薪酬与福利

薪酬是指员工为组织提供劳动而得到的各种货币与实物报酬的总和，包括工资、奖金、津贴、提成工资等，它是组织吸引和留住人才，激励员工努力工作，发挥人力资源效能最有力的杠杆之一。福利是指组织向员工提供的除工资、奖金之外的各种保障计划、补贴、服务以及实物报酬。人力资源管理就是要制订合理的工资福利制度，从员工的资历、职级、岗位及实际表现和工作成绩等方面考虑制订相应的、具有吸引力的工资报酬标准和制度，并安排养老保险、医疗保险、工伤保险、节假日等福利项目。

1.4.8 员工激励与领导

主要根据行为科学的基本原理，研究企业员工的不同需求，分别采用不同的激励手段和领导方法，以满足不同员工的不同需要，充分调动员工的积极性和创造性，使员工奋发努力去完成企业组织的任务，以实现企业组织的目标。

1.4.9 人员沟通

主要研究如何改善企业中人与人之间的关系，解决劳动过程中所发生的员工与员工之间、上下级之间、部门之间的各种矛盾与冲突，保持企业运行的协调一致和高效率。

保持良好的劳企关系，必须使双方彼此能够沟通，互相合作。劳企双方可以通过协商去解决问题及冲突事件。同时，管理者与员工应了解自己的责任以及有关投诉和仲裁的法律程序。

1.4.10 劳动关系

劳动关系是劳动者与用人单位在劳动过程中发生的关系，也叫劳资关系。人力资源管理涉及劳动关系的各个方面，如劳动时间、劳动报酬、劳动保护、劳动争议等。劳动关系是否健康和融洽，直接关系到人力资源管理活动能否有效开展。

1.4.11 员工安全与健康

用人单位要依法实施各种劳动保护制度，确保劳动者在生产过程中的安全健康和身心健康，防止和消除职业危害。

人力资源管理的各项内容，是按一定程序进行的，各环节相互之间是关联的。没有人力资源规划，也就无法进行职位分析，没有职位分析，也就难以进行有针对性的员工招聘与甄选。在没有进行人员配置之前，不可能进行员工培训，不经过员工培训就难以保证员工到职后能胜任工作，员工不胜任工作，对员工进行绩效评估就没有意义。对于正在运行中的企业，人力资源管理可以从任何一个环节开始。但是，无论从哪个环节开始，都必须形成一个系统，就是要保证各环节的连贯性和系统性，否则，企业人力资源管理就不可能有效地发挥作用。

思考题

1. 什么是人力资源？人力资源具有哪些主要特征？
2. 什么是人力资源管理？人力资源管理的特点是什么？
3. 人力资源管理的研究对象是什么？
4. 人力资源管理的目标和任务是什么？
5. 人力资源管理的地位和作用是什么？
6. 人力资源管理应包括哪些主要内容？

案例分析 1

某企业是一家研究设计类企业。某业务部门是按照专业划分的，但所承接的项目大都是综合性的，因此需要各个部门抽调人员来组成项目小组共同工作。

长期以来，该企业采取简单的指标分解方法：首先确定部门 A 分得多少利润、部门 B 分得多少利润，然后再由部门决定内部员工的分配方案。年终发奖金也是采取这种二级结算方式。

结果各个部门、各个员工对最终的结果都不满意。大家都觉得分给自己的指标太多，同时也很难将日常工作与考核指标联系起来。

讨论题：

在进行绩效考核目标分解时，该企业有什么问题？如何将个人绩效与部门（团队）绩效相结合？

案例分析 2

艾尔逊公司是一家中等规模的私有企业，员工约有 200 人，该公司主要从事电信行业的生产与销售，连续多年出现了高利润、高增长的发展趋势，未来发展潜力看好。在当今激烈的市场竞争中，公司提出以人为动力的“人本原则”，倡导“沟通、合作、奋斗”的企业文化。

鲍尔今年 29 岁，获得 MBA（工商管理硕士）学位后，进入艾尔逊公司工作，担任人事部经理。在此之前，他曾在一家设备安装公司做过 3 年的人力资源管理工作，现在，他准备到新公司好好干一番事业。

艾尔逊公司人事部有 40 多名员工，相对于全公司而言，大体是一个人事员工对应 50 名普通员工。人事部有多名职能主管，分管薪酬设计、人员招聘、培训开发以及绩效考核工作。

鲍尔到任后不久便发现了问题，比如，公司各部门的工作很少有“规划”，每个员工的工作都没有明确的分工，一份工作可以由甲干，也可以由乙干，全凭各人的技能和兴趣完成。有不少个人能力强于本人职务要求的雇员为此感到不快。当问及公司相关人员为何如此时，回答是：“一开始就是这样的。”

另外，人事部仅有一半员工具备人力资源及相关专业的学历，仅有 1/4 的员工具备人力资源管理经验。除此之外，很多员工都是由普通员工转任或提升上来的。人事部的 4 名主管，1 名原先是图书馆管理员，1 名是办公室秘书，另外 2 名主管虽然有人事工作经验，但都没有专业学历。至于其他员工，专业背景和学历情况更复杂。

公司内部其他职能部门的员工，拥有相应的学历与相关的工作经验后，就获得了一种“资历”，这些拥有“资历”的员工可以对新员工进行业务上的指导和帮助。在人事部一般无人具备这种“资历”，所以很少有人能对新员工进行帮助和指导，大家都是各干各的，彼此很少沟通。尽管人事部的工作任务非常繁重，但其他部门似乎并不满意，总认为人事部不能及时对他们的要求做出反应。而且，人事部对公司的战略规划了解甚少，因此也很难对公司的大政方针产生影响。

鲍尔的前任比尔在担任人事经理时，员工工资涨幅不大，员工的不满情绪日益增多。鲍尔也曾向公司总裁提出调整雇员工资标准的方案，并建议公司适当修改薪资制度，总裁虽然表示可以考虑，但始终没有行动。

鲍尔认为，公司的实际情况与先前所想象的大不一致。但仔细想想，自己又不能对此提出太多的异议。公司的每项制度与管理方式都有自己的传统，况且，目前公司的运转情况还是不错的。

正当他犹豫不决时，他无意中听到财务部经理在训斥一名雇员："你最近怎么搞的，连连出错！这样下去对你没什么好处！你知道吗？像你这样，即使送你去人事部，恐怕人家也不要你！"

鲍尔听后，心里很不是滋味。

（资料来源：百度文库）

讨论题：

1. 艾尔逊公司人力资源管理上存在哪些问题？
2. 鲍尔应怎样强化人事部的职能？

2 人力资源管理的演进

学习目标

1. 掌握发达国家人力资源管理思想的发展
2. 理解中国古代的人力资源管理思想
3. 熟悉中国当代的人力资源管理思想
4. 了解人力资源管理未来发展的趋势

案例导入

是否需要加班

WCL（实业）公司是某市出口产值百强企业之一。随着母公司的迅猛发展，该公司由初创时200多名员工的规模发展到拥有4000多名员工的PCBA生产厂家。公司的中高层管理人员大多由外籍员工担任，薪资结构遵循国际惯例。中国员工多为技术骨干，如工程师、高级工程师等，他们的薪资比较特殊，以工程师为例，月基本工资为2500元，各种补贴总额在500元左右，剩下的机动收入就是加班费，加班费按照国家《劳动法》的相关规定发放。与当地其他同类企业相比，该公司的加班费在其薪资结构中占很大的比例。公司初创时，大部分员工已经结婚，下班后有很多家庭事宜要处理，不存在“混”加班费的问题，公司对加班时间也没有控制。但随着公司规模的扩大，员工来源多为外地大学生，单身青年，下班后没有其他事情可做，大部分愿意留在公司工作，月人均加班时间超过120小时，加班费远超过他们的基本工资，公司形成了一种加班文化，员工有事没事泡在公司，白天能完成的工作也要拖到晚上干。公司召集各部门经理对此进行了专门讨论研究，人力资源部经理提出：“再招些员工，规定不准加班。”企业负责人表示反对：“多招一个人的成本大于加班费，不合算。”其他部门经理也提出各种意见：认为确实有混加班费的问题，但也有真正加班的情况，况且现在订单这么多，限定不许加班不太现实。最后，会议决定：按照职务级别确定加班时限，技术员每月可以加班100小时，工程师每月80小时，高级工程师每月50小时。新的加班制度出台后，表面上加班费降下来了，但出现了一个有趣的现象，无论任务多少，每当月末统计时，员工的加班时数不多不少正好是各自的时限。问题仍然没有得到解决。

思考：

1. WCL公司加班费问题的症结何在？请结合人力资源管理的相关原理谈谈看法。

2. 请根据你在人力资源管理方面的经验，提出一些解决该公司加班费问题的建议。

本章要点

本章主要叙述了发达国家人力资源管理思想的演变与发展。重点阐述了以泰勒为代表的人力资源管理思想强调用科学方法来训练工人、管理工人，却忽视了工人的心理需要。梅奥、马斯洛等人的人力资源管理思想则弥补了这方面的缺陷，他们强调人的管理，重视人的因素，强调从人的行为的本质中激发出动力，不断提高劳动效率。系统权变学派的人力资源管理则注意到人员组织的系统性、多样化，强调对各种理论方法的灵活运用。

在中国古代统治者的政治思想中，人治思想占有十分重要的地位。中国古代人力资源管理思想主张“任人唯贤”，用人“不论资排辈”，以及“不求全责备”等。

中国当代人力资源管理思想主要强调尊重知识、尊重人才，强调大公无私、任人唯贤的用人路线和干部“四化”标准，以及重视教育，提高全民素质。

本章还简述了人力资源管理的未来发展趋势和中国特色的人才创新。

2.1 发达国家人力资源管理思想的发展

人们在古代就对人力资源的组织和利用产生了兴趣，有关的文献见于古代的哲学、宗教、军事等书籍，并可远溯至1400多年前。

一些与人力资源管理有关的现象较早发生在中古世纪的欧洲。新市镇的兴起，造成对货物需求的增加，也造成就业的增加。而封建时代的技工们处于奴仆的地位，为了消除这种不利情形，这些技工组成了协会之类的组织，建立了交易的规则与对交易的控制。这些协会是工会的前身。到了工业革命以后，由家庭式的生产发展到工厂式的生产，这些工厂以大量生产来降低成本，工人的工作因此变得具有重复性而非技巧性，而且分工很细。这些非技巧性的工作很容易被其他工人取代，造成工人被剥削，引发了工人革命，也引发了人力资源管理的问题。

人力资源管理发展成为较系统的理论，是随着整个管理理论的发展而进行的，大致可以分为以下几个阶段。

2.1.1 传统管理阶段的人力资源管理（18 世纪末—19 世纪初）

随着生产力和科学技术的发展，出现了早期的管理思想，我们称之为“传统管理思想”。1776 年，经济学家亚当·斯密（Adam Smith）首次提出了劳动分工的经济效益理论。这种理论对技术的进步、时间的节约、新机器的采用、劳动生产率的提高和资本的增值都起了巨大的作用。在 19 世纪前期（1832 年），英国有名的数学家和机械专家巴贝奇（Babbage）也通过对专业化问题的研究，得出以下结论：劳动分工可以缩短操作时间，有利于熟练技巧，提高效率。巴贝奇虽然是数学家，却没有忽视人的作用。他认为，工人与工厂所有者之间能够存在利润的共同点。他竭力提倡一种利润分配制度：工人可以按照他对生产率所做出的贡献，分得工厂利润的一部分。他十分重视生产的研究、发展和改进，主张实行有益的建议制度，鼓励工人提出建议。他主张工人的收入应由三部分组成：按照工作性质所确定的固定工资，按照对生产率的贡献所分得的利润，为提高生产率提出建议而应得的奖金。他认为这样做的好处：①每个工人同工厂的发展和利润有直接的利益关系；②每个工人都会关心浪费和管理不善的问题；③能促使每个部门改进工作；④鼓励工人提高技术和品德，表现不好者分享的利润少；⑤由于工厂与工人的利益一致，能消除隔阂共求繁荣。巴贝奇对制造机器的程序和工作时间的研究，是后来科学管理的基础。很明显，这一时期的管理包含着很丰富的关于人力资源管理的思想。

2.1.2 科学管理阶段的人力资源管理（19 世纪末—20 世纪初）

从管理的角度出发，科学管理也导致了对人力资源管理的研究。

1. 泰勒的人力资源管理

19 世纪末 20 世纪初形成了所谓的古典管理学派，这一学派最主要的代表人物是美国的泰勒（Frederick W. Taylor）。泰勒曾在费城的一家小机械厂当学徒，后进入米德维尔钢铁公司当技工，由于工作努力，表现不凡，很快被提升为工长、总技师。他在业余学习的基础上，于 1883 年获得斯蒂芬工艺学院的机械工程专业学位，在 1884 年被提升为总工程师。他认为当时的企业管理者不懂得用科学方法来进行管理，不懂得工作程序、劳动节奏和疲劳因素对劳动生产率的影响，而工人则缺乏训练，没有正确的操作方法和适用的工具。为了改进管理，他于 1880 年在米德维尔钢铁公司进行试验。其中最著名的是对一个名叫施米特的铲装工人进行的试验。泰勒使用一只跑表，对施米特的劳动进行了细致、准确的研究，通过对其工作无效部分的去除和对技术的改进，使其劳动生产率由每天 12 长吨（每长吨约为 1016 千克）增至 47. 5 长吨。泰勒对施米特的每一个工作细节都做了具体规定，如铲子的大小、铲斗重量、堆码、铲装重量、走动距离、手臂摆弧及其他工作内容，这就是科学管理的实质内容，即先将工作分成最基本的机械元素并进行分析，然后再将它们最有效地加以组合。

除了科学地研究工作本身（时间—动作研究），泰勒还认为，所选的工人在体力和脑力上应与其工作要求尽可能地匹配，而对于那些高于“合格水平”的人应拒绝接纳。

雇员应该由主管人员（主管人员的工作也是按专业详细分工的）进行很好的训练，以保证其操作动作恰如科学分析所规定的那样精确。

泰勒系统地研究和分析工人的操作方法和劳动时间，在此基础上，逐步形成了后来被称为“科学管理”或“泰勒制”的管理制度。就人力资源管理而言，泰勒主要倡导以下几点。

1）倡导劳资双方的“合作”

泰勒认为，劳资双方“为如何分摊而争吵”，造成彼此敌对和冲突，是因为劳动生产率不高，盈余不多。只要双方友好合作，互相帮助，通过提高劳动生产率，使盈余比过去有巨大的增长，就可以大大提高劳动者的工资，同时也大大增加制造商的利润，从而使劳资双方没有必要为如何分摊利益而争吵。

2）明确划分管理职能与执行职能

即管理人员和工人要有明确的分工。管理人员要负责研究、计划、调查、控制以及对操作者进行指导，使工人集中精力进行操作，以达到提高工人劳动生产率的目的。泰勒认为，工人单凭自己的经验找不到科学的方法，而且他们也没有时间去从事这方面的研究，所以必须把管理职能和执行职能分开，管理职能归企业，并设立专门的管理部门来承担相应职责。管理部门从事全部的管理工作，并对工人发出命令。管理部门的主要任务有以下四点：①进行调查研究，如对工时和动作的研究等，以便为制订工作定额和操作方法提供科学的依据。②根据调查研究的结果，制订有科学依据的工作定额和标准化的操作方法。③制订计划并发布指示及命令。④把“标准”和实际情况进行比较，发现问题，以便进行有效控制。至于现场工人，则承担执行的职能，即按照管理部门制订的工作方法和指示从事实际的操作，不得自行改变操作方法。

3）提出工作定额原理

泰勒等人认为，当时工人提高劳动生产率的潜力是很大的。可是，当时不论是资本家或工人，对于一个工人每天应该干多少活，都不清楚。工人由于对资本家的剥削不满，而且多劳不能多得，工资微薄，于是普遍采取“磨洋工”的斗争方式，没有充分发挥劳动潜力。资本家或管理者对于工人一天应做的工作量也没有客观评判，只是凭一般印象或根据不完全的记录来确定一个标准，因此，往往引起双方争执。泰勒认为，必须进行科学试验和研究，科学地利用工时，即通过对工人工时消耗的研究，规定完成操作的合理标准时间，制订出合理的工作定额。

4）实行有差别的计件工资制

即对于按照标准操作方法在规定的工作定额内完成工作的工人，按较高的工资率计发工资，若完不成定额则按较低的工资率计发工资，以鼓励工人完成较高的工作定额。为了鼓励雇员遵循规定的工作程序（这种规定是在车间主管人员严密监督下进行的），泰勒认为，只要工人正确地按规定时间完成了工作，就应增发相当于工资30%～50%的奖金，这便是最初的劳动计件奖励制度。

泰勒对计时工人的工资也提出了改进措施。他指出：工人的工资是付给工人而不是付给职位的，所以每个人的工资要尽可能按照他的技能和在工作时所付出的劳动来计算，而不是按他的职位来计算，要尽力鼓励每个人的上进心，要对每个人在准时上班、出勤率、诚实、快捷、技能及准确程度方面做出系统的、细致的记录，然后，根据记录不断地调整他的工资。

5）按科学的方法选择和培养工人

即根据工人的特点分配其做适当的工作，而且根据标准的操作方法对工人进行训练。为了提高劳动生产率，泰勒在时间、动作研究的基础上，提出了一系列科学的工作方法，使工具标准化、操作方法标准化、工作环境标准化和原材料标准化。要想落实这些标准化的措施，归根结底，应使有关工人完全掌握相关要求，这就必须通过系统的、科学的培训。泰勒在《科学管理原理》一书中指出：“第一是精心挑选工人，第二和第三是先诱导工人，之后是对其进行训练和帮助，使之按科学方法去干活。”泰勒在该书中还指出：“把工人一个个地交由一位称职的教师，用新的操作习惯去培训，直到工人能连续而习惯地按科学规律（这是别人设计出来的）去操作。”科学培训是实现生产率大幅度提高的关键环节之一。正如泰勒所说：“实现产量的大增长的要素之一是，每个工人都经过系统培训，能发挥他最高的效率。”按照泰勒的这些规律原则所建立起来的管理制度就被称为“泰勒制”。泰勒对企业管理理论的最大贡献是他主张一切管理问题都应当而且可能用科学的方法加以研究和解决，实行各方面工作的标准化，不要凭经验办事，使个人经验上升为理论。他的科学管理方法推广后，生产效率提高了三倍，突破了传统管理的观念和方法，进入了科学管理时代。“泰勒制”很快在欧洲各国得到普及，所以泰勒被称为“科学管理之父”。

2. 法约尔的人力资源管理

法约尔（Fayol）也是古典管理理论的代表人物之一，他的管理理论主要包含在1916年发表的《工业管理与一般管理》一书中。在他提出的经营的六种职能、管理的五种因素和十四条管理原则中，就涉及许多对人的管理思想。例如，十四条管理原则中的第一条“分工”，就是将生产中每个工人的劳动专业化，使每个管理人员各负其责，以减少人力浪费，提高工作效率，增加产量；第二条“权力与责任”就强调在用人中，必须使权力与责任结合起来；第七条“员工的报酬”在讨论了日工资、计件工资、奖金和利润分配以后，得出结论：付酬方式取决于许多因素，而其目的是使员工更有价值，并激发其热情；另外，第十条“秩序”、第十一条“公平”、第十二条“保持人员稳定”、第十三条“首创精神”、第十四条“人员的团结”等，都涉及有关对人的管理思想。

3. 韦伯的人力资源管理

德国的社会学家韦伯（Weber）也是古典管理理论的代表人物之一。他在集中研究组织理论时，也论述了一些人力资源管理的思想和原则，主要有以下几点：

（1）一个组织为了实现其目标所需要的全部活动，都划分为各种基本的作业，作为任务分配给组织中的各个成员，这就是我们常说的“因事设人”。在这样的分工中，组织的每一个环节都由拥有必要职权的专门人员来负责。

（2）各种职务和职位是按照职权的等级原则组织起来的，形成一个指挥体系。在这个体系中，每个下级接受其上级的控制和监督，上级不仅要为自己的行动负责，还要为自己下级的行动负责。

（3）组织中人员的任用，完全根据职务上的要求，通过正式考试或教育培训来实现。每一个职务上的人员必须称职，同时也不能随意免职。

（4）管理人员要不受个人情感影响，在任何情况下，都严格遵守组织纪律。组织要明确规定每一个成员的职权范围和协作形式，以便各个成员正确行使职权，减少摩擦和冲突。

2.1.3 人际关系—行为科学阶段的人力资源管理（20世纪20年代）

人际关系—行为科学实际上是在企业管理中，关于人的管理，重视人的因素，强调从人的行为本质中激发出动力的思想发展的两个阶段。

1. 人际关系阶段的人力资源管理思想

以泰勒为代表的科学管理理论有效地提高了劳动生产率，对人力资源的开发与管理作出了重要贡献。但是，其主要侧重生产技术和工作方法方面，而对劳动者本身，特别是劳动者的社会和心理方面却不够重视，而且在事实上增加了工人的劳动强度，激起了工人的反抗，使人力资源的利用受到很大限制。人际关系理论是作为科学管理的对立面出现的。科学管理理论建立在这样一个思想基础上：如果管理人员能恰当地规定出标准操作方法，进行严格的管理，生产率就可以提高，他们不考虑个人行为差别和人与人之间关系的影响，而人际关系学者则把管理的注意力带到人的心理因素的作用方面来。这种管理思想的产生，是前后进行了十年的美国霍桑试验的结果，其代表人物是美国人梅奥。

梅奥针对霍桑试验结果指出，照明度或其他工作环境等条件，不是影响生产率的基本条件，因而提出了与科学管理相反的观点：

（1）科学管理都是以事为中心，霍桑试验证明要以人为中心，要在激励人的积极性上下功夫。

（2）科学管理把人假设为“经济人”，认为金钱是刺激人积极性的唯一动力。梅奥根据霍桑试验得出结论，人是“社会人”，除了物质、金钱的需要外，还有社会和心理方面的需要。

（3）科学管理认为生产率的高低单纯地受工作方法和工作条件的制约。梅奥根据霍桑试验证明，生产率的高低在很大程度上取决于员工的工作态度，即士气，而态度或士气又与个人家庭、社会生活和企业内人与人的关系密切相关。

（4）科学管理只注意“正式组织”对员工积极性的影响。梅奥根据霍桑试验发现企业中除了“正式组织”之外，还存在非正式组织，即企业成员在共同工作过程中由于拥有共同的社会感情而形成的非正式团体，它同正式组织是相互依存的，对生产率的提高有很大影响。

霍桑试验的上述观点主要反映在梅奥的《工业文明中的人的问题》和《工业文明的社会问题》等书中。在这些著作里，他建立了人际关系学说，形成了人际关系学派，这就为后来“行为科学”的产生与发展奠定了基础。后来，梅奥等人又继续研究霍桑试验，一直到20世纪30年代初。其研究结果表明，生产率直接与集体合作及协作程度有关，而集体合作及协作程度又与主管人员及研究人员对工作群体的重视程度有关，与非强制性地提高生产率的办法相关，还与改革过程中为工人提供参与制相关，这些关系如图2－1所示。

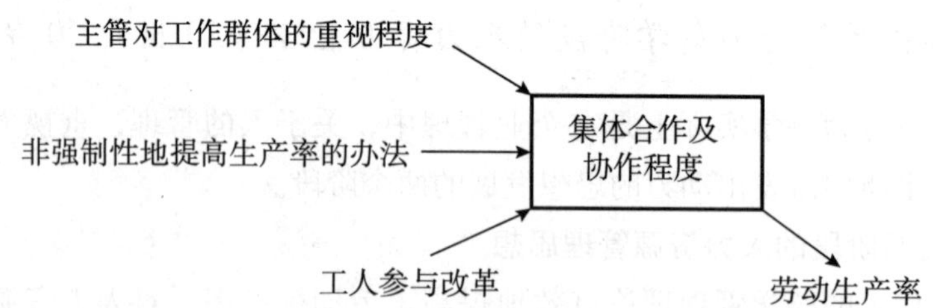

图2－1　霍桑试验有关劳动生产率提高的结论

上述概括说明，研究者已开始将工人构成的组织视为一个社会系统，而不是按泰勒的观点将其视为一个技术经济系统。

2. 行为科学阶段的人力资源管理

从上述内容来看，人际关系研究着重于人群因素，只要搞好人与人之间的关系，使工人的需要得到满足，就能提高劳动生产率。但事实上，人际关系的许多理论观点都存在某种缺陷，因而需要进一步发展。1953年美国邀请有关大学的一些教授举行讨论会，在这次会上首次提出了“行为科学”这一名称。与人际关系学派相比，行为科学学派主要将注意力从维护良好的人群关系转到对企业组织中人群行为的科学分析上。

行为科学学派认为，管理主要是处理好人群关系，调动人的积极性，人是决定性的因素，因此要研究人的行为。行为科学学派强调从社会学、心理学的角度，从人的需要、动机、目的、行为相互关系和社会环境等方面，研究它们对企业生产经营活动及其效果的影响，以提高生产效率，保证企业获得最高利润。

行为科学学派从怎样认识和处理人群关系出发形成了行为科学的理论体系。这里仅对两大理论体系，即人的本质理论和需求层次理论做概括介绍。

美国麻省理工学院心理学教授麦格雷戈在20世纪50年代提出了人的本质理论，即X理论和Y理论。这是对人的素质的两种不同的评价。X理论认为：人生来就好吃懒做，只要有可能，工作上就避重就轻；人们缺乏进取心，做工作总希望有人指点，这样可以不承担责任。按照这种观点，要使人们完成一定任务，就需要采用“权威和服从”的管理方式，严加管束、控制和指挥，并以惩罚相威胁。Y理论认为：人不是好逸恶劳的，能从工作中取得满足感，能按照一定的目标，自觉地完成任务；人都有进取心、自尊心，能在适当的时机承担更大的责任；人是有能力、有理想、有发明创造潜力的。

麦格雷戈认为，作为一个领导者，不能以 X 理论看待人，应该按 Y 理论来管理企业，要相信人是可以信赖的，是有潜在能力的，个人目标和组织目标是可以结合的，应当鼓励员工自觉控制自己，鼓励员工进步，让员工参与企业管理，发挥其积极性和创造性。

美国行为科学家马斯洛（A. H. Maslow）提出了人类基本需求层次理论。马斯洛认为，人的行为是由动机决定的，动机又是由需要决定的。需要由低级向高级发展，是阶梯形的，按其重要性和发生的先后次序，分为生理需要、安全需要、感情和归属需要、地位和受人尊重需要、自我实现需要五级。低一级的需要得到满足后，只有满足高一级的需要，才能达到进一步的激励作用。不断地满足需要，才能不断地产生新的动力。马斯洛的需求层次理论如图 2－2 所示。

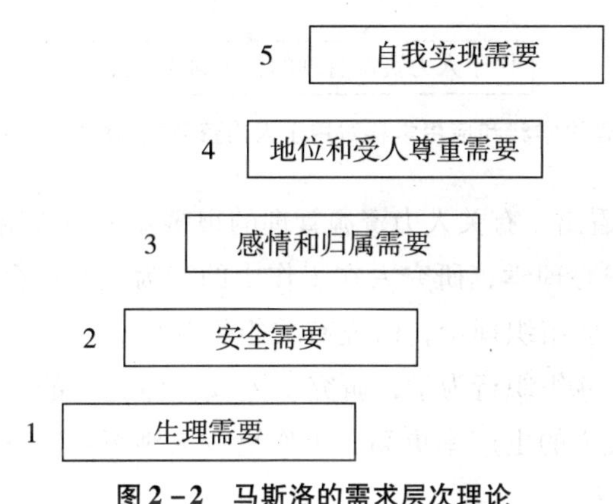

图 2－2　马斯洛的需求层次理论

第一级，生理需要。它包括维持生活所必需的各种物质上的需要。如衣、食、住、行等。这些是人们最基本的需要，因而也是推动力最强大的需要。

第二级，安全需要。这是有关免除危险和威胁的需要。如生活有保障、不会失业、生病能得到治疗或老年有所依靠等。

第三级，感情和归属需要。它包括和同事们保持良好关系；希望给予和得到友爱；自己有所归属，即成为某个集团的被人承认的成员；能对别人进行帮助，并受到别人的帮助；等等。

第四级，地位和受人尊重需要。它包括自尊心、自信心，对能力、知识、成就和名誉地位的需要，要求得到别人的承认、尊重等。这种需要很少得到完全的满足。因为它是无止境的。

第五级，自我实现需要。这是最高一级的需要，指一个人需要做他最适宜的工作，发挥他最大的潜在能力。如科学家、艺术家和手工工人等在工作时，往往把自己的工作当作一种创造活动，竭尽全力要做好它，并从中得到满足。

马斯洛主张注意人的相互关系，做好人的工作。要引导人们为自己的需要而努力，并把个人的目标同集体的目标结合起来，以便从人的行为的本质中激发出动力，不断提高劳动效率，从而保证企业获得最大限度的利润。

研究人的管理的行为科学是人际关系研究的成果之一，不过行为科学却以更广泛的理论学科和应用学科为基础，并涉及更多的问题。行为科学即研究与人们的行为有关的社会学和心理学，如图 2－3 所示。

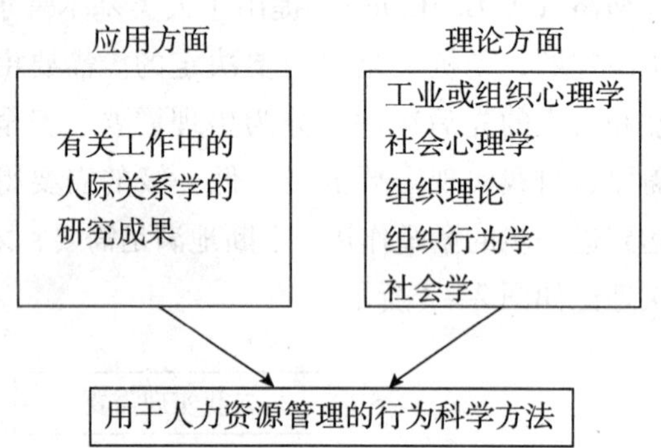

图 2－3　理论学科和应用学科对用于人力资源管理的行为科学的贡献

从图 2－3 中可以看出，有关人力资源管理的很多知识和应用都来自以下行为科学的分支：①工业或组织心理学，研究人在工作中的行为。②社会心理学，研究人们如何相互影响和被影响。③组织理论，研究有关组织为什么存在，职能是什么，如何设计，以及怎样更有效。④组织行为学，研究个人及群体行为的原因，以及如何利用这一研究在组织环境中使人的生产率更高，工作更令人满意。⑤社会学，研究社会、社会结构及社会关系。

2.1.4　现代管理科学阶段的人力资源管理（20 世纪 70 年代）

进入 20 世纪 70 年代以来，出现了现代管理科学理论，它是用系统理论把泰勒的"科学管理"和"行为科学"综合起来形成的一种新的管理理论。这种理论认为必须从整体出发而不是从局部出发去研究事物，它把同某一事物有关的全部组成要素的总体看成一个系统。例如，一个企业就是一个系统，不单是一种社会系统，而且是一种受到技术因素很大影响的多元的心理学—社会系统，企业的全部成员和全部机器（物的代名词）就是它的组成要素，其中："物"只不过是被动的组成要素，而"人"才是企业的主体。同时，企业的成长和发展，还受到内外部环境的影响，包括物质的影响和思想的影响两个方面。进行系统分析，就是要把人和物以及环境结合起来进行全面分析研究，实现计划、方案、设计、办法的最优化。

这一阶段，在人力资源管理方面，主要是强调系统权变的理论。以美国的巴纳德（C. I. Barnard）为首的社会系统学派十分强调系统观点。他们认为，社会的各级组织都是一个协作的系统，即由相互进行协作的各个人组成的系统。组织中经理人员的作用就是在协作系统中作为相互联系的中心，并对协作进行协调，以便组织能够维持运转。而以摩尔斯和洛斯奇为代表的权变理论学派则强调权变的观点。他们认为，在企业管理中要根据企业的内外部条件随机应变，没有什么一成不变、普遍适用的“最好的”管理理论和方法。泰勒的“科学管理”也不是普遍适用的，应该针对不同的情况，选择或交替运用有关的理论，以达到工作、组织、个人三者的最佳配合。

伴随着对物力、财力的有效管理，对人有效管理的任务也更多地落到了直线经理的肩上。直线经理是指那些总体负责企业运转的人，如图 2－4 所示。

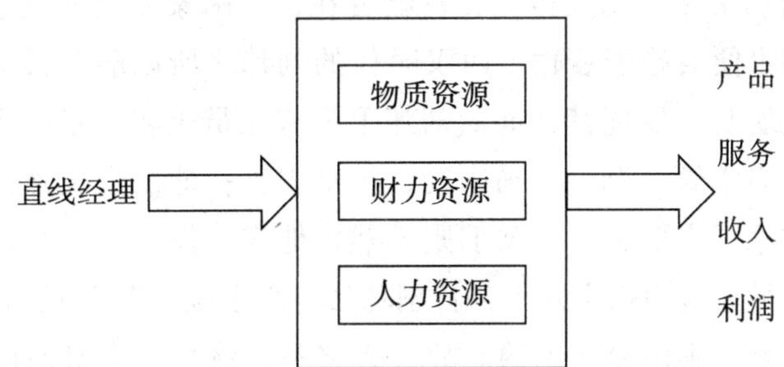

图 2－4　为了生产实用的产品，直线经理负责充分利用人、财、物三种资源

图 2－4 说明，所有的直线经理无论负责什么工作，都必须从人力资源管理活动的经济效果方面来对其组织负责，同时，又必须以所提供的职业生活质量对其下属员工负责。就整体而言，人力资源管理还应视为一种联合职责。

综上所述，泰勒的人力资源管理理论强调以科学的方法来训练工人，管理工人，却忽视了工人的社会心理需要。梅奥的人力资源管理理论恰好弥补了这方面的缺陷，无疑是一个巨大的进步。系统权变学派的人力资源管理理论则注意到人员组织的系统性，强调对各种理论方法的灵活运用，又前进了一步。由此可见，在企业管理中重视人的因素，强调对人力资源的管理，充分发挥人的积极性既是马克思主义理论的一贯要求，又是西方经济管理发展的实践为我们得出的结论。因此，我们在学习和研究社会主义企业管理中，除了要学习和研究对物的管理外，更重要的是要学习和研究人力资源管理。

2.2　中国古代的人力资源管理思想

中国是一个文明古国，拥有五千多年的文明史。中国古代比较完备的人事管理制度与丰富的人事管理思想是密不可分的，所积累的丰富的人事管理思想早已融入中华文明和世界文明的思想宝库之中，是一份珍贵的历史遗产。中国古代的人力资源管理思想可以概括为以下几个方面。

2.2.1 人治思想

在中国古代统治者的政治管理思想中，人治思想占有十分重要的地位，有些思想家认为，“有乱君，无乱国；有治人，无治法”。由于中国古代的政治家和思想家们重视人治，所以在人事问题上对于如何选拔人才给予了高度的重视。尽管人治主义反映的是剥削阶级的利益，有其理论上和实践上的局限性，但是它关于重视人才和选拔人才的人事管理思想，仍有其借鉴意义。

在中国古代，统治者在总结历史经验与教训中认识到：历代王朝的兴亡盛衰，都同人才的任用有密切关系。用人得当，贤能者在位，国家便兴旺发达；用人不当，邪恶不肖者当道，国家便会趋于衰亡。西汉时代的刘邦之所以能夺天下，关键就在于他善于用人，知人之所长，发挥其才能。刘邦手下有三员大将，张良是军师，他运筹帷幄，决胜千里；萧何掌管后勤，兵马未动，粮草先行；韩信是统帅，战则必胜，攻则必取。刘邦驾驭群雄，夺取天下。项羽则不然，他露才扬己，嫉贤妒能，对下属处处猜疑，不能信任，最后成为孤家寡人，自刎乌江。墨子说：“国有贤良之士众，则国家之治厚；贤良之士寡，则国家之治薄。故大人之务，将在于众贤而已。”荀况也指出：“治生乎君子，乱生乎小人。”《管子·权修》中说：“一年之计，莫如树谷；十年之计，莫如树木；终身之计，莫如树人。”宋朝胡瑗更以最明确的语言指出：“致天下之治者在人才。”总之，他们认为：人才和人才的选拔对于一个国家的兴亡盛衰是至关重要的，所以古代一些有作为的政治家在人事管理思想中都十分重视人才的选拔。

为了广泛地吸纳人才，汉武帝规定，大臣向朝廷推荐人才是一项不可推卸的职责，谁不推荐人才便是失职，理应受到法律的制裁。三国时期刘备为了请诸葛亮出山，曾经“三顾茅庐”，这一求贤故事，传为千古美谈。

2.2.2 “任人唯贤”思想

中国古代一贯主张“任人唯贤”的人事管理原则。历史上虽然历来存在着“任人唯贤”和“用人唯亲”两种事实，但在理论上从来没有发生过“用贤”还是“用亲”的争论。除了皇家确定继承人是按照“以长不以贤”的原则进行外，在辅佐官员的选拔上，理论上都是任人唯贤的。

主张任人唯贤，必须反对任人唯亲。在统治阶级内部，眼光较远大的政治家和思想家们，从本阶级的长远利益出发，主张任人唯贤；而一些目光短浅的人，只着眼于他们眼前的私利，主张任人唯亲。后者虽然暂时取得了个人眼前的利益，却极大地破坏了统治阶级的长远利益，还可能由于用人不当，导致国破家亡，身败名裂。墨子说：“故虽有贤君，不爱无功之臣；虽有慈父，不爱无益之子。是故不胜其任而处其位，非此位之人也；不胜其爵而处其禄，非此禄之主也。”荀况也认为，选拔人才只能依据德才兼备这样一个标准，而不应该有其他的标准。荀况认为，英明的君主是坚持用人唯贤，反对用人唯亲的，周文王姬昌就是一个范例，他虽然有不少子弟、贵戚，但都不肯委以重任，而是把一个非亲非故的姜太公请出来，给予很高的信任和地位。

2.2.3 “不论资排辈”思想

主张任人唯贤，就不能论资排辈，古人在这方面虽然没有多少理论上的论述，但在实践上却有许多不讲资历、任人唯贤的事例。诸葛亮是汉军中的后来者，在关羽、张飞等不悦的情况下，刘备却毅然任命他为军师。同秦府诸将比，魏征不但是后来者，而且曾是政敌，李世民却把他放在远比秦府诸将重要的地位上。像这样的例子很多。这就表明一个强大的政权在用人上是不论资排辈的。

2.2.4 用人“不求全责备”思想

历史上有作为的政治家们，对人才并不求全责备，他们选拔人才的根本出发点在于能否为事业的兴旺发达贡献力量，凡是能够贡献力量的就能得到肯定，其身上即使存在这样那样的缺点，都可以忽略不计。在中国古代封建帝王中，对人才不求全责备而特别注意用人所长的要算唐太宗李世民了。他要求他的臣下为他推荐人才，但是大臣封德彝却“久无所举”，李世民问他时，他回答“非不尽心，但于今未有奇才耳”。为什么封德彝找不到人才呢？恐怕是求全责备的原因吧！为此李世民批评他说：“君子用人如器，各取所长，古之致治者，岂借才于异代乎？正患己不能知，安可诬一世之人。”李世民在统治时期，较为正确地贯彻了他“用人如器，各取所长”的思想，各种类型的人才在他那里都能有所作为。他根据每个人的特点，用其所长，使之为自己服务。在这种思想的指导下，李世民经常研究他的臣子们的优缺点，做到胸中有数。

如果求全责备，那么世上就无可用之人了。古语说：“水至清则无鱼，人至察则无徒。”因此，如果不求全责备，就会在每个人身上发现长处，就会有取之不尽、用之不竭的人才。

2.2.5 “德才兼备”思想

德才兼备是中国古代有作为的政治家、军事家所共同遵循的一条原则。汉代王符在《潜夫论·忠贵》中指出：“德不称其任，其祸必酷；能不称其位，其殃必大。”如果一个人的品德与职务不相称，或其能力与职务不适应都会带来严重后果。

康熙指出：“观人必先心术，次才学。心术不善，纵有才学何用?”所以他主张“必才德兼优者为准”。康熙提出了德的标准：“以公胜私”。他说：“事君者果能以公胜私，于治天下何难？若挟其私心，则天下必不能治。”可见，这里的“公”指的是朝廷的利益。李世民也有类似的主张“须灭私徇公，坚守直道”。

德才之间的关系，司马光在《资治通鉴》里指出：“才者德之资也；德者才之帅也。”德与才是统帅与被统帅的关系。他具体分析了不同的德才素质：“是故才德全尽谓之圣人，才德兼亡谓之愚人，德胜才谓之君子，才胜德谓之小人。”

为了把真正德才兼备的人才选拔出来，必须在人事管理工作中坚持任人唯贤、选贤任能。用诸葛亮的话说，叫作“为官择人”，而不能“为人择官”。

2.3 中国当代的人力资源管理思想

中华人民共和国成立后，在我国的社会主义建设过程中，逐步形成了具有中国特色的社会主义人力资源管理思想。归纳起来，主要有以下几个方面。

2.3.1 尊重知识，尊重人才

党的十八大以来，党中央高度重视人才工作，习近平总书记对人才工作作出了一系列重要指示，强调人才是第一资源、第一资本、第一推动力，真正做到“聚天下英才而用之”“在全社会大兴识才爱才敬才用才之风”“让人才事业兴旺起来”……这继承发展了马克思主义人才思想，极大地发展了中国特色社会主义人才理论。

尊重知识，尊重人才，是时代的要求。知识包括自然科学知识和社会科学知识，都是人类知识的结晶和人们实践经验的总结。知识越丰富，越有利于提高人们认识世界和改造世界的能力。

我国四个现代化建设的关键点是知识、人才问题。人才是强国之本、创业之源，人才问题关系到一个国家的兴衰。邓小平同志在谈到《中共中央关于经济体制改革的决定》时指出：“决定的十条都很重要，但其中最重要的是第九条，就是‘尊重知识、尊重人才’。”

珍视人才，爱惜人才，关键是合理地使用好人才，这是对人才的最大尊重。采取切实有效的措施，最大限度地发挥知识分子的作用，使他们为四化建设贡献聪明才智，这是人力资源管理的出发点和最终目的。

人才问题，主要是知识分子问题。合理地使用人才，就是要很好地把他们组织和使用起来，把他们的积极性调动起来，发挥他们的专长。发挥专长就是要学以致用，用其所长，人尽其才，才尽其用。

在现代科学技术迅速发展的条件下，科学技术是重要的生产力。知识对生产过程的渗透越来越深入，知识在产品中的密集程度越来越高，知识的整体性越来越强，知识更新的周期越来越短，一句话概括，社会的进步和文明越来越依赖于知识。而人才则由德、知、才、学四个要素构成，拥有较多知识和具有各种专业知识的人才是现代化建设所不可缺少的智力条件，是我们最宝贵的财富，是我国科学技术发达和经济振兴的希望所在。

科学技术现代化是社会主义物质文明的重要基础和保证，也是社会主义精神文明的重要基础和组成部分。建设有中国特色的社会主义，必须具有高度发达的科学技术，必须有科学知识、科学精神和方法在社会普及。四个现代化，关键是科学技术的现代化。没有科学技术的现代化，就没有工业、农业、国防的现代化。没有科学技术的高速发展，也就不可能有国民经济的高速发展。

2.3.2 大公无私，任人唯贤

任人唯贤，还是任人唯亲，这是两条对立的用人路线。在使用干部的问题上，我们民族历史中从来就有两条对立的路线：一个是“任人唯贤”的路线，另一个是“任人唯亲”的路线。前者是正派的路线，后者是不正派的路线。共产党的干部政策，应是以能否坚决地执行党的路线，服从党的纪律，和群众有密切联系，有独立的工作能力，积极肯干，不谋私利为标准，这就是“任人唯贤”的路线。具体来说，这里所讲的贤者，是指有全心全意为人民服务的强烈愿望，坚持四项基本原则，思想作风好，为人正派，不搞歪门邪道，工作勤勤恳恳，又能够从事社会主义现代化建设，并能不断地开创新局面的真才实学的人。

改革开放以来，邓小平同志把人才标准概括为“有理想、有道德、有文化、有纪律”。他在《用坚定的信念把人民团结起来》一文中指出：“现在中国提出‘四有’，有理想、有道德、有文化、有纪律。其中我们最强调的，是有理想。根据我长期从事政治和军事活动的经验，我认为，最重要的是人的团结，要团结就要有共同的理想和坚定的信念……在人民中间，在青年中间，也要讲信念。首先要向青年进行有理想、有纪律的教育。没有理想和纪律，建设四化是不可能的。”

要坚持大公无私、任人唯贤，就必须反对出于私心任人唯亲。我们党历来反对任人唯亲的用人路线。然而要按照党性办事，最主要的是领导者要加强自身的品德修养，不存私心，不以个人感情代替党的政策。

习近平总书记多次强调，我们要坚持德才兼备、以德为先，坚持五湖四海、任人唯贤，坚持事业为上、公道正派，坚决防止和纠正选人用人上的不正之风，把党和人民需要的好干部精心培养起来、及时发现出来、合理使用起来。

2.3.3 按“四化”标准选拔干部

党的十一届三中全会以来，党中央提出干部队伍要实现“四化”，即革命化、年轻化、知识化、专业化，这是德才兼备原则在新时期的具体化。革命化是前提，年轻化是基础，知识化、专业化是关键，彼此相互联系，不可分割。

革命化是干部的“德”，就是政治标准。正如邓小平同志所说：“所谓德，最主要的，就是坚持社会主义道路和党的领导。”所以，在社会主义初级阶段，选拔干部的政治标准，就是坚持四项基本原则，为人民造福，为发展生产力、为社会主义事业作出积极的贡献，这就是主要的政治标准。同时，“德”还包括个人道德品质方面的内容，如气质、性格、动机、兴趣、理想等。

年轻化以德才兼备为基础，要求干部年富力强，具有旺盛的精力和健全的体魄，能够挑重担，胜任紧张、艰巨的工作。就是说，要不断提拔年富力强的优秀干部和培养后备力量，使整个干部队伍保持合理的梯形结构，党的事业可以代代相传、后继有人。但年轻化不等于青年化。干部队伍应由老、中、青三代人组成。以中青年干部为主体，这样有利于实现老干部对青年干部的传、帮、带，有利于发挥中青年干部的能力和作用，有利于干部平均年龄的年轻化。

知识化和专业化是指干部的“才”，这是由四化建设的任务决定的。知识化要求干部有较高的文化水平。随着科学文化的普及，各种先进技术的发展和应用，科学日趋社会化，社会也进入科学化的时代。在科学、技术、管理三者同步发展的当代社会，没有丰富的多方面的科学文化知识，是很难胜任工作的。知识对于国家干部来说是必须具备的重要条件。干部不仅要知识化，而且要专业化。专业化就是要求干部懂行，熟悉业务，同时掌握本职业务工作及有关的知识。也就是说，应该既是通才，又是专才。干部专业化，实质就是要当内行。

社会主义四化建设，要求增加大批各行各业的专业干部。邓小平同志强调：“今后的干部选择，特别要重视专业知识。我们长期都没有重视，现在再不重视，就不可能进行现代化建设。”

综合国力的竞争，关键是人才的竞争，人才竞争根本上又是制度的竞争。习近平总书记指出：“要着力破除体制机制障碍，向用人主体放权，为人才松绑，让人才创新创造活力充分迸发，使各方面人才各得其所、尽展其长。”为深化人才发展体制机制改革、激发人才创新创造活力、进一步提高人才工作治理能力和水平，明确了目标和方向。

2.3.4 重视教育，提高全民素质

习近平总书记多次对人才强国作出重要论述。加快推进人才强国战略，是新世纪我国人才工作的根本任务。当前和今后一个时期，大力实施人才强国战略，将突出五大重点：一是建设规模宏大的人才队伍；二是推动人才结构战略性调整；三是加强高层次人才队伍建设；四是推进人才发展体制机制改革创新；五是优化人才发展环境。

党的十一届三中全会以来，在推进改革开放和现代化建设的进程中，邓小平同志依然关注教育的改革和发展，总是从国家和民族长远利益的高度，不断提醒全党要重视教育，重视培养人才。1985 年，他在全国教育工作会议上对教育的重要性和实现现代化的基本途径作了精辟论述。他指出：“我们国家，国力的强弱，经济发展后劲的大小，越来越取决于劳动者素质，取决于知识分子的数量和质量。一个十亿人口的大国，教育搞上去了，人才资源的巨大优势是任何国家比不了的，有了人才优势，再加上先进的社会主义制度，我们的目标就有把握达到。”

党的十二大把教育和科学技术列为社会主义现代化建设三大战略重点之一。党的十三大提出：“把发展科学技术和教育事业放在首要位置，使经济建设转到依靠科技进步和提高劳动者素质的轨道上来。”党的十四大进一步提出：“必须把教育摆在优先发

展的战略地位，努力提高全民族的思想道德和科学文化水平，这是实现我国现代化的根本大计。”党的十五大报告不仅明确提出了“实施科教兴国战略”，而且在中国特色社会主义文化建设部分突出了对教育的论述。发展科学技术离不开人才，人才的培养离不开教育。教育是立国之本、兴国之本。我国人力资源十分丰富。坚持把教育摆在优先发展的战略地位，充分发挥教育在开发我国巨大人力资源方面的优势，全面提高广大人民的思想道德素质和科学文化素质，培养数以亿计的高素质劳动者和千百万在经济、政治、文化、科技、教育、外交、国防等各个领域的高级专门人才，是关系到21世纪我国社会主义现代化建设全局和社会主义历史命运的根本问题。因此，认真贯彻落实党中央关于教育工作的决策和部署，大力发展教育事业，进一步提高全体人民的素质，培养更多的各类高素质人才，实现我国的现代化就大有希望。

习近平总书记多次强调：“创新驱动实质上是人才驱动。”把科技创新在引领和支撑经济社会发展中的战略地位提到了前所未有的高度，把科技人才在创新驱动发展战略中的地位作用提到了前所未有的高度，提出了我国科技工作的新任务，明确了科技工作的新方向，对于深入实施创新驱动发展战略具有重大现实意义和深远历史意义。

2.4 人力资源管理未来发展的趋势

2.4.1 人力资源管理理论的新发展

人力资源管理经过40多年的发展，已初步形成一套较为完善的理论、方法、步骤和措施，逐步取代了传统的人事管理。目前，人力资源管理又有更大的突破和发展。人力资源管理迈入新观念、新管理时代，即“人力资源再造工程”“企业再造工程”“再造工程—人力资源新观念”，使人力资源管理跳出传统界线，以协助公司、企业重建、再造。在人力资源的运用策略上亦有重大变化，已逐步放弃注重员工“力的资源”，开始走向开发团队“心的资源”的新管理观念上。因此，要求人力资源管理工作者扮演新的战略角色，其定位也正在转换中。由于新技术革命的影响，人力资源管理理论有了突破性的发展。

1. 人力资源管理已成为其他各种资源管理和有效利用的关键

目前，人力资源管理已经同经济资源管理具有同等重要的意义，而且越来越重要，成为其他各种资源管理和有效利用的关键。因为企业管理、经济管理、各行各业的管理最终都体现在人才管理、人力资源管理。

2. 人力资源管理已经开始取代传统的人事管理

随着科学技术革命的蓬勃发展，一些国家的大公司、大企业发现，要对瞬息万变的高科技发展做出迅速反应，过去沿用的公司结构管理层次、管理技术、方法和手段难以发挥出积极作用。在企业国际化、经济全球化、跨国公司大发展的推动下，昔日“方阵式”的管理已不合时宜，因而兴起“合作网络式”管理，它不再用由上而下的纵向指示方式，而是透过庞大的通信系统，将众多的部门、员工联系起来，成为一个互相合作的网络。合作网络管理要求人事部门管理与之相适应、相配套。传统的人事管理是由一种特殊的、集中的领导机构，管理着各类人员的雇佣、聘请、工资、福利、劳动时间、退休等。这种管理费时费事，易出现官僚主义，扼杀创新意识，埋没人才。因此，一些国家纷纷改革已经实行多年并曾富有成效的人事制度，来适应新科学技术革命和人力资源开发的形式。例如，日本在战后实行的卓有成效的、被人们肯定的终身雇佣制和年功序列工资制的一套人事制度，因不适应目前的需要而开始瓦解。日本企业开始研究改革人事制度，加强智力开发，以确保培养更多的掌握专业知识，能跨行业，能进入国际市场的"复合型技术人才"。

3. 人力资源管理重视人的能力、创造力、智慧潜力的发挥

新的人力资源管理理论认为广大员工是能对企业作出积极重大贡献的参与者。因此，人力资源管理要不断发掘人才，建立公平机制，使各类人员达到人尽其才、才尽其用的境界。

4. 明确人力资源管理部门和领导者的重要任务

负责人力资源管理的部门和领导者，其主要任务是：开发利用人力资源这个宝贵的财富，使人的智慧潜能得到充分的发挥，并创造一个能激励人们为实现企业目标而积极作出贡献的良好的宽松的工作环境，为员工提供一个让其才华得以发挥、表现的平台。

5. 人力资源管理要求改变旧的人事管理方式和工作方法

人事管理不再是简单的对人员进、管、出的管理，而是对企业人力资源进行全面规划，有预见性地管理各类人员的配置、使用、劳动报酬、资格鉴定、业务培训、工作条件和环境等，即要时刻考虑如何迎接新科学技术革命的挑战，如何满足人力资源开发的需要，实现预见性管理。

6. 成立人力资源管理组织

为适应人力资源管理的需要，各国纷纷成立人力资源管理组织，很多大学设立人力资源管理系和专业，如"人力资源管理""人力资源开发""人力经济学""人员素质测评"等新课程；大量企业设立人力资源部门、人力资源规划部门、培训部门等。

我国在改革现行的人事管理体制，建立人力资源管理的新概念、新体制时，必须密切注意当代人力资源管理理论、观念的新发展，不懈地进行跟踪研究，并有预见性地确立某些人力资源管理新观念、新理论和新方法。

2.4.2 人力资源管理发展的趋势

1. 人力资源管理制度化

人力资源管理的范围由小到大，涉及人力资源管理的问题由少而多，这种发展仍在继续，因此，人力资源管理措施逐步由不成文而成文。人力资源管理措施最初多由最高主管人员自行决定，随着人力资源管理范围的扩大，内容趋繁后，其处理方式由过去只凭个人主观判断所决定，而逐渐改为以成文的制度来代替个人的臆断，这种人力资源管理的日趋成文与制度化仍在发展中。

2. **人力资源管理现代化**

管理，其中包括人力资源管理，要随着社会经济的发展以及当代科学技术的进步，不断进行现代化建设。这里，既包括物的现代化，也包括人的现代化。简单地说，管理现代化，就是指把当代最新的科学技术成就和管理理论、方法以及先进管理手段用于管理系统，使管理达到最合理、最经济、最高效率的目的。把这种最新的现代化管理理论、方法和手段，用于人力资源管理，就是人力资源管理现代化。人力资源管理现代化在现代化管理中占有特殊的、举足轻重的地位，是整个管理现代化重要的一环，关系到企业生产的高效率、高效益。

效率与人力资源管理现代化有不可分割的关系，讲求效率，要基于现代科学化的管理，使人力资源管理工作日趋效率化。人力资源管理为配合各业务部门和单位达到企业组织的共同目标，就必须讲求效率，以免人力资源管理效率低而影响业务部门和单位的效率。近年来，人力资源管理新方案的试验、试办，以及根据试验、试办成果的检查与改进，实施范围由小到大等，完全属于现代科学方法的应用，特别是使用电子计算机进行人力资源管理，大大提高了人力资源管理工作的科学性、精确性和高效性，并为制订最佳人力资源管理方案提供了科学依据。

3. **人力资源管理标准化**

人力资源管理由主观到客观。主观的人力资源管理，指对人力资源问题的处理，多凭主观判断来决定，其优点是弹性大，缺点是容易造成不公，尤其是在人力资源管理日趋复杂时，处理起来更加困难。客观的人力资源管理，指对人力资源问题的处理，多凭既定的规定，前后一致，公平合理，当人力资源管理日趋复杂时，更有其需要。标准是衡量事物的准绳，其内容较一般法律规定更为详细明确，根据标准处理人力资源问题，更为公平而确实，如设置职位的工作标准，以求客观、确实地处理人力资源问题。因此，人力资源管理将日趋标准化。

4. **人力资源管理公开化**

人力资源管理由秘密到公开。秘密的人力资源管理容易偏私，而且容易引起他人的不满。为了杜绝偏私，并获得员工的支持，不宜将人力资源管理作为秘密，而应使员工充分了解。员工的选用应采取公开考试或甄选方式，以选聘最合适者，员工的提升和奖励，应先由人力资源管理部门评审，再由主管人员决定并公开。

5. **人力资源管理民主化**

人力资源管理由个人决定到集思广益。人力资源管理原来多由企业主管人员个人决定，但是，因人力资源管理的对象是人，而人各有特点，所以人力资源管理面对的问题很多，如仅凭个人意见来决定，很难做到周全。因而逐渐产生了先征求员工意见，而后再决定的趋势，所以人力资源管理需要集思广益。目前，在人力资源管理中，已有相当数量的员工，不仅提供意见，而且可以参与制订决策，如福利措施的采取，奖励制度的建立，多征求员工意见而定，有的更由员工自行决定。上述均是人力资源管理民主化的表现。

6. 人力资源培训终身化

随着当代科学技术的迅速发展，各种人才对人类社会发展、企业决策所起的作用越来越大，人才受到尊重和重视的程度越来越高。“人才是最重要的资本”，当代科学技术的竞争，是人才的竞争，也是教育的竞争。教育是造就人才、培养人才的基础，是最合算的投资。为此，各国建立了从基础教育、定向教育，到高等教育和成人教育的体系，每年培养造就千千万万人才。

但是，当前知识总量增加迅猛，知识更新周期缩短，知识陈旧率、淘汰率加速，一次性教育已不能满足需要，因此继续教育日益受到重视。继续教育是指那些已经受过高等教育，已在工作岗位上的员工、专业人员和管理人员继续接受新知识、新技术的教育。这种教育是传统教育的延续和发展，要终身进行，因此，也称“终身教育”。要做好工作，就必须接受继续教育，以适应我国“四化”建设的需要。

2. 4. 3　中国特色人才理论的发展与创新

牢固确立人才是第一资源、第一资本、第一推动力的思想，坚持一把手抓第一资源，提高全党全社会对人才重要性的认识。

必须克服长期以来形成的“重物轻人”倾向，既要重视资本，又要重视人才，真正做到“聚天下英才而用之”。

推动知识、技术、管理、技能等生产要素按贡献参与分配，促进科技成果资本化、产业化，实施股权期权激励，让人才合理合法享有创新收益。

党的十八大以来，党中央高度重视人才工作，习近平总书记对人才工作作出一系列重要指示，强调要“择天下英才而用之”“在全社会大兴识才爱才敬才用才之风”“让人才事业兴旺起来”……这极大地继承发展了马克思主义人才思想，极大地继承发展了中国特色社会主义人才理论，也极大地继承发展了我们党的建设思想，其理论价值和实践意义难以估量。

1. 树立强烈的人才意识

意识是行动的先导。没有抓人才工作的意识，天下皆才而满目无才。应高度重视人才工作，把增强各级党政主要负责人的人才意识放在首位，要求各级领导干部要从执政兴国的高度，牢固确立人才是第一资源、第一资本、第一推动力的思想，坚持一把手抓第一资源，提高全党全社会对人才重要性的认识，构建一个全新的人才发展战略体系。在人才发展理念上，要加快从物力资本优先积累向人才资本优先积累的转变；在人才发展治理上，要加快从政策规范向法律规范的转变；在人才发展模式上，要加快从计划配置向市场配置起决定性作用的转变；在人才发展重点上，要从优先考虑规模扩张向重点关注素质提升和结构优化转变；在人才工作开放上，要配合中央“一带一路”倡议，实施更加开放的人才政策，把人才国际化作为人才强国战略的重要组成部分，积极参与全球人才竞争，增强我国人才的国际竞争力。

2. 加快实施人才强国战略

当今世界，发达国家都在实施人才强国战略。我们只有加快实施人才强国战略，才能激励广大人才把自己的智慧和力量投入实现“中国梦”的伟大实践中，从而增强我国的综合实力和人才的国际竞争力。从国内看，我国发展进入了加快从要素驱动、投资驱动向创新驱动转变的新阶段。创新驱动实质上是人才驱动，经济转方式、调结构，关键靠人才支撑。必须克服长期以来形成的“重物轻人”倾向，既要重视资本，更要重视人才，真正做到“聚天下英才而用之”。从人才看，我国人才发展取得了显著成效，但是总体水平同一些发达国家相比还有不小差距，与经济社会发展要求还不相适应。主要问题是人才结构失衡，创新能力不强，顶尖人才匮乏，人才管理体制不顺，人才机制不够完善。这些都造成了人才资源浪费和配置低效，影响了人才创新创业积极性的发挥，必须在全面深化改革中，采取切实措施全力加以解决。

习近平总书记多次对人才强国作出重要论述。加快推进人才强国战略，是新世纪我国人才工作的根本任务。当前和今后一个时期，大力实施人才强国战略，将突出五大重点：一是建设规模宏大的人才队伍；二是推动人才结构战略性调整；三是加强高层次人才队伍建设；四是推进人才发展体制机制改革创新；五是优化人才发展环境。

3. 加强创新型科技人才队伍建设

“根在基层，重在落实。”针对当前科技创新面临的自主创新能力不足、高端人才缺乏、创新环境不优等问题，全国各地在实践中勇于探索，提出许多建设创新型科技人才队伍的创新举措。比如，大力增强创新人才的动力机制。广东前海创立三大机制：创立一切为社会做出贡献的劳动与价值都得到承认和尊重的机制；创立海内外各类投资者在我国创业受到鼓励的机制；创立有利于吸引各类人才、调动各类人才积极性的用人机制和分配机制，使每个人的创造权益得到切实保障，让创新人才“名利双收”“一朝致富”。又如，汇聚全球范围内的创新人才。上海加大引进海外创新人才的力度，注重实行“三个转变”：从引进国内人才为主转到引进国外人才为主；从引进国外一般人才为主转到引进国外高层次人才为主；从只注重引进人才转到营造良好的人才环境。再如，营造人才创新创业的良好氛围。深化人才发展体制机制改革，逐步取消事业单位的行政级别，加快“去行政化”“去官本位”改革步伐，营造勇于创新、宽容失败的良好环境。

4. 实施更加开放的人才政策

2014 年 5 月，习近平总书记在上海同外国专家座谈时强调“择天下英才而用之”。

后来，在多次科技、人才工作会议上，习近平总书记又提出“聚天下英才而用之”。体现了国家人才战略的全球化发展思路。

国际人才集聚政策的演进趋势，突出表现在四个方面。一是关注人才环境。引进人才由政府主导转为市场驱动，政府从台前转至幕后，为创新创业和人才成长提供政策支持和环境保障。二是构建人才网络。人才引进不再是简单地“引进来”，也包括“走出去”。注重就地利用海外人才，强化构建国际人才网络。三是创新人才激励。综合审视人才在不同发展阶段的需求特点，设计相对有效和公平的激励体制。四是注重人才扎根。制度建设从“短期引进”转向“长期使用”和“永久扎根”，让人才“适应水土”“落地生根”“开花结果”。从我国实际情况看，人才开放可分为三个层次。第一层次，是要引进外国的高端人才。这对我国转变经济发展方式、实行创新驱动战略，实现超常规、跨越式发展有十分重要的作用。第二层次，是要引进海外高层次留学人才。第三层次，是要引进海外华侨，特别是新华侨中的高层次人才。

5. 深入推进人才发展体制机制改革

当前的人才制度改革，首先，要推进人才管理体制改革。急需在四个方面力求大的突破：在发挥市场配置人才的决定性作用方面力求大的突破；在加快转变政府人才管理职能方面力求大的突破；在保障落实用人单位自主权方面力求大的突破；在加强人才管理法制建设方面力求大的突破。其次，要改革人才工作机制。应从六个方面把握改革重点。一是在人才培养方面，重点以国家发展和社会需求为导向，改进培养支持方式，注重创新能力培养，重点聚焦专业人才，完善“产学研用”结合的协调育人模式，加快培育重点行业、重点领域、战略性新兴产业人才。二是在人才评价方面，重点突出品德、能力和业绩评价，根据人才的不同类别，分别实行学术评价、市场评价和社会评价，提高人才评价的针对性、科学性。三是在人才流动方面，重点畅通人才跨地区、跨部门、跨行业、跨所有制流动渠道，提高人才横向和纵向流动性，促进人才合理流动和有效配置。四是在人才激励方面，重点推动知识、技术、管理、技能等生产要素按贡献参与分配，促进科技成果资本化、产业化，实施股权期权激励，让人才合理合法享有创新收益。五是在人才引进方面，重点实行更积极、更开放、更有效的人才政策，不唯地域、不求所有、不拘一格，广开进贤之路、广纳天下英才。六是在投入保障方面，重点发挥政府投入引导和撬动作用，建立多元投入机制，加大人才开发投入力度，促进人才与经济社会发展深度融合。最后，要重点解决三块短板：着力解决人才管理中行政化、“官本位”问题；着力解决人才评价中“三唯”问题；着力解决科研成果转化难、收益难问题。

6. 坚持和完善党管人才原则

习近平总书记提出，“坚持和完善党管人才原则，推进人才工作科学化”。这为建立人才工作治理体系、加强人才的科学管理指明了方向。

提高党管人才水平，当前应主要从五个方面努力。一是确立党管人才是战略管理的定位。党管人才的工作重点主要包括确定战略理念、制定战略目标、构建战略体制、选择战略工具等。二是健全党管人才的领导体制。要始终坚持正确的政治方向，加强党对人才工作的统一领导，把党管人才原则贯穿于改革的全过程和各环节。三是构建中国特色的人才法律法规体系。四是抓紧建立一把手抓第一资源的考核机制。一方面，改革党政机关绩效考核内容，把人才工作作为考核一把手政绩的重要指标；另一方面，建立责任追究制，造成人才大量流失应追究领导责任。某一部门、某一地区搞任人唯亲、浪费人才、埋没人才，造成人才大量流失等严重失误的，追究领导责任。五是党管人才原则要适应对外开放新趋势。党管人才，不仅要立足于中国的国情和实际，而且要有更加宽阔的国际视野。人才战略呈现外向化，是我们党在人才工作方面具有世界眼光的表现。这是确立国家人才竞争比较优势、建设世界人才强国的需要，也是学习应用先进的世界知识技术、进而不断把整个对外开放提高到一个新水平的需要。

思考题

1. 以泰勒为代表的人力资源管理思想的主要内容是什么？
2. 梅奥对霍桑工厂试验的结果主要说明了什么问题？
3. 马斯洛提出的人类基本需要层次理论的主要内容是什么？
4. 泰勒的人力资源管理思想与行为科学派的人力资源管理思想有哪些共同点与不同点？
5. 中国古代人力资源管理思想的主要内容是什么？
6. 中国当代人力资源管理思想有哪些主要内容？

案例分析 1

方成大学毕业后进入一家有影响力的日资公司当销售代表，随着对业务的熟悉和销售网络的建立，他的业绩直线攀升。到第四年年底，他通过与同事的间接接触和上司对他态度的肯定，估计自己的业绩在公司名列前茅。但公司政策规定，为了不影响人际关系和造成不必要的攀比，不允许公布每个销售代表的具体业绩，所以方成亦难以确定自己的业绩排名和薪酬待遇水平。

去年，方成利用自己外语好的优势，成功地签了几个大客户，到 8 月底就超额完成了全年的销售任务，但上司对此无动于衷，无相应的表彰和奖励。由于公司不公开各销售代表的业绩和业绩与收入的相关关系，尽管工作很顺利，薪水也逐年提高，但方成总感到不公平，认为自己的超额劳动未得到应有的回报。

他听说另外两家在国内的欧美同行企业都在搞销售竞赛和奖励活动，在公司内定期对销售代表的业绩进行通报、评价，并通过各种形式对业绩优异者予以表扬和奖励。特别让方成恼火的是，当他与上司谈及有关内容时，上司以这是本公司的既定政策、是公司的文化为由，拒绝了方成的改进建议。因此，当猎头公司与他接洽时，方成毫不犹豫地去了一家美国公司。

讨论题：

是什么原因造成了方成跳槽？

案例分析 2

赵某是集团新委派的下属一家酒店的总经理，刚上任就遇到酒店西餐厅经理带着几名熟手跳槽的事情，他急忙叫来人事部经理商谈此事，人事部经理满口答应立即解决此事。第二天，赵某去西餐厅检查，发现有的西餐厅服务员摆台时经常把刀叉摆错，有的不知道如何开启酒瓶，领班都不知道如何处理顾客的投诉。紧接着仓库管理员跑来告诉赵某，发现丢失了银质的餐具，怀疑是服务员小张偷的，但现在已经找不到小张了。赵某一查仓库的账本，发现很多东西都写着丢失。赵某很生气，要求人事部经理解释此事，人事部经理辩解说因为员工流动率太高，多数员工都是才来不到 10 天的新手，餐厅经理、领班、保安也是如此，所以做事不熟练，丢东西比较多。赵某忍不住问："难道顾客不投诉吗？"人事部经理回答："投诉，当然投诉，但没关系，因为现在是旅游旺季，不会影响生意的。"赵某对于人事部经理的回答非常不满意，又询问了一些员工后，发现人事部经理经常随意指使员工做各种工作以外的私事，例如，接送自己的儿子上下学、给自己的妻子送饭等，如果员工不服从，立即开除。赵某考虑再三，决定给酒店换血——重新招聘一批骨干人员，于是给集团总部写了一份有关人力资源规划的报告，申请高薪从外地招聘一批工作人员，并增加培训投入。同时人事部经理也给集团总部写了一份报告，说赵某预算超支，还危言耸听造成人心惶惶，使管理更加困难，而且违背了员工本地化政策。

讨论题：

针对酒店的问题，赵经理应该怎么做？

3 人力资源规划

学习目标

1. 理解人力资源规划的含义与作用
2. 熟悉人力资源规划的原则与内容
3. 熟悉人力资源规划的制订程序
4. 掌握人力资源规划的方法
5. 掌握人力资源规划实施与控制的方法和实务

案例导入

白笛的任务

白笛进入企业已经三年了，三天前调到人力资源部担任助理。经理交给他的第一项任务是编制企业三到五年的人力资源补充规划，为企业的下一步发展做好人员准备。面对桌上的一堆文件和报表，白笛反复琢磨，觉得需要重点考虑下列问题。

首先是本公司现状。公司共有生产与维修工人800人，行政和文秘性白领职员140人，基层与中层管理人员70人，工程技术人员135人，销售员120人。这种人员结构大致符合公司的生产经营需要。

但是，企业刚开发出几种有吸引力的新产品，预计公司总销售额三年内会翻一番。按照既定的扩产计划，白领职员和销售员要新增10%～15%，工程技术人员要增加5%～6%，中层、基层管理人员不增也不减，而生产与维修的蓝领工人要增加5%。

据统计，近五年来职工的平均离职率为10%，这是一个不小的数字，而且估计短期内不会有太大的变化。但是具体到不同类型的职工，离职率是不一样的。生产一线的操作工人离职率高达15%，技术和管理人员的离职率只有6%。这种情况对于员工队伍的影响也是不可忽视的。

其次，还有一个特殊情况要考虑：最近政府推行一项政策，要求企业招收新职工时优先考虑女工和下岗工人。公司不歧视女工和下岗工人，但也未予以特殊照顾。如今销售员几乎全是男性，只有4名女销售员；中层、基层管理人员除两人是女性外，其余也都是男性；工程师中只有28人是女性；蓝领工人中则有11%是女性和下岗工人。

还有七天白笛就要上交人力资源补充规划了，内容包括人员的数量编制、专业结构、补充办法、招聘途径等。这些工作涉及企业的人工费用问题，受到预算控制。具体编制时，要考虑市场工资标准和企业支付能力，以及不同部门人员需求的轻重缓急。

如何编制这份计划，使之符合企业发展的需要，对白笛提出了挑战。

思考：

1. 什么叫人力资源规划？人力资源规划的作用是什么？
2. 人力资源规划的主要内容是什么？
3. 人力资源规划与人力资源预算是什么关系？二者如何配合？
4. 白笛的人力资源补充规划工作的难点是什么？如何解决？
5. 怎样制订企业的人力资源规划？需要考虑哪些因素？

本章要点

通过劳动关系的建立，企业获得了员工劳动能力的有偿使用权。对于员工转让给企业的劳动能力，企业必须有计划地加以使用与开发，才能提高劳动效率，促进企业发展。为此需要编制人力资源规划。人力资源规划从企业的生产经营需要出发，对人力资源管理各项工作进行安排，涉及选人、用人、留人、育人等各个环节。人力资源规划的质量，对人力资源管理工作影响极大，必须切实抓好。本章介绍人力资源规划的相关内容。

3.1 人力资源规划概述

企业通过有计划的资源配置进行生产经营活动，其中人力资源具有重要地位。如何把人力资源与其他资源结合起来，使其适合生产经营活动的需要，是资源配置的一个关键问题，从根本上影响企业效益。为此必须对员工队伍的数量、质量、结构进行动态调配，从招聘、培训、考评、分配等各个方面采取措施，使人力资源状况不断改进。这是一个复杂的工作系统，需要进行规划。在企业人力资源管理的各项职能中，人力资源规划具有牵头作用。

3.1.1 人力资源规划的性质

人力资源规划是对企业人力资源管理与开发所做的系统性安排，目的是保证人力资源状况能适应企业生产经营活动的要求。进行人力资源规划涉及多方面因素，具有结构化内容，需要从企业实际出发合理编制。

1. 人力资源规划的含义

企业作为一个有计划的生产经营体系，需要自觉地对各种要素资源进行合理地配置，其中人力资源具有重要地位。对于人力资源的开发利用，首先要明确企业需要什么样的人力资源状况，进而分析能够采取什么措施改进人力资源状况，然后才能确定人力资源管理工作的任务与途径。这一分析决策过程及其产生的工作方案就是人力资源规划。在实际工作中，人力资源规划对人力资源管理业务的开展具有指导约束作用。

进行企业人力资源规划需要解决两个基本问题：第一，企业需要什么样的人力资源状况？第二，如何使所需要的人力资源状况成为现实？两个问题中，前者确认工作目标，后者确定行动方案。与此相应，人力资源规划也有两方面基本内容：第一，进行企业人力资源供求分析，确认人力资源状况改进的目标；第二，安排企业人力资源管理工作，确定各项人力资源管理措施的任务与方法。上述两方面内容中，人力资源供求分析具有基础地位，为人力资源规划提供依据；人力资源工作方案在供求分析的基础上制订，是人力资源规划的主要内容。

由于人力资源供求分析的实质，是对劳动能力转让必要性和可能性的分析，因此涉及一系列环节，包括企业所需劳动力的数量与结构，劳动者能力转让的动力与条件，劳动力转让的方式及效果等。在此基础上，企业才能根据对于不同类型劳动力的需要，以及不同类型劳动力的转让特点，从招聘、培训、考核、分配等不同环节选择恰当的措施，制订人力资源管理工作计划并加以实施。

2. 人力资源规划的结构

人力资源规划作为实际工作的依据，必须考虑规划目标的确定和实施两个方面，为此需要把政策目标与管理实践联系起来，使规划的内容具有可操作性。与此相应地，在实际规划工作中要处理好两个层次的要求：一是从系统的角度，将人力资源总体规划分解为职能性工作计划；二是以职能性工作计划为依据，结合各部门实际制订具体的工作方案。由此形成人力资源总规划、职能计划、工作方案三个层次。人力资源规划的结构如表 3－1 所示。

表 3－1　　人力资源规划的结构

<table>
<tr><td rowspan="8">人力资源规划</td><td rowspan="2">职务管理计划</td><td>职位设计方案</td></tr>
<tr><td>职位分析方案</td></tr>
<tr><td rowspan="2">人员调配计划</td><td>人员补充方案</td></tr>
<tr><td>人员辞退方案</td></tr>
<tr><td rowspan="2">职业开发计划</td><td>员工培训方案</td></tr>
<tr><td>员工晋升方案</td></tr>
<tr><td rowspan="2">人力资源规划</td><td>绩效考评工作方案</td></tr>
<tr><td>绩效指标设计方案</td></tr>
</table>

续 表

人力资源规划	员工激励计划	薪资分配方案
		奖酬激励方案
		福利保障方案

在人力资源规划体系中，人力资源的总规划占主导地位，体现为计划期内人力资源管理总目标、总政策、总步骤和总预算的安排。在实际工作中，人力资源总规划是连接企业发展战略和人力资源管理的桥梁。

3.1.2 人力资源规划的内容

人力资源规划作为人力资源管理工作的系统安排，涉及选人、用人、留人、育人的各个环节，需要全面统筹。如何在满足企业生产经营需要的整体目标下，从实际出发，针对不同问题采取不同管理措施，并使这些措施衔接起来发挥最大效用，是人力资源规划的要求。与此相应地，人力资源规划的内容通过一系列的人力资源职能计划和工作方案体现出来。

1. 人力资源管理职能计划

人力资源总规划通过各个方面的职能计划来落实。不同职能计划是总规划在特定领域的展开和具体化，本身又由目标、任务、途径、步骤及资源配置办法等内容组成。这些职能计划相互补充、相互支持，构成人力资源规划体系。

（1）人员补充计划。人员补充计划是企业根据组织运行的情况，对企业可能产生的空缺职位加以弥补的计划，旨在促进人力资源数量的调整、质量的改善，是企业吸收员工的依据。一般来讲，人员补充计划是和人员晋升计划相联系的，因为晋升计划会造成组织内的职位空缺逐级向下移动，最后积累到较低层次的人员需求上来，当然，较高的职位也会有空缺，有时必须从外部劳动力市场以较大的代价方能获得。所以，企业进行招聘录用活动时，必须考虑到若干年后员工的使用情况。只有在人员的安排和使用上用发展的观点看问题，才能制订出合理的人员补充计划，使企业每一发展阶段都有恰当的人选胜任工作。

（2）培训开发计划。培训开发计划的目的，是通过内部的努力为企业发展准备所需人才，是为了更好地使人与工作相适应。据报道，著名的IBM公司为本企业5000多名有发展前途的员工分别制订了培训方案，投入了巨额资金，根据企业不同时期可能产生的职务需求，对这些人员有目的、分阶段地加以培训。这样，当职位出现空缺时，人员培训已经完成，对公司的发展也起了极大的推动作用。培训开发计划与企业的晋升计划、配备计划以及个人职业计划密切相关。这些计划之间的互动，使培训的目的性更强，能够调动员工参加培训的积极性，提高培训的效果。

（3）工作考评计划。工作考评是员工管理的关键环节，其目的在于不断发现员工工作的成绩和不足，寻找产生的原因，从而帮助企业制订改进的措施。由于员工绩效是在一定的组织引导下实现的，因此对于如何引导员工改进绩效，必须做出全面的计划与安排，包括考核什么内容，以什么方式考核，如何确定考核的依据与重点，通过什么样的方式开展员工考评工作等。在实际工作中，工作考评计划往往是人力资源管理工作的关键环节，并由于与其他方面的工作关系密切，成为人力资源管理的重点与难点。

（4）薪资奖酬计划。薪资奖酬计划对于企业来说，一方面是为了确保企业人工成本与企业经营状况保持恰当的比例关系，另一方面是为了充分发挥薪资的激励作用，更好地调动员工的工作积极性。薪资总额取决于企业组织内员工不同的分布状况和工作绩效。企业通过薪资激励计划，可以在预测企业发展的基础上，对未来的薪资总额进行测算，并确定未来时期内的激励政策，如激励方式的选择、激励倾斜的重点等内容，以充分调动员工的积极性。

（5）职位晋升计划。所谓职位晋升计划，是根据企业的组织需要和员工分布状况，根据员工的能力和绩效，制订相应的职位提升方案。人员晋升计划不仅能够把企业发展与员工发展统一起来，使人和事物的匹配达到动态优化，而且能够极大地调动员工积极性。因为职位晋升不仅是企业发展的需要，关系到员工利益的实现，而且意味着工作责任和挑战的增加，会使员工产生一种能动性，使企业获得更大的利益。

（6）人员调配计划。人员调配是指员工在不同类型工作职位上的有计划流动，对于这种流动所做的计划称为人员调配计划，在人力资源管理中具有特殊的作用。当企业要求某种职位的人员同时具备其他职位的经验或知识时，便使之有计划地流动，以培养高素质的复合型人才。当上层职位较少而等待提升的人较多时，通过调配计划进行人员的水平流动，可以减少他们的不满，等待上层职位空缺的产生。在企业人员过剩时，通过调配计划可以改变工作分配方式，对企业中不同职位的工作量进行调整，解决工作负荷不均的问题。

（7）员工职业计划。人力资源规划的目的是通过企业与员工之间的相互促进来实现企业发展与人力资源之间的动态平衡，因此随着人力资源地位和作用的不断上升，如何把企业人力资源规划与员工发展路径结合起来，成为一项日益重要的工作。相应地，员工职业计划的管理，成为人力资源规划工作的一个重要组成部分。员工职业计划是企业对员工在企业中职业发展所做的系统安排，能够把员工个人发展和组织需要结合起来，有助于建立员工与企业之间的长期合作。对于有发展前途的员工，企业要设法将其保留下来，使其成为企业财产。为了防止这部分员工流失，就必须有计划地使他们在工作中得到成长和发展。

2. 人力资源管理工作方案

人力资源管理工作方案是人力资源职能计划的具体实施方式，将职能计划的任务落实到具体的工作责任主体，并确定完成任务的指标、方式、步骤、条件、时间，使工作计划的要求转化为工作主体的实际行动。

人力资源管理工作方案的最大特点是，工作任务与工作主体、工作条件的具体结合。同样的人力资源管理计划，由于落实到不同的工作主体身上，与不同的具体条件相结合，会形成不同的人力资源管理工作方案。例如企业的人员补充计划，落实到一线业务主管部门和人力资源管理部门，会产生不同的工作任务。前者负责提供人员需求的数量和标准，后者负责发布招聘信息并组织应试者的初步测试活动，最后的人员录用决策，还要由人力资源部门配合一线业务部门进行。

在上述工作过程中，不同部门和工作主体分别完成不同的任务，采取不同的措施，承担不同的责任。但都是一个有计划地运作过程，需要通过人力资源管理工作方案的编制与实施加以展开。

3.1.3 人力资源规划的线索

人力资源规划不同方面的内容，围绕一条中心线索展开，就是使人力资源状况符合企业生产经营的需要。由于生产经营对人力资源的需要通过数量、质量、结构、运行等方面体现出来，因此人力资源规划也从这些方面展开。其中人事匹配计划、人员激励计划、人才开发计划，是企业人力资源规划的基本环节。

1. 人事匹配计划

人事匹配计划是人力资源规划的第一步，目的在于使不同的工作职位由合适的劳动者来承担，不同劳动者具有合适的工作职位。这是一个企业与员工的双向选择过程，需要加以有计划的安排和运作，其中人员补充和人事调配是两个最重要的环节，由此产生人员补充计划和人员调配计划。

人员补充计划的任务，是根据生产经营的需要，从外部劳动市场录用合适的劳动者，为企业发展提供所需的人力资源。在人力资源管理的各职能计划中，人员补充计划具有首要的地位。能否获得适当数量、适当质量的劳动者，从根本上决定了企业的人力资源状况，并对后续的员工培训开发、考核激励工作产生深刻的影响。由于人员雇佣成本是人力资源利用的最大成本支出，不仅与劳动市场的劳动力价格有关，而且与企业的用工规模和管理政策相关，因此制订人员补充计划必须从人力资源使用价值和成本投入两个角度进行分析，以保证员工雇佣的低成本高产出。

人员调配计划的任务，是对企业已有员工队伍进行数量、质量、结构的调整，使企业工作任务与工作人员得到更好的结合。在实际工作中，人员调配计划包括工作人员与工作职位的横向流动、纵向升迁以及员工辞退等方面的内容。其中横向流动的目的，是根据生产经营的变化，或者员工情况的变化，使已有员工的工作能力与企业的工作需要更紧密地结合起来。纵向流动的目的，是把员工的能力发展与企业的经营发展结合起来，使员工发挥更大的作用。员工辞退的目的，是消减企业不需要的员工，提高人力资源的投入产出效益。

一般来讲，人员补充计划是和人员调配计划相联系的，与人员晋升计划的关系特别密切。所以进行招聘录用活动时，必须考虑到若干年后的员工使用情况，用发展的观点看问题，使企业每一阶段每一岗位都有恰当的工作人选。

2. 人员激励计划

人员匹配将合适的员工放在了合适的岗位上，但担任合适岗位的员工未必有做好工作的积极性，使自身能力充分发挥出来。为了提高员工的工作积极性和主动性，需要进行有效的员工激励，人员激励计划由此产生，主要包括工作考评计划和薪资分配计划。

工作考评计划的任务，是明确企业对于员工业绩的要求，以此作为评价员工价值的标准，引导员工为提高工作绩效而努力。工作考评是人力资源管理比较重要的一个环节，只有通过工作考评，才能检验员工的工作绩效，才能发放薪酬，才能制订以后的招聘计划和标准，所以它是人员招聘，薪酬发放、人力资源规划等环节的基础和依据。但在考评之前，要对考评的内容、考评时间、考评方式做详细计划。人力资源考评计划是人力资源管理的重点环节，也是难点。

薪资分配计划的任务，是对人力资源利用的成本收益进行合理安排，在提高企业经营效益的基础上，使员工收益得到不断增长。工资和薪资是企业为了使用员工劳动力资源所支付的最大代价，也是员工劳动报酬的集中体现。在很多现代企业中，薪资成本有时能够达到总运营成本的一半以上。因此合理的薪资分配计划，对于提高企业经营效益、实现员工劳动价值，具有极为重要的意义。不仅如此，薪资分配作为企业给予员工的工作回报，与企业对于员工价值的评价方式直接相关，因此薪资分配计划还是传递企业管理政策、引导员工行为的最有效的手段。企业通过薪资分配计划，可以在预测企业发展的基础上，对未来的薪资总额进行测算，并确定相应的员工激励办法，如分配方式的选择、薪资关系的调整、激励重点的确定等内容，以调动员工积极性，提高企业经营效益。

3. 人才开发计划

人事匹配和员工激励是一个动态过程，必须随着企业和员工的变化不断调整。其中如何通过人力资源管理政策与计划的制订，引导员工不断提升自己的能力和价值，对企业的可持续发展具有重要意义。人才开发计划由此产生，具体包括员工培训计划和职业发展计划。

员工培训计划的任务，是确定员工技能训练和素质改进的任务与方法，使员工更好地适应企业生产经营的需要，提高员工的能力价值。通过培训开发提升员工能力与素质，往往是一个长期的工作过程，为此不仅需要支付相应的费用，而且不能即刻看到效益。因此在人力资源管理各职能工作中，这是一个面向未来的工作环节，需要特别加以重视。与此相应地，对于培训开发工作的意义，要从人力资源投资的角度认识，不能把所需费用简单理解为成本。随着企业的不断发展，培训开发在现代企业中的地位越来越重要，在一些知名企业中，与此相关的费用达到了销售总收入的5%以上。如果说人员薪资是人力资源利用的最大成本，那么培训开发则是人力资源投资的最大项目。相关数据说明，企业人力资源投资的收益，能够达到物力投资收益的3倍以上。

职业发展计划的任务，是把企业发展与员工发展结合起来，为员工在企业中的发展提供制度化阶梯，促进员工通过企业职业阶梯获取职业成就。在实际工作中，员工的职业发展主要通过员工的职业晋升实现。就是说，企业必须设计合理的职位体系及员工晋升办法，根据组织需要确定晋升的规模与方式，这样才能通过制度化的员工能力和绩效测评，使优秀员工脱颖而出，不断进步，为员工的职业发展提供可靠的组织依托。由于现代企业的竞争围绕人才进行，高素质、难以替代的员工成为企业核心竞争力的关键，因此如何适应员工职业发展要求设计职业发展计划，对于稳定企业骨干员工具有极为重要的意义。其关键在于从员工的职业发展需求出发，为这种需求的实现建立稳定的制度化路径。在现代企业人力资源管理中，职业发展计划具有特殊意义。能否制订合理的员工职业发展计划并加以有效实施，是人力资源管理水平的集中体现。

3.2 人力资源规划的编制

人力资源规划的编制是一个复杂的过程，必须从实际出发，处理好与企业战略以及具体业务工作的关系，为此需要多方面支持与协作。建立规范的人力资源规划编制程序，明确每一环节的工作内容和基本要求，是提高人力资源规划质量的制度保障。

3.2.1 人力资源规划的目的

1. 规划人力发展

人力发展包括人力预测、人力增补及人员培训，这三者紧密联系，不可分割。人力资源规划一方面对人力资源现状予以分析，以了解人事动态；另一方面对未来人力资源需求做一些预测，以便对企业人力资源的增减进行通盘考虑，再据以制订人员增补和培训计划。所以，人力资源规划是人力资源发展的基础。

2. 人力资源的合理运用

只有少数企业人力资源的配置完全符合理想的状况。在相当多的企业中，一些人的工作负荷过重，而另一些人则工作过于轻松；也有一些人的能力有限，而另一些人则感到能力有余，未能充分利用。人力资源规划可改善人力资源分配的不平衡状况，进而谋求合理化，以使人力资源能配合组织的发展需要。

3. 配合组织发展的需要

任何组织的特性，都是不断地追求生存和发展，而生存和发展的主要因素是人力资源的获得与运用，也就是如何适时、适量及适质地使组织获得所需的各类人力资源。由于现代科学技术日新月异，社会环境复杂多变，如何针对这些多变的因素，配合组织发展目标，对人力资源恰当进行规划尤为重要。

4. 降低用人成本

影响企业用人数量的因素很多，如业务、技术革新、机器设备、组织工作制度、工作人员的能力等。人力资源规划可对现有的人力结构做一些分析，并找出影响人力资源有效运用的瓶颈，使人力资源效能充分发挥，降低人力资源在成本中所占的比率。

3.2.2 人力资源规划的作用

企业规划的目的，是优化配置企业中的各种资源，实现企业的高效运营。作为企业规划关键性组成部分的人力资源规划，在保证人力资源管理系统内部协调统一的基础上，起着从人的角度支持企业运行的作用。

1. 支持企业运行

企业的生产经营依靠员工进行，不同企业的生产经营活动有不同的人力资源需求。在不同条件下，人力资源规划的重要性也不同。

在简单分工的情况下，对员工劳动技能的要求不高，因此劳动力可替代性强，不稀缺。与此相应地，企业所需的员工可以通过市场随时获取，劳动力的需求能得到满足，使用比较方便，往往不需要系统的人力资源规划。即使在工业时代，由于企业生产经营活动主要建立在技术设施基础上，大量员工从事的是相对简单的操作性工作，因此人力资源规划仍然不太复杂，也不占据企业规划的重要位置。只有在知识经济条件下，随着生产经营越来越依赖员工创造力的发挥，具有特殊素质与能力的劳动者越来越重要，企业竞争已经围绕着人才竞争展开，人力资源规划的地位才逐渐上升，成为企业规划的关键环节。大量实践证明，能否根据企业特点制订合理的人力资源规划，是企业能否在市场竞争中胜出的关键。

也就是说，虽然员工管理在任何企业都是一项必要工作，也需要相应的工作计划，但在知识经济条件下，在现代社会竞争中，人力资源规划已经成为企业规划中极为重要的一环，需要上升到战略高度加以考虑。

2. 明确管理目标

企业人力资源管理的任务，是从人的角度提高企业效益，实现企业与员工的共同发展。为此需要协调人事关系，加强工作激励，进行团队建设，把错综复杂的员工管理内容整合起来，使之围绕共同的工作目标展开。

在实际工作中，人力资源管理工作涉及三个基本方面的问题：企业依靠谁、人才从哪来、员工怎么用？这三个问题的回答，不仅决定了企业需要什么样的人力资源状况，而且决定企业通过什么方式改进人力资源状况。而这三个问题的答案，不能从人力资源管理措施的某一环节寻找，要从人力资源管理的整合方式中寻找。由于人力资源规划是对于人力资源管理工作的整体设计和部署，因此可以通过人力资源规划的编制和实施，自觉地、系统地解决上述问题。通过人力资源规划，员工的职责界定、招聘录用、培训开发、考核激励、奖酬分配等职能活动，才能相互联系和支持，围绕统一目标展开。

因此，人力资源规划的编制有助于从全局看问题，把各项工作组合成为一个统一的运行系统，在总体目标的引导下更好地发挥作用。

3. 协调工作秩序

企业人力资源管理涉及多方面工作职能，这些不同职能从不同的角度发挥作用，不仅相互之间密切联系，彼此影响，而且都需要一定资源条件加以支持。如何把有限的资源条件用到最需要的环节上去，使各项职能活动相互支持、有序进行，需要进行人力资源规划。

人力资源规划作为人力资源管理工作的首要职能，不仅具有科学性和系统性要求，而且是一项需要行政权力加以保证的活动。人力资源规划一旦制订，就不是一般的工作参考意见，而是通过组织体系加以保证的指令性要求。这种保障体现在工作任务的分解落实上，人财物资源的配置方式上，工作方式和工作绩效的考察监督上，等等。

虽然在实际工作中，每项人力资源管理措施都有不可替代的特殊作用，但如果不对这些措施进行系统安排，就有可能出现工作矛盾和冲突，包括工作内容、工作方式、工作条件等不同方面的冲突，使人力资源规划出现紊乱。人力资源规划是防止工作紊乱、提高工作效率的重要依托。

具体作用可以概括为以下几点：

（1）满足组织总体战略发展的要求

人力资源规划是组织发展战略的重要组成部分，同时也是实现组织战略目标的重要保证。

（2）满足组织生存发展过程中对人力资源的需求

人力资源部门必须分析组织人力资源的需求和供给之间的差距，制订各种规划来满足对人力资源的需求。

（3）有利于人力资源管理活动的有序化

人力资源规划是企业人力资源管理工作的基础，它由总体规划和各种业务计划构成，为管理活动（如确定人员的需求量、供给量，调整职务和任务，培训等）提供可靠的信息和依据，进而保证管理活动的有序化。

（4）有利于调动员工的积极性和创造性

人力资源管理要求在实现组织目标的同时，也要满足员工的个人需要（包括物质需要和精神需要），这样才能激发员工持久的积极性，只有在人力资源规划的条件下，员工对自己可满足的东西和可满足的水平才是可知的。

（5）有利于控制人力资源成本

人力资源规划有助于检查和测算出人力资源规划方案的实施成本及其带来的效益，避免企业发展过程中因人力资源浪费而造成的人工成本过高的问题。要通过人力资源规划预测组织人员的变化，调整组织的人员结构，把人工成本控制在合理的水平上，这是组织持续发展不可缺少的环节。

3.2.3 人力资源规划的分类

1. 按规划的内容划分

按规划内容，人力资源规划可分为以下几类。

（1）人力资源战略发展规划

它是根据企业总体发展战略的目标，对企业人力资源开发和利用的大政方针、政策和策略的规定，是各种人力资源具体计划的核心，是事关全局的关键性规划。

（2）人力资源组织人事规划

狭义的组织设计，是不包括人力资源供需平衡计划的，实际在广义的人力资源规划中，组织设计涵盖了组织结构设计与调整规划、劳动组织设计与调整规划、人力资源供需平衡计划。前两种规划，主要包括部门化组织设计、（工作）岗位设置、劳动定员定额和科学地组织劳动生产，一旦设计调整好以后，相对来说会保持长期稳定状态；而后者则经常需要根据企业内外部环境进行适应性的调整，因而我们可以把前两种规划合称为静态的组织人事规划，而把人力资源供需平衡计划称为动态的组织人事规划，加以区别对待。

（3）人力资源管理费用预算

它是企业在一个生产经营周期（一般为一年）内，人力资源全部管理活动预期的费用支出的计划。人力资源规划的根本目的就是通过分权、分责、分利的人力资源管理活动实现人力资源与其他资源的最佳配置，而企业人力资源管理费用预算则是计划期内人力资源及其各种相关的管理活动得以正常运行的资金保证。因此，组织人事规划不能脱离人力资源管理费用预算而独立进行，人力资源管理费用预算在人力资源规划中占有重要地位。

（4）人力资源管理制度建设

它是人力资源总规划目标实现的重要保证，包括人力资源管理制度体系建设的程序、制度化管理等内容。

（5）人力资源开发规划

它包括企业全员培训开发规划（员工职业技能的培训计划、员工职业道德的教育计划）、专门人才的培养计划、人员轮换接替计划、员工职业生涯发展规划、企业文化建设等。

（6）人力资源系统调整发展规划

规划并非一成不变，它是一个动态的开放系统，应对其实施过程及结果进行监督、评估，并重视信息的反馈，不断调整规划，使其更切合实际，更好地促进企业目标的实现。

2. 按规划的层次划分

人力资源规划包括两个层次，即总体规划及各项业务计划。人力资源的总体规划是有关计划期内人力资源开发利用的总目标、总政策、实施步骤及总的预算安排。各项业务计划包括：配备计划、退休解聘计划、补充计划、使用计划、培训开发计划、职业计划、绩效与薪酬福利计划、劳动关系计划等。

3. 按规划的全局性和长远性不同划分

人力资源规划可分为战略性的长期规划、策略性的中期规划和具体作业性的短期规划，也可分为战略规划和战术规划两个方面。

战略规划：人力资源规划的实质是促进企业实现其目标，因此它必须具有战略性、前瞻性和目标性，要体现组织的发展要求。同时还要注意战略规划的稳定性和灵活性的统一。

战术规划：人力资源规划是将企业经营战略和目标转化成人力资源需求，以企业整体的超前和量化的角度分析和制订人力资源管理的一些具体目标和实施计划。战术规划则是根据公司未来面临的外部人力资源供求的预测，以及公司的发展对人力资源的需求量的预测制订的具体方案，包括招聘、辞退、晋升、培训、工资福利政策、梯队建设和组织变革。

4. 按照规划的时间长短划分

按照规划的时间长短划分，可划分为短期人力资源规划、中期人力资源规划、长期人力资源规划三类。短期人力资源规划是指 1 年及 1 年以内的规划，这类规划由于时间较短，因此目标比较明确，内容比较具体，更多地体现为操作性的内容。长期人力资源规划是指5年或者 5 年以上的规划，由于规划的时间比较长，对各种因素难以做出准确的预测，因此这类规划往往是指导性的，在具体实施时要随着内外部环境的变化而不断进行调整。中期人力资源规划则介于长期和短期人力资源规划之间，一般是指 1 年以上 5 年以下的规划。对于短期人力资源规划而言，中期人力资源规划具有一定的指导性，对于长期人力资源规划来说，中期人力资源规划又是它的落实，就好比长期人力资源规划的阶段性目标，往往具有战术性的特点。

3.3 人力资源规划的制订程序和依据

3.3.1 人力资源规划的制订程序

进行企业人力资源规划，必须从实际出发，了解人力资源状况，把握规划工作依据，按照一定程序进行。在具体操作过程中，一般分为以下四个基本阶段。

1. 资料准备阶段

任何一项规划或者计划要想做好，都必须充分掌握相关的信息，人力资源规划也不例外。由于影响企业人力资源供给和需求的因素有很多，为了能够比较准确地做出预测，就需要收集和调查与之相关的各种信息，这些信息主要包括以下内容。

（1）外部环境的信息。主要包括两类：一是经营环境的信息，如社会政治、经济、文化、法律环境等，由于人力资源规划同企业的生产经营活动是紧密联系在一起的，因此这些影响企业生产经营的因素都会对企业的人力资源供给和需求产生作用；二是直接影响人力资源供给和需求的信息，如外部劳动力市场的供求状况、政府的职业培训政策、国家的教育政策、竞争对手的人力资源管理政策等。

（2）内部环境的信息。主要包括两个方面：一是组织环境的信息，如企业的发展战略、经营规划、生产技术、产品结构等；二是管理环境的信息，如公司的组织结构、企业文化、管理风格、管理结构（管理层次与跨度）、人力资源管理政策等，这些因素都直接决定着企业人力资源的供给和需求。

（3）现有人力资源信息。这其实是对企业现有人力资源数量、质量、结构和潜力等进行的盘点。根据经验，盘点的资料应该包括员工的基本信息、受教育程度、工作经历、工作业绩、工作能力、工作态度等方面的信息。只有及时准确地掌握企业现有人力资源的状况，人力资源规划才有意义，为此就需要借助完善的人力资源信息系统，以便能够进行及时更新、修正和提供相关的信息。

2. 供求预测阶段

这一阶段的主要任务就是在充分掌握信息的基础上，选择使用有效的预测方法，对企业在未来某一时间内的人力资源供给和需求做出预测。在整个人力资源规划当中，这是最关键的一部分，也是难度最大的一部分，直接决定了人力资源规划的成败。只有准确地预测出供给和需求，才能采取有效的措施进行平衡。

（1）人力资源需求预测。即以企业战略、业务流程和组织结构为依据，参照人力资源状况的评价指标，综合考虑企业内外各种因素的影响，对未来某一时期企业所需人力资源数量、质量、结构、活动所做的预测和刻画。

进行人力资源需求预测有三种不同的思路。第一种以企业生产经营方式为起点，通过对本企业经营战略、业务流程、组织结构的综合分析，把生产经营方式转化为工作职位体系，作为未来时点的人力资源需求。这是技术性较强的需求分析方法，可以称之为人力资源需求的零基预测。第二种以企业生产经营目标为起点，通过不同企业之间人力资源状况及其作用的比较分析，确认比较理想的人力资源状况，作为未来时点的人力资源需求。这是实践性较强的需求分析方法，其中人力资源指数分析具有重要地位。第三种以企业生产经营问题为起点，通过分析各项业务工作要求与现状，发现存在什么问题，其中哪些问题能够从人的角度进行改进，把解决这些问题的需要界定为待满足的人力资源需求。这是针对性较强的需求分析方法，常常通过职位工作分析的手段进行。

上述三种人力资源需求预测方法都围绕一个中心展开，即寻找现有人力资源状况需要改进的地方。为此要把关于未来某时点的人力资源需求预测，与现有人力资源存量进行有针对性的比较，确定需要改进和可以改进的地方。

（2）人力资源供给预测。人力资源需求通过人力资源供给来满足。但由于不同劳动者在不同条件下有不同的劳动力转让要求和转让方式，因此人力资源供给会出现不同的情况。只有具体分析劳动力转让活动，才能把握人力资源供给的内在规律，从而有准备地满足企业的人力资源需求。人力资源供给预测，通过对企业内部和外部劳动市场的分析进行。

① 企业内部劳动市场。内部劳动市场通过企业规章制度的建立，可以对员工行为进行直接引导，使劳动力转让出现不同状况，因此从内部劳动市场的角度进行人力资源供给分析，重在探讨不同制度对于员工状况的影响。一是企业制度，包括人员招聘录用制度、职位任职资格制度、人员培训开发制度、工作绩效考评制度、奖酬福利分配制度等，这些制度直接影响员工行为方式；二是员工状况，包括劳动生产率、人工费用率、人员流动率、人才开发率等。运用这些指标分析不同人员的状况及其变化，并与企业规章制度关联起来，可以对未来时点企业内部的人力资源供给情况进行预测。

② 企业外部劳动市场。企业外部劳动市场是企业无法通过自己的规章制度加以改变的市场，主要由劳动力价格调整，并受到相关法律政策的约束。由于企业的员工队伍不仅来自外部市场，而且进入企业之后也时时受到外部市场的影响，因此对于这个市场，企业只能适应，也必须适应。为此要调查分析外部劳动市场的结构和变化，包括不同类型劳动力的供给状况、紧缺程度、工资水平、流动方式等。只有把握了外部劳动市场的情况与变化，才能了解企业赖以存在的环境状况，把内部管理与外部条件结合起来，对企业所需员工的来源有比较清醒的估计和可靠的预测。

3. 制订措施阶段

在人力资源需求与供给的分析基础上，通过对二者之间进行比较，可以发现可能的差距及其产生的原因，从而采取针对性的措施加以改进。

人力资源供求之间的吻合，不仅要求员工数量与类型的结构性吻合，而且要求员工行为与作用的功能性吻合。因此，对于人力资源供求状况及其缺口的分析，必须从多方面进行探讨，找出二者之间的动态匹配方式，为采取人力资源管理措施提供依据。在实际工作中，雇佣方式、人事匹配、员工激励，是人力资源管理与开发的三个最基本的环节，需要特别重视。其中雇佣方式的选择，解决企业如何把外部劳动力转化为自身员工的问题；人事匹配方式的选择，解决企业如何对自身员工队伍的劳动力进行合理组合的问题；员工激励方式的选择，解决企业如何调动员工积极性，使之做出更大贡献的问题。

需要注意的是，由于企业是一个以微观效益为中心的经济组织，因此人力资源管理方式的选择与部署，不仅要考虑什么措施才能有效地调整人力资源状况，而且要考虑如果采取不同措施，所需的资源条件和所发生的费用支出，从提高投入产出效率的角度选择合适的人力资源管理措施。

4. 效果评估阶段

对人力资源规划实施的效果进行评估是整个规划过程的最后一步。由于预测不可能做到完全准确，因此人力资源规划也不是一成不变的，它是一个开放的动态系统。

人力资源规划的评估包含两层意思：一是指在实施过程中，要随时根据内外环境的变化来修正供给和需求的预测结果，并对平衡供需的措施做出调整；二是指要对预测的结果以及制订的措施进行评估，对预测的准确性和措施的有效性进行衡量，找出其中存在的问题以及有益的经验，为以后的规划提供借鉴和帮助。

3.3.2 进行人力资源规划时应注意的问题

1. 充分考虑内部、外部环境的变化

人力资源规划只有充分地考虑了内外环境的变化，才能适应需要，真正做到为组织发展目标服务。内部变化主要指销售的变化、开发的变化，或者说组织发展战略的变化，还有公司员工的流动变化等；外部变化指社会消费市场的变化、政府有关人力资源政策的变化、人才市场的变化等。

为了更好地适应这些变化，在人力资源规划中应该对可能出现的情况做出预测和风险判断，最好能有应对风险的策略。

2. 尽快建立完善的人力资源信息系统

人力资源信息系统是组织进行有关人及人的工作方面的信息收集、保存、分析和报告的过程。

对一个稍具规模的组织来说，人力资源信息的计算机存取是必需的。管理者在决策时需要准确、及时的相关信息资料，如果没有现代化手段的运用，效率十分低下。

3. 将部分传统的人力资源管理职能外包

专业化的分工大大促进了社会的发展。企业从根本上说也是专业化分工的产物。在分工越来越细、效率不断提高的今天，企业内部许多行政事务都可以交由专业化的公司来运作，如员工的招聘、培训、薪资设计等。

通过将日常的管理工作外包给专业化程度更高的公司或者机构，企业内部的人力资源管理者可以将更多的精力集中在对企业价值更大的管理实践开发以及战略经营伙伴的形成等工作上。

4. 提高人力资源从业人员的素质

从传统的“行政支持”转变为“组织经营管理的合作者”，要求人力资源部门本身懂得重点管理的原则，对日常事件能授权则授权，而把大部分精力放在研究、预测、分析、沟通并制订计划方面。人力资源部门从以往的“行政支持”转变为“策略的筹划及执行者”。为业务部门提供增值服务，就需要了解组织的经营目标，了解各业务部门的需求，要多方面了解组织职能、产品、生产、销售、组织使命、价值观、组织文化，并围绕目标实现的高度来设计对员工的基本技能、知识和态度的要求，深入组织的各个环节来调动和开发人的潜能，所以工作是否具有预见性、有无管理技能及对管理的操作能力成为衡量人事经理是否称职的重要标准。

5. 确保组织的人力资源保障

组织的人力资源保障问题是人力资源规划中应解决的核心问题之一。它包括人员的流入预测、流出预测、人员的内部流动预测、社会人力资源供给状况分析、人员流动的损益分析等。

只有有效地保证了对组织的人力资源供给，才可能去进行更深层次的人力资源管理与开发。

6. 人力资源规划要注重对组织文化的整合

组织文化的核心就是培育组织的价值观，培育一种创新向上、符合实际的组织文化。

在组织的人力资源规划中，必须充分注意组织文化的融合与渗透，保障组织经营的特色，组织经营战略的实现和组织行为的约束力。只有这样，才能使组织的人力资源具有延续性，具有自己的人力资源特色。

国外一些大公司都非常注重人力资源战略的规划与组织文化的结合。松下的“不仅生产产品，而且生产人”的组织文化观念，就是组织文化在人力资源战略中的体现。波音公司的情景测试也很有启发性：一个工人和管理人员发生冲突，其中，管理人员要求工人按照原计划切去材料的拐角，而工人却不同意管理人员的意见，管理人员告诉工人，如果他不照做的话，就离开公司。然后开始考试发问：“如果你是这个工人，你将怎样做?”“辞职”和“发牢骚”都不是正确的答案，这表明回答者不适合波音公司“团队合作”的组织文化，正确答案是“照做，但事后与管理员或职位更高的人谈”。

7. 人力资源规划要使组织和员工都得到长期的利益

人力资源规划不仅是面向组织的计划，也是面向员工的计划。组织的发展和员工的发展是互相依托、互相促进的关系。如果只考虑了组织的发展需要，而忽视了员工的发展，则会有损组织发展目标的达成。

优秀的人力资源规划，一定是能够使组织和员工得到长期利益的计划，一定是能够使组织和员工共同发展的计划。

8. 人力资源规划不只是人力资源部门的事

上至总经理下到每个主管以至员工都应承担相应的责任。

在人力资源规划中最重要的还是组织高层领导者的重视甚至亲自推动。其实际运作是由各部门主管初步规划，再由人力资源部门汇总，参照公司发展策略与目标，考核人员生产力与人事薪资预算等因素，与各部门协调并达成共识，再向上呈报。

3.3.3 人力资源规划的依据

为了使人力资源规划有效地支持企业生产经营活动，必须从实际出发，找到人力资源规划的合理依据。在实际工作中，企业发展战略、员工发展要求、环境发展趋势，是三个最普遍的依据。其中企业战略不仅指出生产经营活动对于人力资源的需要，而且指出经营管理政策对于员工地位的界定。而员工发展需要与环境发展趋势相适应，进一步明确了企业人力规划的约束条件。

1. 企业发展战略

人力资源规划涉及的范围很广，可以运用于整个企业，也可以局限于某个部门或某个工作集体，可以系统地制订，也可以单独制订。但是不管哪种规划，都必须与企业战略相衔接，才能保证企业目标与企业资源的协调，保证人力资源规划的准确性和有效性。

2. 员工发展需要

人力资源规划不仅为企业服务，而且要促进员工发展。在知识经济时代，随着人力资源素质的提高，企业员工越来越重视自身的职业前途。工作不仅是谋生手段，而且是员工实现自我价值的方式。企业的发展离不开员工的发展，二者是互相依托、互相促进的。一个好的人力资源规划，必须是能够使企业和员工都得到长期利益的计划，应该使企业与员工共同发展，否则就难以取得实效。

3. 环境发展趋势

任何时候，规划都是面向未来的，而未来总是包含着多种不确定因素，包括内部和外部的不确定因素。为了能够更好地适应变化，在人力资源规划中，应该对可能出现的情况做出预测和分析，以确定应对各种风险的策略，如果没有充分考虑内外环境的变化，人力资源规划就不可能合理，不可能符合企业发展目标的要求。

3.4 人力资源规划的方法

人力资源规划是一项技术性较强的工作，涉及很多专门的方法，需要加以把握和利用。从方法和使用范围看，大致可以分为人力资源需求预测方法和人力资源供给分析方法。二者之中后一种方法较为具体，供求平衡法则处理供给和需求出现偏差的问题。

3.4.1 人力资源需求预测方法

人力资源规划的目的，在于满足生产经营活动对于人力资源的需求，因此准确把握企业所需员工的类型、数量、程度、时间，是人力资源规划的基础，为此必须进行人力资源需求预测。科学的预测手段是提高预测准确性的保障，其中确认预测依据和选择预测方法是两个基本环节。

1. 定性分析的预测方法

（1）管理人员估计。建立在最高管理层提出的意见和建议基础上，这种方法依赖于这支队伍的经验、才能和直觉。如果管理者正确决策的业绩纪录保持良好，这种方法是很有价值的。但有时它也反映出了一种“象牙塔”里的观点，即这些人将他们自己隔离起来，根本不知道在广大的员工和顾客中间到底发生了什么。一般来说，管理人员在经理办公室里待得时间越少，与员工和顾客保持越密切的联系和交往，这种方法所造成的危险就越小。

（2）销售人员估计。这种信息来源能够带来很大的价值，因为销售人员一般来说是最接近顾客的。这种方法对于那些产品生命周期短、技术更新快的行业尤为重要，主要缺点是潜在的偏见，因为销售人员总认为，自己的估计将被领导用作提高销售定额的依据。例如，如果销售人员对某产品未来 3 个月的销量看好，认为有希望每月多销售 20%，但他可能仅对管理人员说有 10% 的增长希望，以免上级为他制定 20% 的增长定额。针对这种情况，管理者可将销售人员的保守估计略微上提，既留有余地，又起到促进作用。

（3）市场测试。市场测试是指在一个小范围内，展示和促销一个品牌。一般来说，新品牌总是在具有“领头羊”地位的市场上进行测试（一般是指某些可代表广大消费者的主要城市或城镇）。显然，如果该品牌在这些市场中销量很好，它们就可以在全国范围内投放市场或公开亮相。但是，如果产品的缺陷很快被发现，该产品就需要加以改进，甚至有时也许不得不放弃。存在于市场测试本身的风险是新产品可能被竞争者跟踪窃取信息。

（4）德尔菲法。德尔菲法，也称专家调查法，1946 年由美国兰德公司开始实行，其本质上是一种反馈匿名函询法，大致流程是在对所要预测的问题征得专家的意见之后，进行整理、归纳、统计，再匿名反馈给各专家，再次征求意见，再集中，再反馈，直至得到一致的意见。该方法是由企业组成一个专门的预测机构，其中包括若干专家和企业预测组织者，按照规定的程序，背靠背地征询专家对未来市场的意见或者判断，然后进行预测的方法。德尔菲法是为了克服专家会议法的缺点而产生的一种专家预测方法。在预测过程中，专家彼此互不相识、互不往来，这就克服了在专家会议法中经常发生的专家们不能充分发表意见、权威人物的意见左右其他人的意见等弊病。各位专家能真正充分地发表自己的预测意见。

在德尔菲法的实施过程中，始终有两方面的人在活动，一是预测的组织者，二是被选出来的专家。

首先应注意的是德尔菲法中的调查表与通常的调查表有所不同，它除了有通常的调查表向被调查者提出问题并要求回答的内容外，还兼有向被调查者提供信息的责任，它是专家们交流思想的工具。德尔菲法的工作流程大致可以分为四个步骤，在每一步中，组织者与专家都有各自不同的任务。

①开放式的首轮调研。

a. 由组织者发给专家的第一轮调查表是开放式的，不带任何框框，只提出预测问题，请专家围绕预测问题提出预测事件。因为如果限制太多，可能会漏掉一些重要事件。

b. 组织者汇总整理专家调查表，归并同类事件，排除次要事件，用准确术语提出一个预测事件一览表，并作为第二步的调查表发给专家。

②评价式的第二轮调研。

a. 专家对第二步调查表所列的每个事件做出评价。如，说明事件发生的时间、争论问题和事件或迟或早发生的理由。

b. 组织者统计处理第二步专家意见，整理出第三张调查表。第三张调查表包括事件、事件发生的中位数和上下四分点，以及事件发生时间在四分点外的理由。

③重审式的第三轮调研。

a. 发放第三张调查表，请专家重审争论。

b. 对上下四分点外的对立意见做一个评价。

c. 给出自己新的评价（尤其是在上下四分点外的专家，应重述自己的理由）。

d. 如果修正自己的观点，也应叙述改变理由。

e. 组织者回收专家们的新评论和新争论，与第二步类似，统计中位数和上下四分点。

f. 总结专家观点，形成第四张调查表，其重点在争论双方的意见。

④复核式的第四轮调研。

a. 发放第四张调查表，专家再次评价和权衡，做出新的预测。是否要求做出新的论证与评价，取决于组织者的要求。

b. 回收第四张调查表，计算每个事件的中位数和上下四分点，归纳总结各种意见的理由以及争论点。

值得注意的是，并不是所有被预测的事件都要经过四步。有的事件可能在第二步就达到统一，而不必进行第三步；有的事件可能在第四步结束后，专家对各事件的预测也不一定都达到统一。不统一也可以用中位数与上下四分点来做结论。事实上，经常有许多事件的预测结果是不统一的。

德尔菲法的特征如下：

① 邀请专家参与预测，充分利用专家的经验和学识。

② 采用匿名或“背靠背”的方式，能使每一位专家独立自由地做出自己的判断。

③ 预测过程经几轮反馈，使专家的意见逐渐趋同。

正是由于德尔菲法具有以上这些特点，所以它在诸多判断预测或决策手段中脱颖而出。这种方法的优点主要是简便易行，具有一定的科学性和实用性，可以避免会议讨论时产生的害怕权威而随声附和，或固执己见，或因顾虑情面不愿与他人意见冲突等弊病；同时也可以使大家发表的意见较快得以收集，参加者也易接受结论，具有一定程度综合意见的客观性。

德尔菲法的原则如下：

①挑选的专家应有一定的代表性、权威性。

②在进行预测之前，首先应取得参加者的支持，确保他们能认真地进行每一次预测，以提高预测的有效性。同时也要向组织高层说明预测的意义和作用，取得决策层

和其他高级管理人员的支持。

③问题表设计应该措辞准确，不能引起歧义，征询的问题一次不宜太多，不要问那些与预测目的无关的问题，列入征询的问题不应相互包含；所提的问题应是所有专家都能答复的问题，而且应尽可能保证所有专家都能从同一角度去理解。

④进行统计分析时，应该区别对待不同的问题，对于不同专家的权威性应给予不同权数而不是一概而论。

⑤提供给专家的信息应该尽可能充分，以便其做出判断。

⑥只要求专家做出粗略的数字估计，而不要求十分精确。

⑦问题要集中，要有针对性，不要过于分散，以便使各个事件构成一个有机整体，问题要按等级排队，先简单后复杂，先综合后局部。这样易引起专家回答问题的兴趣。

⑧调查单位或领导小组意见不应强加于调查意见之中，要防止出现诱导现象，避免专家意见向领导小组意见靠拢，以致得出专家迎合领导小组观点的预测结果。

⑨避免组合事件。如果一个事件包括专家同意的和专家不同意的两个方面，专家将难以做出回答。

德尔菲法的具体实施步骤如下：

①确定调查题目，拟定调查提纲，准备向专家提供的资料（包括预测目的、期限、调查表以及填写方法等）。

②组成专家小组。按照课题所需要的知识范围，确定专家。专家人数的多少，可根据预测课题的大小和涉及面的宽窄而定，一般不超过 20 人。

③向所有专家提出所要预测的问题及有关要求，并附上有关问题的所有背景材料，同时请专家提出还需要什么材料。然后，由专家做书面答复。

④各个专家根据他们所收到的材料，提出自己的预测意见，并说明自己是怎样利用这些材料并提出预测值的。

⑤将各位专家的第一次判断意见汇总，列成图表，进行对比，再分送给各位专家，让专家比较自己同他人的不同意见，修改自己的意见和判断。也可以把各位专家的意见加以整理，或请其他权威专家加以评论，然后把这些意见再分送给各位专家，以便他们参考后修改自己的意见。

⑥将所有专家的修改意见收集起来，汇总，再次分送给各位专家，以便做第二次修改。逐轮收集意见并为专家反馈信息是德尔菲法的主要环节。收集意见和信息反馈一般要经过三四轮。在向专家进行反馈的时候，只给出各种意见，但并不说明发表各种意见的专家的具体姓名。这一过程重复进行，直到每一位专家不再改变自己的意见为止。

⑦对专家的意见进行综合处理。

德尔菲法能充分发挥各位专家的作用，集思广益，准确性高；能把各位专家意见的分歧点表达出来，取各家之长，避各家之短。

（5）质量分析法。正如你所看到的，许多的决策问题是建立在未知的因素之上的，而且常常建立在主观的估计之上。那么，在这种“软”环境下，寻找和运用一些科学化的方法，使这一过程变得尽可能地客观，就成为十分自然的事了。为达到这样的目的，我们可以选择运用贝叶斯（Bayesian）法来为我们提供一个量化公式的轮廓，从而使质的、主观的（“软”的）信息输入后变得“硬”一些。

（6）吸引力指数。吸引力指数使我们能够按照预计的利润率来排列项目或产品的优劣顺序。如果资金有限，这个指数可用来帮助我们决定把哪些项目排除在考虑之外。

2. 定量分析的预测方法

（1）加权算术平均法

用各种权数算得的平均数称为加权算术平均数，它可以以自然数作为权数，也可以以项目出现的次数作为权数，所求平均数值即为测定值。

（2）趋势平均预测法

趋势平均预测法是以过去发生的实际数为依据，在算术平均数的基础上，假定未来时期的数值是它近期数值的直接继续，而同较远时期的数值关系较小的一种预测方法。

（3）指数平滑法

指数平滑法是以一个指标本身过去变化的趋势作为预测未来的依据的一种方法。对未来预测时，考虑近期资料的影响应比远期的大，因而对不同时期的资料用不同的权数，越是近期资料权数越大，反之权数越小。

（4）一元线性回归预测法

根据 x、y 的现有数据，寻求合理的 a、b 回归系数，得出一条变动直线，并使线上各点至实际资料上的对应点之间的距离最小。设变动直线方程为：$y=a+bx$。

（5）高低点法

高低点法是利用代数式 $y=a+bx$，选用一定历史资料中的最高业务量与最低业务量的总成本（或总费用）之差 Δy，与两者业务量之差 Δx 进行对比，求出 b，然后再求出 a 的方法。

（6）时间序列预测法

时间序列预测法是把一系列的时间作为自变量来确定直线方程 $y=a+bx$，进而求出 a、b 的值，这是回归预测的特殊式。

3.4.2 人力资源的供给预测方法

为了满足生产经营活动对于员工的需求，必须分析人力资源供给的可能状况，包括外部和内部劳动力市场的供给。其中企业内部人力资源市场的供给分析具有特殊意义，能够低成本高效益地获取企业发展所需要的员工。

1. 外部供给分析

当企业内部的人力资源供给无法满足需要时，企业就要从外部进行引进和增补，为此必须分析企业外部的人力资源供给情况，包括以下方面的内容：

（1）分析职业市场状况。包括该行业的人才供需状况；国家关于该类职业在就业方面的法规和政策；全国范围内该职业从业人员的薪资水平和差异；全国相关专业的大学生毕业人数及分配情况，等等。

（2）分析地域性因素。包括企业所在地的人力资源整体现状；企业所在地的有效人力资源供求现状；企业所在地对人才的吸引程度；企业本身对人才的吸引程度，涉及薪资、福利等因素。

（3）分析宏观经济形势。劳动力市场的供给状况与社会经济运行态势相关，经济发展速度高时，劳动力市场的供给一般较紧张。为此必须了解与企业经营活动相关的行业发展态势，及其对于劳动力市场的影响，判断人才紧缺度和预期失业率。一般来说，失业率越低，劳动力供给越紧张，招聘员工越困难。

外部供给是由企业在劳动力市场上采取的吸引活动引起的，所以，外部供给分析要着重研究企业可能吸引的潜在员工的数量、能力等因素。企业可以根据过去的招聘与录用经验，了解那些有可能进入组织的人员状况，以及这些潜在员工的工作能力、经验、性别和成本等方面的特征，从而把握他们能够承担组织中的哪些工作。

2. 内部供给分析

内部供给分析的思路是首先确定各个工作岗位上现有员工的数量，然后估计下一个时期在每个工作岗位上可能留存的员工数量。这就需要估计有多少员工将会调离原来的岗位或离开组织。由于实际情况比较复杂，如组织的职位安排会发生变化等，因此在进行预测时，需要依管理人员的主观判断加以修正。

常用的内部供给分析方法有以下几种。

（1）员工技能清单。技能清单是用来反映员工工作能力特征的列表，这些特征包括培训背景、以前的工作经历、持有的证书、通过的考试、主要的能力评价等。技能清单是对员工竞争力的反映，可以帮助人力资源规划工作者估计现有员工调换工作岗位的可能性，决定哪些员工可以补充企业未来的职位空缺。人力资源规划不仅要保证为企业中空缺的工作岗位提供相应数量的员工，还要保证每个空缺都有合适的人员补充，因此，有必要建立员工的工作能力记录，其中包括基层操作员工的技能和管理人员的能力，包括这些技能和能力的种类及所达到的水平。

技能清单可以用于晋升人选的确定，管理人员接替计划的制订，以及对特殊项目的人员分配、调动、培训、工资奖励、职业生涯规划和组织结构分析等。员工频繁调动的企业或经常组建临时性团队或项目组的企业，技能清单应包括所有骨干员工。而那些主要强调管理人员接替计划的企业，技能清单可以只包括管理人员。

（2）管理人员接替图。管理人员接替图也称职位置换卡，它记录各个管理人员的工作绩效、晋升的可能性和所需的训练等内容，由此决定有哪些人员可以补充企业的重要职位空缺。

制订这一计划的过程是确定人力资源规划所涉及的工作职能范围；确定每个关键职位的接替人选；评价接替人选目前的工作情况和是否达到晋升的要求；了解本人的职业发展需要，并引导其将个人的职业目标与组织目标结合起来。管理人员接替图的最终目标是确保组织在未来能有足够的合格管理人员供给。技能清单描述的是个人的技能，接替图则是确认可以胜任组织中关键岗位的候补人选。

（3）人员接替模型。人员接替模型与管理人员接替图有相似之处，目的都是确认特定职位的内部候选人，但其涉及的面更大，对各职位之间的关系也描述得更具体。建立人员接替模型的关键，是根据工作分析的信息，明确不同职位对员工的具体要求，然后确定一位或几位较易达到这一职位要求的候选人；或者确定哪位员工具有潜力，通过培训后可以胜任这一工作，然后把各职位的候选人员情况与企业人员的流动情况综合起来考虑，控制好员工流动方式与不同职位人员接替方式之间的关系，对企业人力资源进行动态管理。

对于企业中各职位员工的供给预测，可以使用下面的方法确定：

该职位员工的内部供给量 = 现有员工数量 − 流出总量 + 流入总量

流出总量 = 辞职数 + 开除数 + 降职数 + 退休数 + 晋升数

流入总量 = 晋升进入数 + 外部招聘数 + 降职进入数

如果用横轴代表时间，用纵轴代表职位的层次级别，将企业中各个职位采用上述方法得到的分析结果综合在一起，可以建立人员接替模型。纵轴表示职位层级，越往下，职位层级越低，一级一级往上提升。一般来说，实际提升人员的数量远远小于可提升人员的数量。

3.4.3 员工供求平衡法

在企业生产经营活动中，员工需求与供给之间的平衡是相对的，不平衡是绝对的，必须采取相应办法加以处理。从总体上看，实现员工供求平衡的处理方法可以分为两类，即供不应求的处理方法和供大于求的处理方法。

1. 人力资源供求平衡问题

在人力资源供给与需求的动态比较中，产生了人力资源供求的平衡问题。人力资源供求平衡不仅包括供求在数量上的大致相等，还包括供求在员工的质量、多元性及成本水平上的协调。这时就需要考虑哪一方面的差距是关键缺口，并依此建立弥补的方式和平衡的目标。

在经营过程中，企业始终处于人力资源的供需失衡状态。在企业扩张时期，企业人力资源需求旺盛，人力资源供给不足，人力资源部门用大部分时间进行人员的招聘和选拔。在企业稳定时期，企业人力资源表面上可能稳定，但实际上仍然存在着退休、离职、晋升、降职、补充空缺、不胜任岗位、职务调整等情况，即处于结构性失衡状态。在企业收缩时期，企业人力资源需求不足，人事部门要制订退休、裁员、下岗等政策。总之，在企业的整个发展过程中，企业的人力资源供求难以自然处于平衡状态。人力资源部门的重要工作之一就是进行人力资源动态管理，使企业的人力资源供求不断取得平衡。只有这样，才能有效地提高人力资源利用率，降低企业人力资源成本。

2. 人力资源供求平衡的方法

一般来说，企业实现人力资源供求平衡的方法大致如下。

（1）供不应求的处理方法

主要从以下两个方面入手。

一是增加员工的数量。通常可以通过以下途径解决：寻找新的员工招聘来源；提高对求职者的吸引力度；降低录用标准；增加临时性员工或聘用退休员工，等等。

二是提高员工的生产率和增加他们的工作时间。这就需要提高每位员工的工作能力并增强工作动力。其方法有培训、进行新的工作设计、采取补偿政策或福利措施、调整管理人员与员工的关系等。

（2）供大于求的处理方法

主要有以下解决方式：

一是提前退休。企业可以适当放宽退休条件和限制，促使较多的员工提前退休。

二是减少人员补充。当出现员工退休、离职等情况时，对空闲的岗位不进行人员补充，而是进行内部人员调配。

三是增加无薪假期。当企业出现短期人力资源过剩的情况时，增加无薪休假的方法比较合适。如规定员工有一个月的无薪假期，在这一个月里没有薪水，但下个月可以照常上班。

四是提供新的就业机会，让企业的供货商等上游合作伙伴以比较低廉的费率使用自己闲置的劳动力。

五是裁员。在进行裁员时，要制订相应的裁员政策，以尽量减少可能带来的负面影响，比如为被裁减者发放失业金等，然后，裁减那些希望离职的人员，裁减工作考评成绩相对较低的员工。

3. 马尔可夫分析法

马尔可夫分析法又称为马尔可夫转移矩阵法，是指在马尔可夫过程的假设前提下，通过分析随机变量的现时变化情况来预测这些变量未来变化情况的一种预测方法。

这是以内部人力资源状况为依据，对人力资源供求关系进行预测的常用方法。其基本思路是通过具体数据的收集，找出过去人事变动的规律，由此推出未来的人事变动趋势。马尔可夫分析法实际上是一种转换概率矩阵，使用统计技术预测未来的人力资源变化。这种方法描述组织中员工流入、流出和内部流动的整体形式，可以作为预测内部劳动力供给的基础。

在马尔可夫分析法中，引入状态转移这个概念。所谓状态是指客观事物可能出现或存在的状态，状态转移是指客观事物由一种状态转移到另一种状态的概率。

马尔可夫分析法的一般步骤为：

① 调查市场占有率情况。

② 调查消费者购买产品时的变动情况。

③ 建立数学模型。

④ 预测未来市场的占有率。

实际分析中，往往需要知道经过一段时间后，市场趋势分析对象可能处于的状态，这就要求建立一个能反映变化规律的数学模型。马尔可夫市场趋势分析模型是利用概率建立一种随机型的时序模型，并用于进行市场趋势分析的方法。

马尔可夫分析法的基本模型为：

$$X(K+1)=X(K)\times P$$

式中：$X(K)$ 表示趋势分析与预测对象在 $T=K$ 时刻的状态向量；

P 表示一步转移概率矩阵；

$X(K+1)$ 表示趋势分析与预测对象在 $T=K+1$ 时刻的状态向量。

必须指出的是，上述模型只适用于具有马尔可夫性的时间序列，并且各时刻的状态转移概率保持稳定，若时间序列的状态转移概率随不同的时刻在变化，不宜用此方法。由于实际的客观事物很难长期保持同一状态的转移概率，故此法一般适用于短期的趋势分析与预测。

尽管马尔可夫分析法在一些大公司，如 IBM、AT&T 等已得到广泛应用，但是关于这种方法的精确性与可行性还需要进一步研究。显然，转移矩阵中的概率与预测期的实际情况可能会有差距，因此，使用这种方法得到的内部劳动力供给预测的结果也就可能不精确。在实际应用中，一般采取弹性化方法进行调节，即估计出几种概率矩阵，得出几种预测结果，然后对不同预测结果进行综合分析，寻找较合理的结果。

思考题

1. 什么叫人力资源规划？它具有什么样的层次结构？
2. 人力资源规划应遵循什么原则？具体有哪些类型？
3. 人力资源规划的主要内容是什么？
4. 制订人力资源规划时应该注意哪些问题？
5. 解决人员不足有哪些办法？不同办法的作用各有什么特点？
6. 怎样运用马尔可夫分析法来预测人力资源状况的变动趋势？
7. 定性分析方法主要有哪些？定量分析方法主要有哪些？
8. 德尔菲法的基本思路主要是什么？运用这种方法需注意哪些事项？
9. 怎样对人力资源规划的执行情况进行有效的控制与评价？
10. 怎样做好人力资源规划的信息管理工作？

案例分析 1

某公司是一家实力雄厚的汽车制造企业，根据公司未来五年总体发展规划，企业将达到年产 300 万辆汽车的生产规模。人力资源部正在讨论 2019—2020 年企业人力资源总体规划问题，负责起草该规划的是人力资源部副经理王平，她对规划起草小组成员小章交代，在进行企业人力资源外部供给预测之前，先组织一次全面深入的调查，尽可能多地采集相关的数据资料，为人力资源内部供给预测做好准备。

讨论题：

1. 该公司在进行人力资源内部供给预测时，可以采取哪些方法？

2. 当预测到企业人力资源在未来几年内可能发生短缺时，可以采取哪些措施解决人力资源供不应求的问题？

案例分析 2

信达公司人力资源规划

一、公司背景

信达公司是中国香港速递行业的领袖，也是全球性速递公司 LDG 在香港的子公司。在香港本部，公司共有全时雇员 880 人，非全时雇员 100 人，在所有雇员中，经理级人员大部分是华人。公司的人力资源运作包括人事及培训两部分，人事部分有职员 11 人，培训部分有职员 6 人。

目前，信达公司在官方文件速递市场上居于领导地位。在过去的三年中，公司的利润及市场份额都保持了稳健的增长。

二、人力资源管理的做法

公司的董事长赖先生把信达公司的人力资源管理哲学阐述为：“影响人的思想，将人力资源责任交给一线。”公司人力资源行动纲领的焦点是对员工的承诺，它承诺公司要为员工创造良好的工作环境并提供培训机会，这种承诺最终将有助于形成公司在航空快运业的全球领导地位。

信达公司的企业文化非常强调团队精神，公司的人力资源规划过程就是一个团队协作的过程。这个过程涉及各个部门，高级主管和经理们也都参加进来。公司既强调全面化，也强调专业化，每个经理既要是他所在领域的专家，又要了解其他部门在做什么，这样，经理们就能够从公司整体来考虑问题，而不至于仅仅看到自己的部门。公司另一独具特色的文化是公司管理层的分权化和本地化。管理层对下属只给予指导而不发布指令，各国的子公司可以自行制订战略计划，这使得公司能对本地市场做出非常迅速的反应，这种做法与公司的全球化行动纲领是一致的：“在一个集中化管理的网络中的专业组织，既要跟整个组织协同工作，又要保持本地化的首创精神和及时做出适合当地特点的决策。"

公司通过定向课程将行动纲领传达给员工，行动纲领被印到能装进衣袋的卡片上，在上岗培训时发给员工。因为"满足顾客需求"在公司纲领中的重要性，公司着重培训顾客需求驱动导向。信达公司开发了自己的顾客满意评价方法，这些方法成为所有员工共同学习和遵守的标准。

为激励员工自我发展，公司为所有员工参加的所有外部培训课程都提供50%的资助，即使培训内容可能与工作无关，而且，公司对员工参加培训不做任何限制。

三、最成功的实践——人力资源计划

信达公司十分成功的实践之一是人力资源计划（Manpower Plan，MP），这一计划是人力资源部门5年前开发的，它得到了总经理的全力支持，人力资源部门开发该计划的主要原因是人力成本成为公司仅次于航运成本的第二大成本项目，MP能控制支出并最大限度地促进收入增长。

信达公司的MP是一个综合的、互动的过程，从高级经理（Top Management）到主管层（Supervisory Level）都参与其中，它总共包括三个阶段。

第一阶段：企业计划。

首先，市场部根据历史因素、总部战略、市场调查情况等提出公司的战略，并提交给由不同职能经理组成的高级管理小组，人力资源主管也是这个小组中的一员，然后，职能经理们共同讨论企业战略对各部门职能的影响。

这种头脑风暴式的讨论结束后，紧接着就是一个持续两天的管理层会议，会议将讨论企业战略中10个左右关键性的方面，这些方面是公司总部提出来的，它们都非常简短，各子公司在制订自己的战略计划时都要以此为指南，参会的经理们要熟悉其中的每一个方面并再次讨论这些问题对本部门运作的影响。

两天会议的一个特别之处是会议没有领导，大家轮流主持，某一方面对某个部门影响最大，在讨论这个方面时，该部门的经理就主动来主持讨论。

人力资源部是两天会议的组织者。在会议开始前，总经理会跟人力资源部对会议的风格、议程进行充分讨论并给予全力支持。为提高会议的有效性，培训经理在会议开始的时候对会议的主持者和参加者都要提出几条准则，主持者的准则包括"开放""引起讨论"，参加者的准则包括"即使你可能不是专家，也要敢于发表意见"。

这些会议的推动者并没有受过什么专业培训，但他们在公司会议中已经受到了大量的训练，从而在演讲技巧、组织讨论等方面都具备了相当的经验和能力。

第二阶段：一系列的专门小组会议。

专门小组会议的核心成员包括总经理、人力资源主管、人事经理、培训与发展经理、财务与行政主管以及首席会计经理。各部门经理要向专门小组汇报他们部门的以下事项：①人力资源计划（包括人数、未来1年的人员结构）；②培训计划；③资本支出；④IT设备计划。讨论资本支出和IT设备计划的原因是它们直接或间接地影响人力资源和培训资源的安排。如果有的领域跟其他某些部门有关系，这些部门的经理也要参与。

在制订各部门的人力资源规划时，部门经理要遵守以下相关原则。

（1）本部门的特殊问题。包括即将制订的战略规划对本部门有何影响，例如，如果公司战略准备涉足重物运输领域，航空服务部就要列出以下问题：

①提高公司在重物运输业务上的信誉。

②为员工提供手工搬运重物方面的培训。

③帮助员工取得重型卡车的执照。

（2）优先级。

（3）预定完成时间。

（4）责任（包括其他相关部门责任）。

在会上，人力资源经理、其他核心成员和业务经理们一起讨论他们的计划并做出必要的修改。讨论的最终结果将制作成文件并由人力资源部存档，而共同讨论所通过的计划将成为各部门制订行动计划的基础。

第三阶段：行动计划。

行动计划的内容包括以下几项。

（1）各单位、部门的人数。

（2）加班时间。

（3）预计人员流动。

（4）激励计划。

（5）培训计划。

①将参加人力资源部组织的内部培训的人数。

②将参加部门培训的人数。

③将参加公司外部培训项目的人数。

每个职能经理都要保留一份本部门的行动计划，总经理则掌握各部门的行动计划，职能经理对行动计划的执行负有责任，绩效评估以行动计划为基础，每季度和年底都要对行动计划的执行情况进行审核。整个过程大概持续半年（每年6月份到12月份）。

人力资源部，由于较早介入了战略计划阶段，人力资源计划与企业计划保持了一致性；而且，人力资源部也通过这一过程理解了一线经理面临的困难并了解了他们是如何工作的。

经过5年的运行，合作关系已经在经理中间建立起来。然而，在开始的时候，来自一线经理的阻力却是非常大的。一线经理想建立自己的势力范围，不愿意人力资源部控制他们的工作人员数量。为了保证各部门提供信息的准确性，人力资源部要反复核对，对那些不能很好地理解资源投资概念的经理，人力资源部就选做得最好的部门作为样本，把他们的人力资源规划发给这些部门做参考。其他克服阻力的方法还包括在进行工作分析时吸收别的部门经理来讨论如何进行绩效测定。

要保证计划的成功，以下因素需特别注意：

(1) 人力资源部要有强烈的商业意识，要了解企业是如何运作的。为提高人力资源部的商业意识，人力资源主管要经常阅读市场报告和各部门的报告。为熟悉一线部门的运作，人力资源部每年至少组织一次所有重要部门的经理考察一线。另外，人力资源部还组织了一门内部培训课程来帮助员工熟悉不同部门的职能和运作。

(2) 高级管理层的支持是关键。信达公司很幸运，有一位开明的总经理，总经理熟悉人力资源的职能，并全力支持“一线经理也要承担人力资源管理责任”的思想。为了争取各部门经理的支持，人力资源部把他们吸收为各种人力资源活动委员会的委员，还通过信息通报、照片、证书等形式对经理们的工作给予肯定。人力资源部对职能经理们对人力资源管理活动所做的贡献给予充分的肯定，经理们也鼓励他们的下属参与人力资源管理，他们把这看成员工发展的一个机会。

(3) 公司文化鼓励全面化而非专业化，每个人都要了解其他人在做什么。

讨论题：

1. 信达公司制订人力资源规划的过程是怎样的？

2. 信达公司人力资源规划的制订过程有哪些特点？这些特点哪些具有普遍性，哪些具有特殊性？

3. 信达公司为什么如此重视人力资源规划？

实训项目

一、实训内容

结合你所熟悉的企业，了解情况后，编写一份人力资源规划（包括短期、中期、长期的内容）。

二、方法步骤

1. 每五人组成一个小组，对编写的人力资源规划进行分析。

2. 以小组为单位编写一份较完整的人力资源规划书。

3. 每个小组派一名代表在课堂上交流、讨论。

三、实训考核

1. 对人力资源规划书给予成绩认定。

2. 对交流的成果给予点评。

4 工作分析与职位评价

学习目标

1. 掌握工作分析的概念
2. 理解工作分析的相关概念
3. 了解工作分析的作用
4. 熟悉工作分析的工作流程
5. 掌握工作说明书的编写程序和方法

案例导入

新联信息公司的工作说明书

新联信息公司成立于1999年，是一家高新技术企业，目前公司有16个部门，250多名员工。各个部门的经理主要是通过外部招聘或者是内部重组时的人员调配而来的，管理经验丰富。员工比较年轻且知识层次较高 。由于企业目前正处于高速发展期，在各方面也暴露出不少问题：

第一，人员数量紧张。公司业务的不断扩张，使得人员数量紧张，各部门存在一人兼多职的现象。

第二，部门间职责划分不清。作为一个新企业，仅2001年上半年公司组织结构就调整过3次。因时间仓促，导致部门之间职责划分不清，工作互有重叠，不时出现互相推诿的现象。

第三，工资制度不规范。高新技术行业以前是高工资领域，近来工资也略有调整，以适应竞争。公司拟通过规范工资制度，进一步提高员工积极性。

专家认为，上述弊端的根源在于缺乏完备的工作分析。通过与公司高层的沟通，决定采用工作日志、工作分析问卷和现场观测的形式，制订工作说明书。即首先明确每一个岗位的职责、任职资格、工作性质和范围以及岗位目标。

为此，专家和各个部门经理一起探讨部门的职位设置，力求科学合理。在确定岗位后，让员工对确定的岗位进行描述，在专家指导下确定工作说明书，明确各部门每名员工的职责权限及所需资格条件。

本章要点

本章主要讲述工作分析是人力资源开发与管理的基础性工作，是有效地进行人力资源开发与管理的重要前提，其最终目的是编制工作说明书和工作规范。主要内容包括两个方面：一是对工作本身的性质、内容、难度、强度、环境及条件等进行分析；二是对工作人员任职资格的分析。

4.1 工作分析的概念与意义

4.1.1 工作分析的概念

工作分析是人力资源管理中一种常见的活动。我们如何从理论的层面来解释与把握它，涉及哪些相关术语，是本节所要阐述的内容。

1. 工作分析的基本含义及类型

工作分析，又称职务分析，是指通过与员工交谈、实地考察与工作日志记录等方法去考察一项工作，明确其责任、工作范围及任职资格的过程。简单一点说，就是人力资源管理在短时间内用以了解有关工作信息与情况的一种科学手段，具体一点说，就是一种活动或过程，它是分析者采用科学的手段与技术，直接收集、比较、综合有关工作的信息，就工作岗位的状况，基本职责、资格要求等做出规范的描述与说明，为组织特定的发展战略、组织规划、人力资源管理以及其他管理行为提供依据的一种管理活动。

2. 工作分析的类型

从客体分布范围上划分，工作分析有广义与狭义两种。广义的工作分析是对于整个国家与社会范围内工作的分析；狭义的工作分析是对于某一企事业组织内部各岗位工作的分析。

从目的上划分，工作分析有单一目的型与多重目的型两种，其主要区别在于细节和记录的内容，但其获取与分析资料的手段及过程是相同的。比如，如果工作分析的目的在于提高人员甄选的针对性，则工作信息可以直接记录在一张设计简单的表格中。如果工作分析还想用于一些其他目的，如培训、安全计划等，工作分析表格就要设计得详细些，以便能够记录与其他目的相关的工作信息。

从分析切入点划分，工作分析有岗位导向型、人员导向型与过程导向型三种。岗位导向型是指从岗位工作任务调查入手进行的工作分析活动；人员导向型是指从人员工作行为调查入手进行的工作分析活动；过程导向型是指从产品或服务的生产环节调查入手进行的工作分析活动。

3. 工作分析的相关术语

就狭义的组织内工作分析而言，工作的具体形式是职务、职位（岗位）、任务与要素，而分析的具体行为形式是调查、研究、分解、比较、综合、分类、排序、评价、记录、说明与描述。工作分析活动的实质就是要从不同的个人职业生涯与职业活动的调查入手，顺次找出工作群、职务、职位、职责、任务与要素的过程，并由此确定工作的内容范围、属性关系、繁简难易程度与所需的资格条件。下面对工作分析的相关术语加以说明。

（1）要素。要素指工作活动中不能再继续分解的最小单位。如打字员插上电源、打开电脑、输入文字、打印文件等都是工作要素。

（2）任务。任务指工作活动中达到某一工作目的的要素集合。它可以由一至多个工作要素组成。如秘书下发通知是一项任务，业务员拜访一位老顾客也是一项任务。

（3）职责。职责指某人担负的一项或多项相互联系的任务集合。它可以由一至多项任务组成。如劳资员的责任包括提供准确的员工名单、进行工资统计、编制工资报表等一系列的任务。

（4）职位。职位指某一时期内某一主体所担负的一项或几项相互联系的职责集合。一般来说，职位根据某项工作所需人数而定，即职位与人员一一匹配，有多少职位就有多少人，两者数量相等。如办公室需要两个打字员，就设两个打字员职位。

（5）职务。职务指主要职责在重要性与数量上相当的一组职位的集合或统称。这些职位的性质、类别完全相同，完成工作所需条件也一样。根据组织规模大小和工作性质，一种职务可设多个职位。如人力资源部部长就是一个职务，车间主任也是一个职务。

（6）职业。职业指不同时间、不同组织中，工作要求相似或职责平行（相近、相当）的职位集合，如会计、工程师等。虽然每个单位的会计与工程师具体工作的内容与数量不尽相同，但他们彼此所担负的职责以及对他们的任职要求却是相似的。

（7）职业生涯。职业生涯指一个人在其生活中所经历的一系列职位、职务或职业的集合或总称。

（8）工作描述。工作描述又叫职务描述，是指根据工作分析的结果，以书面的形式加以描述、整理成文的过程。

（9）工作规范。工作规范又叫职务规范，是指完成某一职务的工作所需具备的能力、技巧、知识、学历和工作经验等。

4.1.2 工作分析的性质与作用

工作分析不但是人力资源开发与管理的一种手段，也是整个组织管理系统中的方法与技术，因此工作分析属于方法论的范畴，在人力资源开发与管理过程中具有十分重要的作用和意义，主要体现在以下几个方面。

1. 工作分析是整个人力资源开发与管理的基础

人力资源管理包括岗位设计、招聘、配置、培训、考核、薪酬等环节，每个环节的工作均需要以工作分析为基础。岗位设计要以岗位职责与工作说明书为依据，招聘要以工作说明书为依据，配置要以工作要求为依据，培训要以工作内容和要求为依据，考核要以工作目标为依据，薪酬要以岗位职责大小、所需技能高低与实际贡献大小为依据。

（1）工作分析是人力资源规划的重要基础和依据。人力资源部门对组织的发展提供战略性支持，主要体现在人力资源规划方面，工作分析可以帮助组织确定未来的工作需求以及完成这些工作的人员需求。

（2）为人员招聘与甄选提供基础参照标准。科学的工作分析为招聘过程中用人标准的确定、招聘信息的分布、应聘简历的筛选、面试工具的选择和设计，提供了重要的参考与基础信息。

（3）工作分析使培训与开发更具有针对性。员工培训是现代组织人力资源开发的主要手段之一，是开发人的潜能、调动广大员工的积极性、提高员工素质的有力保障。而工作分析犹如提供了岗位的刻度，可测出上岗人员的水平高低。因此有了工作分析的基础，培训工作将更加具有针对性。

（4）为建立客观、公正的绩效考评体系提供依据。绩效考评是人力资源管理的关键环节，而要实现绩效管理，最基本的便是评价标准的确定。工作分析对工作的任务、性质以及期望的绩效水平做了相关的规定，因而为制订客观、公正的价值评价体系奠定了基础。

（5）工作分析是岗位评价、薪酬体系设计的基础。根据对组织的目标及各自职责的分解，确定各自的岗位职责，为通过岗位评价进一步确定职位级别提供了条件。岗位评价内容通常包括职责范围大小、工作难易程度、工作强度、工作条件等要素。它确定了组织内部各个职位的相对重要性，解决了内部的薪酬公平性评价的基础问题。有了职位等级的薪酬方案，便可以确定每个职位的薪酬水平。

（6）工作分析为个人职业发展规划提供了帮助。工作说明书对上岗人员的知识、技能、经验与能力做出了明确的规定。同时，在工作过程中对于绩效标准的传达，使员工明确了组织的期望。通过对照工作说明书，可以加强自身行为的改进，使员工体验到成就感、责任感。同时，工作说明书明确了职位上升的空间，便于员工根据组织的目标来拟定个人的发展规划。

（7）工作分析对劳动关系意义重大

完整的工作分析对支持雇佣实践中的合法性及建立劳动关系有重要意义。

总之，工作分析是人力资源开发与管理中起着核心作用的要素，是人力资源开发与管理工作的基础。只有做好了工作分析，才能做好人力资源开发与管理的其他工作。

2. 工作分析的作用及意义

工作分析是人力资源开发与管理的基础性工作，工作分析的作用及意义主要体现在以下几个方面：

（1）工作分析有利于合理进行工作设计。工作设计是指根据组织需要并兼顾个人需要，规定某个职位的任务、责任、权力及在组织中与其他职务的关系的过程。这项工作需要利用工作分析的有关信息来完成。

（2）工作分析有利于合理配备人力资源，减少人力资源浪费。工作分析对每一职位的任职资格提出了要求，根据人力资源测评结果就可以通过双向选择的方式将具有一定能力素质的人员安置在需要相应能力素质的职位上，使得人尽其才，避免“大材小用”和“小材大用”现象的发生；也可以使每名员工职责分明、工作范围明确，从而各司其职，尽量避免重复劳动和无效劳动。

（3）工作分析是制订人力资源规划的依据。工作分析的结果明确了工作性质与内容，据此进行工作设计，设置组织结构，确定工作职位，提出了对人力资源的需要，现有人力资源的配置情况反映了人力资源现状，二者的差额就显示了人力资源余缺情况。这也是制订人力资源规划的依据。

（4）工作分析有利于客观评价员工的工作业绩。根据工作分析所确定的工作内容、责任等项目，制订工作标准，通过对实际工作进行衡量，就可以比较客观地评价员工的工作业绩。在此基础上合理地进行报酬分配。

（5）工作分析有利于培训内容的确定。任职资格明确了对每一职位工作人员的能力素质要求，将其与任职人员的实际素质进行比较，就可以确定是否需要培训、培训哪些项目以及如何进行培训等问题。

（6）工作分析有利于有效地激励员工。每一层次所有职位都通过工作分析明确了职责，配置了相应的人员，赋予其相应的权力，并制订相应的工资奖金分配制度及晋升制度等，就可以为每一位员工明确发展的方向并激励他们为实现自己的目标而努力工作。

4.2 工作分析的过程、结果与表现形式

4.2.1 工作分析的过程

工作分析是一个全面的评价过程，这个过程可以分为四个阶段：准备阶段、调查阶段、分析阶段和完成阶段。

1. 准备阶段

准备阶段是工作分析的第一阶段，主要任务是了解情况、确定样本、建立关系、组成工作小组。具体工作如下：

（1）明确工作分析的必要性、意义，确定工作分析信息的用途，并据此选择收集信息的类型与方法。

（2）组成工作分析小组，主要由来自人力资源管理部门、相关职能部门和直线部门的人员组成，必要时还可聘请工作分析专家。

（3）做好宣传动员工作，宣传对象包括所有与此项工作有关的部门负责人及成员，以取得理解与支持。

（4）确定样本。运用科学方法确定调查和分析的样本，样本要有代表性，一般应根据工作的重要性、完成难度和工作内容变化来选择。

（5）建立良好的人际关系。小组成员应主动与跟工作分析有关的员工进行沟通，建立良好的人际关系，并使他们做好充分的心理准备。

（6）工作分解。把各项工作分解成若干工作元素和环节，确定工作的基本难度。

2. 调查阶段

调查阶段是工作分析的第二阶段，主要任务是对整个工作过程、工作条件、工作环境、工作内容和工作人员等主要方面做一个全面的调查，具体工作如下：

（1）编制工作分析所需的各种调查问卷和观察提纲。

（2）根据需要选择合适的调查方法，如面谈法、问卷法、观察法、参与法、实验法、关键事件法等。

（3）广泛收集有关工作特征的各种数据。

（4）收集有关工作人员必备的特征方面的信息。

（5）要求被调查的员工对各种工作特征和工作人员特征的重要性和发生频率等做出等级评定。

3. 分析阶段

分析阶段是工作分析的第三阶段，主要任务是对有关工作特征和工作人员特征的调查结果进行深入全面的分析。具体工作包括：

（1）与承担工作的人员一起审核已收集到的各种工作信息。

（2）创造性地分析、发现有关工作特征和工作人员特征的关键因素。

（3）归纳、总结出工作分析的必须材料和要素。

4. 完成阶段

完成阶段是工作分析的最后阶段，前三个阶段的工作都是为此阶段奠定基础的，此阶段的任务就是根据工作分析信息编制“工作说明书”与“工作规范”。

4.2.2　工作分析的结果与表现形式

工作分析的结果一般为工作描述，它是工作分析的直接结果，其表现形式有工作说明书、资格说明书与职务说明书等。

4.2.2.1　工作描述

1. 工作描述的内容

从世界各国有关工作描述的论文、著作中可以发现，人们对工作描述的内容提出了几种意见。第一种意见，即大部分权威人士所持的观点是，一个名副其实的工作描述必须包括有助于使该项工作区别于其他工作的公共属性信息。工作描述的内容主要包括工作名称，工作目的，工作的行为活动、任务，使用的物品和材料，方法和环境。工作描述的显著特征在于，它以一种概括而简明的形式向人们直接描述了工作是什么（What）、为什么做（Why）、怎样做（How）以及在哪里做（Where）等基本信息。

第二种意见，是从另一个角度进行讨论的，规定了在工作描述中不应该包括的内容，该意见认为有些项目不应包括在工作描述中。如任职资格方面的信息不应包括在工作描述中，应该把这类信息从工作描述文件中独立出来放入资格说明书中；关于个人具体工作内容的信息不应该放在工作描述中，这类信息应放在另一个人事档案的文件中。

一个纯正的工作描述文件是对自身结构的概要描述。尽管工作最终要由一个或多个人员来完成，但是工作描述本身包括的内容并不涉及工作人员的姓名、个性特征与个人的工作内容。

基于此，我们在表4－1中说明了可以包含在工作描述文件内的各种项目。这些项目包括工作识别项目、工作概要、工作手段、工作材料、技术和方法、任务行为、环境等。

表4－1　工作描述的内容

项目	具体内容
工作识别项目	名称、副标题、代码、等级、工资类别、地位、汇报关系
工作概要	全面简明地对工作的任务、目的及工作结果形式的描述
工作手段	机器（M）、工具（T）、装备（E）、工作辅助设施（WA）
工作材料	原料、半成品、物质、资料、其他用于工作的材料
技术和方法	把原料输入变为产出的专门方法
任务行为	①对产出的数量和质量、技术和方法、行为和工艺流程的管理模式和规定 ②对所做工作的描述，包括工作人员与资料以及完成工作应遵循的指导方针之间的相互影响
环境	物理的、心理的、情感的环境，雇佣关系与状况，与其他工作的相互影响
补充信息	以上未提及，但对操作化目标的制订十分必要而且有用的细节术语的解释

2. 工作描述的作用

在人力资源管理中，工作描述的作用大致可以分为以下三类。

（1）基础作用

在构成工作分析的各行为环节中，工作描述是工作分析初始的和主要的产物。它为获得以下工作分析结果形式起了奠基作用：工作人员任职资格、绩效评估标准、报酬依据、工作分析和评价以及其他人力资源管理所必需的信息报告。在工作描述的基础上，可以方便地设计出简明的职业申请表、绩效评估格式、工作分类文件和其他目标管理所需要的人事文件。就这个意义而言，在人力资源管理过程中，工作描述可被看作一块基石。

（2）直接作用

①工作描述可以作为原始资料，直接服务于组织内部的目标管理，服务于组织的整个人力资源管理过程。管理者可以以工作描述为基础，进行工作分派，明确任务和绩效期望，指导和监督部门及个体的行为。

②企业改革工程师和工作设计师可以使用工作描述来核对工作设计流程，确认各种职位，包括确认总体工作系统是不是一种优化结构以及能否改善卫生、安全条件和减少危害。而在没有工作描述的情况下，每进行一次工作设计，都必须临时做一次基础性研究来获得这些相关信息。

③工作描述在人力资源规划、招聘、甄选、配置中有多种用途，它与工作人员任职资格一起，为形成和开发人力资源提供了必要的信息。应试者可以利用工作描述申请自己熟悉的工作，招聘者可以使用工作描述选择相关的招聘工具并制订招聘标准。

④工作描述是绩效评估的主要工具。它明确地描述了绩效的标准。工作描述同时也是了解与确定任职者资格临界水平的基础。

⑤工作描述在薪资领域的主要用途在于工作评价，它连同工作人员任职资格和环境所提供的信息，为确定报酬提供了依据。在向员工解释工资率和浮动幅度的过程中，客观的描述也是很有用的。就这个意义而言，工作描述可以帮助人力资源专家处理员工在报酬和福利上的相关问题。

⑥工作描述对于培训、发展和职业指导，也是一种很有价值的工具，它可以帮助我们理解和描述工作之间的流动路线和环节。这些信息也可以用于管理者和培训者向员工提供有关晋升机会的建议。

⑦工作描述在有些组织中还可以作为劳资纠纷处理与工作协议文件的依据。

（3）研究用途

工作描述的第三种作用与工作的基础性研究相关。这种作用与规模较小的私有企业没有多大关系，但是，大型企业、政府机构、军队以及其他员工数量庞大的组织，就需要关注其员工队伍的组成。我国的人力资源和社会保障部及一些与劳动力市场的管理相联系的政府机构，也要求掌握有关工作内容和结构的知识。客观的标准化的工作描述可以协助有关组织及时掌握有关人员的需求状况、行业需求水平和其他一些基本关系的变动情况。

3. 工作描述的格式

工作描述并无固定的统一格式。工作描述的范围可以是对一两个项目的详细描述，也可以是对众多项目的详细描述。在工作描述中，是否要用术语来组织材料，目前还众说纷纭。

4. 工作识别和工作概要

工作识别与工作概要是工作描述中两个常见的项目。为了识别工作和对工作的精髓提供一个概括而简明的叙述，工作描述一般包括如下项目。

（1）工作识别

这部分内容的目的在于获得企事业组织的工作识别标志。它大致包括四种类型的材料：工作名称、其他识别标志、工作地和隶属关系。

①工作名称。工作名称即岗位名称或职称，它表明了工作人员在组织中所扮演的角色，它是区分某项工作与其他工作的身份标记。

为工作指定一个名称，表面看来是件简单的事情，在实践中却会遇到很多困难。下面是几个实例：

打字书记员	和	书记打字员
分析程序员	和	程序分析员
工程联络员	和	联络工程员
医疗顾问医生	和	医生医疗顾问

在每一例中，第一组词表达了工作指派的首要任务。哪一个名称更能准确地体现工作的精髓，是由分析专家自己判断决定的。一个完整的工作名称应能表达出工作的目标、工作在组织中的水平层次、相关结果和活动的延伸范围。

②其他识别标志。工作名称表明任职者的正式角色。此外，工作显然还需要各种各样的其他标志。

③工作地。工作地指岗位或职位在实际中被放置的物理位置。对于大型私有企业来说，工作地一般在岗位所在的部门或分支机构的名称中已经明确。

④隶属关系。这一项确定了工作在组织体系中的地位，它表明任职者应向其汇报工作的更高级职位。这是一种工作职位间的关系，它表明了组织中的权力关系。

（2）工作概要

工作概要是工作分析中保留的传统项目。它紧随工作名称项目之后，提供了对工作的概括。作为工作描述中不可缺少的部分，在工作概要的涉及范围和表达方式上，很少有一致的地方。工作概要应尽可能清楚地描述工作的任务和基本目标。实际中的工作概要涉及的范围和表达方式差别很大，超出了对工作任务与目标的描述范围，而且有些人还用工作职能和基本职责或目的替代工作概要。

分析人员在编制工作概要时，有相当大的自由度。决策的最终考虑是要服从于用户的兴趣。但是，为了避免重复并保持工作概要的独立性和唯一性，特提出以下建议：

①工作概要应简洁，最好用一句话叙述。

②工作概要应明确工作的基本目的及其存在的基础，即要说明工作目的是什么和为什么要做。

③如果工作描述是根据某种理论框架构建的，或者是某个分析系统的一部分，则应该使用适合这个系统的语言。

④避免将预期成效、任务、时间和其他超出工作目的和存在基础范围的细节包括进来。这些细节属于工作描述的其他部分，它们的加入会破坏工作概要作为独立项目的唯一性。

4.2.2.2 工作分析结果的表现形式

1. 工作说明书

工作说明书又叫职位描述，这个词在工作分析文件中经常提到。然而在使用上，这个词的含义很不一致，它至少有以下四方面的用法：

（1）作为工作描述的同义词。这种用法是美国人力资源管理办公室和其他公共机构的特点。

（2）对一个工作族中各种工作的划分。属于同一个工作族的各种工作在有关工作执行和组织中的位置方面应有相似性，但不能没有区别。这种区别可能表现在经验（高级的或初级的）、对员工工作熟练度的要求（工匠师或学徒工）、工作时间（白班或夜班）或者其他特定的组织因素上。在这种情况下，工作说明书是指把工作当作一个组织角色来描述其总体特征以备使用的。因此工作说明书的描述涵盖了对各种工作区分的信息。

（3）对一个种类或子类中个人工作的描述。这是第二种用法的扩展，从组织层次扩展到个人层次。

（4）指从事某一工作的员工的预期或其他收益。这种用法下的描述不再涵盖有关任务和其他工作因素的信息，它将成为管理者与其下属在一定时间范围内双向沟通的信息基础。在这种用法下，职位描述相当于在目标计划管理下直接主管和下属间达成的协议。

不同的工作说明书如图 4－1～图 4－3 和表 4－2 所示。

岗位名称：人力资源部经理　　所属部门：人力资源部　　上级主管：常务副总经理

岗位职能：

本岗位负责制订和执行人力资源政策，以确保公司目标的实现。

基本职责：

1. 获取并留住合格的人员 。
2. 根据公司的内外部需求，确定员工的工作合作关系。
3. 根据公司的短期和长期需求，制订人力资源培训计划。
4. 建立舒适、安全、清洁的工作环境。
5. 采取有效的措施支持员工的工作。
6. 计划和控制部门预算
7. 为了公司目前和将来的需要，建立员工的激励机制。

性质和范围：

人力资源部经理除进行各种传统的管理活动，还必须知道人力资源管理方面每天出现的新问题是什么。从长远来看，他还必须能创造一种氛围，在此氛围中员工能受到激励，从而认真完成公司交办的任务，最终使组织的目标得以实现。从近期来看，任职者必须建立组织目标，进行绩效评价及相关的活动，以确保组织目标的实现。

本岗位对常务副总经理负责。本岗位的下级是以下部门及人员的主管人员：薪酬管理和雇佣，计划、开发和培训，福利和劳务关系，经理助理，建筑监督，办公室服务设施管理，人力资源办公室主任等。

本公司 930 名正式员工。

本岗位以下人员的分工：

人力资源主管——薪酬管理和雇佣（5 人）：负责调整和执行合理的薪酬政策，以便获取和留住合格的人员。管理者负责提出每年的薪金标准、雇佣过程、绩效评价等。

人力资源主管——计划、开发和培训（1 人）：负责制订人力资源培训和开发规划，以满足短期和长期要求。

人力资源主管——福利和劳务关系（5 人）：负责根据公司的内外部需求，解决员工的抱怨和不满，加强员工间的合作等。

经理助理：负责最大限度地利用办公空间，代表部门参加各种会议，处理分配的各种专业项目。

建筑监督（50 人）：负责监督建筑物的施工以确保工作环境的安全、舒适、整洁。

办公室服务设施管理（60 人）：负责为办公室人员提供各种服务设施，包括电话、邮件、打印、购物等方面。

人力资源办公室主任（2 人）：主要负责提供查询和培训工作，处理人力资源管理部门分配的任务。

大致的年度指标：

办公室主任薪金　1700 万元

部门预算（不含工资）　280 万元

部门工资　180 万元

办公室职员　930 人

全职岗位　950 人

部门人员　19 + 110

任职者：　日期：　分析人员：　评价人员：

图 4－1　某保险公司人力资源部经理工作说明书

职务：实验室车间技术员　职务编号：15038

部门：技术开发部　职务等级：8

分析日期：2010 年 5 月 4 日

工作范围：

从事实验工作，包括零部件的设计、加工、装配和改造。

责任范围：

1. 根据图纸或工程师的口头指示，运用各种机械工具或设备，加工、改造产品。
2. 与工程师及车间主任一同改进生产工艺。
3. 操作车床，使用焊枪，并从事钳工的工作。
4. 阅读有关图纸及说明。
5. 指导本车间工人操作机器。

仪器、设备及工具：

普通车床、六角车床、成型机、钻孔机、磨削机、电锯、冲压机、测量仪及其他手工工具。

资格条件：

高中毕业，或具有同等学力，具备 3～4 年操作各种机械设备的经验，有较高的理解、判断能力，会看图纸，能熟练完成实际操作，身体健康。

图 4－2　某车间技术员工作说明书

职务：发货员　　　　　　　部门：货品收发部门　　　　　　地点：仓库 C 大楼
职务概括：
听仓库经理指挥，根据销售部门递来的发货委托单据，将货品发给客户。与其他发货员、打包工一起，徒手或靠电动设备从货架上搬卸货品，打包装箱，以备卡车、火车、飞机运输。正确填写和递送相应的单据、报表，保存有关记录文件。
受教育程度：
高中毕业。
工作经历：
不限。
岗位职责：
1. 用 70% 的工作时间做以下工作：
（1）从货架上搬卸货品，打包装箱；
（2）根据运输单位在货运单上标明的要求，给纸箱过磅并贴上标签。
2. 用 15% 的工作时间做以下工作：
（1）填写有关运货的各种表格（如装箱单、发货单、提货单等）；
（2）借助键控穿孔机整理货单，保存发货记录；
（3）打印各种表格或标签；
（4）把有关文件整理归档。
3. 用 15% 的工作时间做以下工作：
（1）开公司的卡车送货去邮局，有时参加当地货物直接投递；
（2）协助其他人盘点存货；
（3）为其他发货员或收货员核查货品；
（4）保持工作场所清洁，使一切井井有条。
管理状态：
听从仓库经理指挥，除非遇到特殊问题，要求能够独立工作。
工作关系：
与打包工、仓库保管员等密切配合，共同工作。装车时与卡车司机联系，有时也与供销部门的人沟通。
工作设备：
操纵提货升降机、电动运输带、打包机、电脑终端及打字机。
工作环境：
干净、明亮，有保暖设备，攀登设施安全，提货方便。

图 4－3　某工厂发货员工作说明书

表 4－2　　　　打字员/接待员工作说明书

职位名称：打字员/接待员　　　　职位号码：327　　　　页数：1

责任	任务	绩效标度	绩效标准	绩效指示
打字	1. 打印书信、备忘录和报告			
	2. 打印/抄写信件、备忘录和报告			
	3. 打印表格和格式化书信			
	4. 校对和修改			

续 表

责任	任务	绩效标度	绩效标准	绩效指示
回电话或接待来访者	5. 接电话			
	6. 接待来访者			
文档管理	7. 文件归档			
	8. 查找/取出文档			

监督者签字：　　　　职员签字：　　　　日期：

2. 资格说明书

资格说明书又称工作规范，是工作分析结果的另一种表现形式，主要说明任职者需要具备什么样的资格条件及相关素质，才能胜任某一岗位的工作。这里的资格条件及相关素质要求是最低的限制。一般由该岗位的上级主管、任职者及工作分析人员共同编制。它不像工作说明书那么普遍，但对了解任职者的个体特性很有帮助。资格说明书的形式有计分图示式与表格式等。某公司秘书资格说明书如图 4－4 所示。

编码：140020　　　　岗位名称：中级文书

一、职责总述

在一般监督之下，完成文书工作。包括准备各类数据资料，并编辑、汇总、分类；草拟各种报告、请示、文件、通知、公告、工作总结，书记会议发言等。

二、工作时间

一般在正常工作时间内完成，无需加班。

三、资格条件

1. 学历：至少应高中毕业，中专毕业更为理想。
2. 经历：至少在第一级岗位工作 3 年以上。
3. 熟练：具有较好的工作熟练程度，如打字速度至少达到每分钟 45 个字，55～80 个字最为理想。

四、考核项目

1. 校对稿件：每分钟至少 40 个字，超过 60 个字最为理想。
2. 打字：每分钟至少 45 个字，超过 55 个字最为理想。
3. 速记：每分钟至少 100 个字，超过 120 个字最为理想。
4. 专门知识：秘书学、速记方法、公文写作等。
5. 写作能力：行文格式规范，语言通顺简洁，内容充实，结构严谨。
6. 心理测验：考察情绪稳定性、接受外界信息的灵敏性。

五、本岗位后备来源

1. 初级文书（企业现任）。
2. 担任过此类工作且在自学深造的人员。
3. 从专业学校招收。
4. 从社会招聘符合条件的人员。

六、健康状况

良好，身高1.60米以上，身体健康，五官端正。

七、性别和年龄要求

男女均可，一般应在30岁以下。

八、工作条件

办公室内完成工作任务。

九、符合上述条件的残疾人，如有跛足却具备其他各种资格条件的人也可聘用。

图4-4　某公司秘书资格说明书

1）计分法

这种方法一般将操作活动所涉及的心理能力归纳为25~30种，然后通过谈话和问卷手段，对所分析职务的每种能力用5点表计分（也可用7点或11点）。5点计分标准如表4-3所示。

表4-3　5点计分标准

计分	含义
1	不需要这种能力
2	不大需要这种能力
3	可以考虑
4	比较需要
5	非常需要

2）文字表达法

此种方式侧重于用文字来描述岗位工作对任职者心理素质的具体要求，具有突出重点、分析细致的优点。它的缺点在于缺乏量的估计，无法对所需的心理特征进行定量分析，如表4-4所示。

表4-4　电话铃调整工人的心理素质要求说明书（节录）

序号	心理素质	主要用途
1	对物体差别的感受性（小于1毫米）	用于发现铃盖的缺口、压痕、飞边、砂眼
2	对很小距离的目测（1毫米或小于1毫米）	用于确定铃钟在铃盖开槽上的位置、铃轴的抛光和磁铁标的大小是否一样
3	音色的差别感受性	用于确定铃声的音质
4	在0.1秒内声音长度的差别感受性	用于倾听铃钟敲打的单位数，以确定铃钟的位置是否正确

续　表

序号	心理素质	主要用途
5	音色、音长、音高、音强和打击速度差别的听觉记忆	用于迅速把握和记忆优质的和有缺陷的铃声
6	对应力细微差别的感受性	用于确定接触片自然转动的程度，在消除间隙时是否拧开支撑轮缘
7	对肌肉、用力程度和手指、手腕经过细微距离的运动记忆	用于迅速把握和记忆需要的肌肉、用力及手指、手腕通过的很短的距离
8	双手协调	用于装配所有零件
9	手指细小动作的协调	在拧开时把电枢固定在磁铁上，铃钟装置在螺丝上
10	注意力集中	听音乐时，必须把铃声与一切无关噪声区别开来
11	沉着、细心	适用于所有工作环节
12	工作时肯干	
13	勤劳、认真	
14	责任心强	

3）表格法

表格法用表格的形式来描述任职资格，表达对任职者所要求的品质、各种品质的重要性、训练时间和原因等内容。

表格法既突出重点，注意对任职者中心品质和中心能力的分析，也注意用定量的方法来分析问题，因此是一种受欢迎的任职资格表现方法，但在进行比较时，不如计分法直观。具体实例如表 4 – 5 所示。

表 4 – 5　　纺织工人的品质图示说明书（节录）

品质	程度									对何种操作必要
	必要性				需要		训练			
	很有希望	必要	有帮助	希望	经常	有时	高度	低度	不需要	
迅速认出不引人注意的东西或在照明很差的情况下能辨别事物		√			√			√		发现接头断线及织物上的小孔
用触觉发现不明显的不平滑处				√	√			√		用手感检查织线是否平滑

续 表

品质	程度									对何种操作必要
	必要性				需要		训练			
	很有希望	必要	有帮助	希望	经常	有时	高度	低度	不需要	
认出或区别主要颜色				√		√	√			织颜色布料
估计很短的时间间隔			√			√			√	织机停止，在纱管尽头找纬纱线时间
迅速认出稍偏离规定的开口			√			√			√	织布时发现引线绪、阁系偏离

3. 职务说明书

职务说明书可以看作工作描述再生形式中最为完整的一种，它包括工作说明书与资格说明书中所有甚至更多的内容。一般来说，包括以下项目：①工作状况；②概要；③工作关系；④工作任务与责任；⑤工作权限；⑥考评标准；⑦工作过程与方法；⑧工作环境；⑨任职资格条件；⑩福利待遇及其他说明。但实际中的说明书并不一定包括上述全部内容。具体实例如图 4－5 所示。

工作名称：信息部主任　　直接上级：信息系统经理　　工资等级：12 级
定员：1 人　　所辖人员：12 人　　工资水平：148000 元/年
分析日期：2012 年 6 月　　分析人：人力资源部张红　　标准人：人力资源部经理刘东

工作概要：

指导控制信息处理，设备维修与保养，履行所分配的其他任务和职责。

工作职责：

1. 下列基本活动：
   （1）独立上机操作；
   （2）定期向上级汇报；
   （3）听取信息使用者意见。
2. 选择、培训、发展人员：
   （1）挑选信息处理人员；
   （2）发扬合作精神，增加相互了解；
   （3）保证下属得到必要的培训；
   （4）指导下属工作。

3. 计划、指导和控制：

（1）向下属分配任务；

（2）检查、评价下属的工作；

（3）指导和解决问题。

4. 分析业务，预测发展。

5. 制订部门发展计划。

资格要求：

因素	细分因素	等级	限定条件
1. 基本要求	（1）教育	5+	具备硬件、软件方面的知识；四年制工商管理和信息处理技术方面的证书。
	（2）经验	6+	5年以上信息处理和程序编制工作经历。
	（3）技能	7-	必须在信息处理的方法、系统设计方面有很高的技巧，并有处理人际关系的良好能力。
2. 解决问题的能力	（1）分析	5+	具备分析、评价技术理论和人力资源管理方面的能力。
	（2）指导	4	根据下属业务能力状况，把复杂的任务转化为可理解的指令和要求。
	（3）沟通	6	具备较强的沟通能力，能使用简练的语言或术语交流技术和思想，维护本部门和其他部门以及硬件销售单位所建立的联系。
3. 决策能力	（1）人际关系	5-	能经常运用正式或非正式的方法指导、输导、劝说和培养下属，紧密结合下属工作和其他管理人员的活动。
	（2）管理方面	4	接受一般监督，在复杂的环境中指导下属履行信息处理系统的技术职能。
	（3）财务方面	4	有50000元以下的财产处理权和15000元以下的现金处理权，并在此范围内参与计划和控制。

其他责任：

成功地完成所分配的任务，提高信息使用者的理解度和满意度，提高工作效率。

图4-5　某机关信息部主任职务说明书

4. 四种工作分析结果的关系

在上述四种工作分析结果表现形式中，工作描述是最直接、最原始、最基础的形式，其他三种形式都是在工作描述的基础上再生和开发出来的。

工作说明书是人力资源对工作描述中有关岗位工作的规范化说明。主要以“事”为中心，对岗位进行全面、详细与深入的说明，为人力资源及其他管理工作提供基础，把组织的总任务与总目标落实到每个具体的岗位和人员上。因此，它是目标管理的基础。

资格说明书是在工作描述的基础上对任职资格的界定与说明。以“人”为中心，主要说明什么样的人能胜任某项工作的问题，它可以为人员招聘、培训、考评、甄选与任用提供依据。

职务说明书最为全面，是全面反映与利用工作描述信息的形式。一般来说，工作说明书与资格说明书中的内容都比较简单，而职务说明书既包括对“事”的说明，又包括对做事的“人”的说明，相对而言比较复杂。

4.3 工作分析的基本方法

工作分析的方法多种多样，每种方法都有各自的特点，适用的人力资源工作及场景也不尽相同。

4.3.1 收集工作分析信息的方法

要编制工作说明书与工作规范，必须收集有关工作足够的信息，收集信息的方法主要有面谈法、直接观察法、问卷法、试验法、参与法、现场工作日志法和关键事件法。

1. 面谈法

通过谈话获取工作分析信息的方法称为面谈法。可以使用以下三种形式：与每个员工进行个别面谈；与做同种工作的员工群体进行群体面谈；与完全了解被分析工作的主管人员进行面谈。群体面谈通常用于大量员工做相同或相近工作的情况，因为它可以以迅速而且代价相对较小的方式了解到工作的内容和职责等方面的情况。在进行群体面谈时，应注意遵守一项基本原则，这就是：这些工作承担者的上级主管人员要在场。如果他们当时不在场，事后也应该单独跟主管人员谈一谈，听一听他们对于被分析工作中所包含的任务和职责的看法。无论采用何种面谈法，被面谈者本人必须十分清楚面谈的目的。因为这一类面谈常常被员工误解为组织有目的地对员工的工作效率进行评价。如果他们对面谈是这样理解的话，则往往不愿意对自己或下属的工作进行较为准确的描述。

为了提高面谈效率与效果，可事先拟定面谈问题的提纲，主要问题可涉及以下内容：

- 你所做的是什么工作？
- 你的主要职责是什么？你是如何做的？
- 你的工作环境与别人的有什么不同？
- 做这项工作需具备的受教育程度、工作经验是什么？
- 做这项工作需哪些技能？你具备哪些技能？
- 你必须具有什么样的文凭或资格证书？
- 你都参与过什么活动？
- 衡量你的工作绩效的标准有哪些？
- 你真正参与的活动都包括哪些？
- 工作对身体的要求是怎样的？

- 工作对情绪和脑力的要求是怎样的?
- 工作对安全和健康的影响如何?
- 在工作中你有可能会受到身体伤害吗?
- 你在工作时会暴露于非正常的工作条件之下吗?
- 你的工作重要吗?
- 你所承担工作的难度如何?

为了提高面谈法的效果,还可以与问卷法结合起来进行工作分析。面谈法的优点主要包括以下内容。第一,运用比较广泛,是一种确定工作任务和责任的较好方法。第二,通过面谈可以发现一些在其他情况下难以了解到的工作活动和行为。一个熟练的面谈者可以发掘出在组织图上看不到但有可能会偶然发生的重要活动或信息。如发生在生产主管人员和销售管理人员之间的信息沟通问题。第三,面谈还为组织提供了一个良好的机会来向大家解释学习分析的必要性及功能。第四,面谈还能够使参与面谈的员工有机会释放因受到挫折而带来的不满,讲出一些通常情况下可能不太会被管理人员重视的想法。第五,面谈法还是一种相对来说比较简单但十分迅速的信息收集方法。但是,面谈法也有缺陷。收集来的信息有可能是被扭曲的。这种信息的扭曲可能是参与面谈的员工在无意中造成的,也可能是有意造成的。因为工作分析经常被作为改变工资率的依据,因此,员工有时会将工作分析看成工作绩效评价,并且认为这种工作绩效评价会影响他们所获得的工资。因此,他们就很自然地夸大某些职责,同时也强化某些职责。

在运用面谈法时,应注意以下几个问题:

(1)与主管人员密切合作。做工作分析时必须注意与主管人员密切合作,因为只有这样才能找到那些对工作最为了解的员工,以及那些最有可能对自己所承担的工作任务和职责进行客观描述的工作承担者。

(2)与被面谈者建立起融洽的关系。这样做的目的是得到他们的理解和配合,要尽快通过沟通缩短双方的心理距离,如了解对方的名字、工作简历,简要的自我介绍并说明面谈的目的,解释为何挑选他们作为被面谈的对象等。

(3)面谈前应准备好需要提的问题。应当依照一份具有指导性的问卷或提纲来提问,问题清单上不仅要有问题,而且还要留出回答者可以补充填写的空白区域,这将确保在面谈之前就能了解那些必须要问的关键问题,在进行群体面谈时还可以确保每一个面谈对象都有机会回答那些应该回答的问题。此外,要允许被面谈者在回答问题时有一定的发挥余地,即尽量提开放性问题,如“我们所提的问题中有没有遗漏什么?”“你(们)还有什么需要补充的?”等。

(4)确保工作内容没有遗漏。在进行面谈时,还要注意没有规律性的工作,如偶尔发生的需要工作人员完成的比较重要的工作(如发生火灾时保安员的救火工作),对这类工作应当要求工作人员按照重要性大小和发生频率高低将它们一一列举出来。

（5）检查与核对面谈资料。在面谈结束之后，还要与被面谈者本人或其直接上级一起对收集到的工作信息进行最后的检查，以确保其客观性、准确性与完整性。

2. 直接观察法

直接观察法是指在工作现场运用感觉器官或其他工具观察员工的工作过程，用文字或图表形式记录、收集工作信息的一种方法。

运用直接观察法时，首先要列出观察提纲，然后在观察时应及时记录有关信息。运用直接观察法应注意以下问题：

（1）观察的工作应相对静止，即在一段时间内，其工作内容、工作程序、对工作人员的要求等不会发生明显的变化。

（2）适合于大量标准化的、周期短的以体力劳动为主的工作，如装配直线工人、保安员等，不适合以脑力劳动为主的工作。

（3）要注意工作行为样本的代表性，有时候有些行为在观察过程中可能未表现出来。

（4）观察人员尽可能不要引起被观察者的注意，至少不应干扰被观察者的工作。

（5）观察前要有详细的观察提纲和行为标准。

（6）观察中要及时记录相关信息。

3. 问卷法

利用已编制好的问卷，由工作分析人员或承担工作的员工来填写，以获取有关工作信息的方法。

在采用问卷法时，首先需要考虑如何安排问卷的结构以及提些什么样的问题。从理论上讲，有两种比较极端的做法：一种情况是设计出一张结构极其完备的问卷，发给每一个员工的这张问卷上罗列上百种备选的特定任务或工作，要求员工做的只是回答他们是否需要做这些工作；另一种情况是将问卷设计成开放式的，要求员工回答诸如“描述你的主要工作任务”之类的问题。在实际应用中，一般的问卷通常都是介于这两种极端情况之间的，即问卷中既有结构性的问题，也有开放式的问题。

问卷一般要求被试者对各种工作行为、工作特征和工作人员特征的重要性和频率评定等级。主要可以分为两种：一般工作分析问卷法和指定工作分析问卷法。

（1）一般工作分析问卷法。这种方法适用于各种工作，问卷内容具有普遍性。

（2）指定工作分析问卷法。这种方法只用于每一种指定的工作，问卷内容具有特殊性，一张问卷只适用于一种工作。

问卷法的操作步骤如下：承担工作的员工回答问卷；工作分析人员收集、归纳、整理、分析问卷；根据具有代表性的回答写出工作说明书即工作规范；征求员工及其主管的意见进行补充和修改。为了提高问卷的效果，一般可将其与面谈法结合起来使用。

问卷法可以快速高效地从大量员工中获取信息，比较方便。但是设计问卷并进行测算则需要花费较多时间，并且问卷设计的技术要求也较高。

4. 试验法

试验法是指试验人员控制一些变量，引起其他相应变量的变化来收集工作信息的方法。通常的方法有实验室试验法与现场试验法。二者的主要区别在于试验的地点在实验室，还是在工作现场。工作分析中较常用的是现场试验法。如“科学管理之父”泰勒所做的铁块搬运试验、铲具试验都属于现场试验法。在运用该方法时应注意以下方面：

（1）尽可能获得被试者的配合。

（2）严格控制各种变量。

（3）设计要严密。

（4）变量变化要符合实际情况。

（5）不能伤害被试者。

试验法可以获取较准确的工作分析信息，但技术要求较高，最好在专家的指导下进行。

5. 参与法

参与法是指工作分析人员通过直接参与某项工作，从而细致地、深入地体验、了解、分析工作的特点和要求。

参与法可以克服一些有经验的员工并不总是很了解自己完成任务的方式方法的缺点，也可以克服有些员工不善于表达的缺点，另外可以弥补一些观察不到的内容。但是参与法的缺点也很明显，因为现代企业中的许多工作高度专业化，如果不具备从事某项工作的知识和技能就无法参与，有时也容易打乱现有工作秩序。

因此，参与法适用于一些比较简单的工作的工作分析，或者与其他方法结合起来运用。

6. 现场工作日志法

由承担某项工作的员工每天记现场工作日志，即让他们每天记录下他们在一天中所进行的活动。每人都要将自己所从事的每一项活动按照时间顺序以日志的形式记录下来。这样就可以提供一个非常完整的工作图景，取得大量有关工作的第一手资料，如计划工作质量、工作自主权、例外事务比例、工作负荷、工作效率、工作中涉及的关系等，在以面谈为辅助手段的情况下，这种工作信息收集方法的效果会更好。但员工工作日志须持续相当长的时间（至少半年），而员工往往难以坚持，应采取一定的激励措施来保证。

7. 关键事件法

关键事件法就是由工作分析人员对某职务的员工或了解该职务的人员进行调查，要求他们描述该职务半年到一年内能观察到，并能反映其绩效好坏的“关键事件”，即对该职务造成显著影响（如成功与失败、盈利与亏损、高效与低产等）的事件。关键事件的描述包括：导致该事件发生的背景、原因，员工有效的或多余的行为，关键行为的后果以及员工控制上述后果的能力等。

综上所述，工作分析人员可以通过面谈法、直接观察法、问卷法、试验法、参与法、现场工作日志法、关键事件法等方法收集各种信息，获得关于工作承担者事实上在做什么的比较真实的信息。利用这些信息就可以编写工作说明书和工作规范。

4.3.2 定量的工作分析技术

1. 功能性工作分析法

功能性工作分析法，以员工需发挥的功能、应尽的职责为核心，列出了需要加以收集和分析的信息类别，规定了工作分析的内容，包括工作特点分析与员工特点分析。

（1）工作特点分析。工作特点分析包括员工的职能、工作种类以及材料、产品、知识范畴几部分。

员工的职能是指工作过程中与人、事、数据打交道的过程。任何工作都离不开人、事、数据三个基本要素，而每一要素所包括的各种基本活动又可按复杂程度分为不同的等级：数值越小，代表的等级越高；数值越大，代表的等级越低。

工作种类是指某项工作所属的工种，如电工、车工等，工种确定后，对此工种的特点及涉及的设备与工具加以描述。

材料、产品、知识范围是指此项工作中用于加工的原材料、最终产品及涉及的自然科学和社会科学知识范畴等。

（2）员工特点分析。它包括正确完成工作所必备的培训、能力、个性、身体状况等方面的特点。

运用功能性工作分析法可以有针对性地收集信息并按以上各项对所收集的信息加以比较、分类和组织，最后形成详细的工作说明书及工作规范。

2. 职位分析问卷法

职位分析问卷（PAQ）法，是1972年由麦考密克提出的一种实用性很强的工作分析方法。该问卷要求由工作分析人员来填写，这就要求他们对被分析的职位要相当熟悉。问卷包括194个项目，所有项目所代表的都是在工作中起重要作用或者起不太重要作用的某一个基本方面，其中的187项被用来分析完成工作过程中员工活动的特征，另外7项涉及薪酬方面。

PAQ法将工作按照五个基本特点进行排序并提供了一种量化的分数顺序或顺序轮廓，它们是：是否负有决策或沟通或社会方面的责任；是否操纵汽车或设备；是否需要对信息进行加工。给每项工作根据上述特点确定一个量化的分数，就可以据此对工作进行比较，以确定哪种工作更富有挑战性，然后确定各项工作的奖金或工资等级。

在应用PAQ法时，工作分析人员要对使用程度、时间长短、重要性、发生的可能性、对各个工作部门以及部门内部的各个单元的实用性等6个方面给出一个6分制的评分标准，以表明其重要程度。

3. 管理岗位描述问卷法

管理岗位描述问卷（MPDQ）法是由托纳和平托在1976年提出的。

在分析管理者的工作时需要注意以下两个特殊问题：一是管理者经常试图使他们工作的内容去适应自己的管理风格，而不是使自己去适应承担的管理工作的需要。在使用面谈法时，他们总是描述自己实际做的，而忘了自己应该做的；二是管理工作具有非程序化的特点，经常随着时间的变化而变化，因此需要考虑的时间比较长。因此，一般分析管理人员的工作应该使用调查问卷法，包括从行为的角度进行分析的管理行为调查问卷和从任务的角度进行分析的管理任务调查问卷。

MPDQ法与PAQ法相似，包括208个用来描述管理人员工作的问题。这种文件由管理人员自己填写，也是采用6级评分标准对每个项目进行评分。这208个问题可被划分为13个类别。这些类别包括：

（1）产品、市场和财务战略计划，指的是进行思考并制订计划以实现业务的长期增长和公司的稳定性。

（2）与组织内其他部门人员管理工作的协调，指的是管理人员对自己没有直接控制权的员工个人和团队活动的协调。

（3）内部业务控制，指的是检查与控制公司的财务、人事和其他资源。

（4）产品和服务责任，指的是控制产品和服务的技术方面以保证生产的及时性并保证质量。

（5）公共与客户关系，指的是一般通过与人们直接接触的办法来维护公司在用户和公众中间的名誉。

（6）高层次的咨询指导，指的是发挥技术水平来解决企业中出现的特殊问题。

（7）行为的自主性，指的是在几乎没有直接监督的情况下开展工作活动。

（8）财务审批权，指的是批准企业大额的财务投入。

（9）雇员服务，指的是提供诸如寻找事实和为上级保持记录这样的雇员服务。

（10）监督，指的是通过与下属员工面对面的交流来计划、组织和控制这些人的工作。

（11）复杂性和压力，指的是在很大的压力下工作以在规定的时间内完成所要求的工作任务。

（12）重要财务责任，指的是制订对公司的绩效构成直接影响的大规模的财务投资决策和其他财务决策。

（13）广泛的人事责任，指的是从事公司中对人力资源管理和影响员工的其他政策具有重大责任的活动。

在应用管理岗位描述问卷法时，工作分析人员以上述的每一种要素为基础来分析和评价管理工作。

4.4 职位描述

4.4.1 职位描述的主要内容

根据工作分析收集的信息编制工作说明书是工作分析完成阶段应做的工作。一般情况下，工作规范可以编写在工作说明书中，也可以单独编写。此处我们选择前者。

职位描述是对有关工作职责、工作活动、工作环境、工作条件以及工作对人员素质要求等方面的信息所进行的书面描述。主要包括以下方面。

（1）工作标识，包括工作名称、工作代码、工作部门、工作地位、直接主管工作名称等，以便于对各种工作进行识别、登记、分类以及确定组织内外的各种工作关系。

（2）工作综述，描述工作的总体性质，即列出主要工作功能或活动内容。

（3）工作活动和工作程序，包括所要完成的工作任务、工作责任、使用的原材料和机器设备、工作流程、与其他人的正式工作关系、接受监督以及进行监督的性质和内容。

（4）工作条件和物理环境，包括工作地点的温度、湿度、光线、噪音、安全条件、地理位置、室内或室外条件等。

（5）社会环境，包括工作群体中的人数、完成工作所要求的人际交往的数量和程度、各部门之间的关系、工作地点内外的文化设施、社会习俗等。

（6）工作权限，包括工作人员决策的权限、对其他人员实施监督的权限以及经费预算的权限等。

（7）工作的绩效标准，有些工作说明书中还需包括有关绩效标准的内容，即完成某些任务所要达到的标准。如车间工人每天生产的产品不少于300件，清洁工每天需做5次清扫工作等。

（8）聘用条件，包括工作时数、工资结构、支付工资的方法、福利待遇、该工作在组织中的正式位置、晋升的机会、工作的季节性、进修的机会等。

（9）工作规范，又称职务要求，主要是说明某项工作对从业人员的品质、特点、技能以及工作背景或经历等方面要求的书面文件，一般包括以下几个方面的内容：

①一般要求，主要包括年龄、性别、学历、工作经验等。

②生理要求，主要包括健康状况、体力、运动的灵活性、感觉器官的灵敏度等。

③心理要求，主要包括观察能力、集中注意力能力、记忆能力、理解能力、学习能力、解决问题能力、数学计算能力、语言表达能力、决策能力、领导能力、特殊能力、性格、气质、兴趣爱好、态度、事业心、创造性、合作性等。

4.4.2 职位描述的编写要求

职位描述是人力资源管理的基础性文件，编写时应注意以下几个方面。

（1）清晰。对工作的描述要清楚透彻，任职人员阅读以后，无须询问其他人就可以明白其工作内容、工作程序与工作要求等，应避免使用原则性的评价，对于难以理解的专业性词汇要解释清楚。

（2）具体。在说明工作的种类、复杂程度、任职者须具备的技能、任职者对工作各方面应负责任这些问题时，应尽量使用具体的动词，如“分析”“加工”“收集”“分解”“传递”“设计”“监督”“维持”“运输”等。一般来说，组织中较低职位的任务最为具体，描述也最具体。

（3）简单。在囊括了所有基本工作要素的前提下，职位的文字描述应简明扼要。

（4）组织保证。为了保证工作分析的严肃性与科学性，应尽量由组织高层领导、典型工作代表、人力资源管理部门代表、外聘的工作分析专家共同组成工作分析小组或委员会，共同完成这项工作。

4.5 职位评价

4.5.1 职位评价的含义

职位评价是指评定各项工作在实现企业目标中的价值，并据此确定各项工作的等级，进而确定各项工作的报酬，为最后构建薪酬结构提供依据。因此，职位评价是职位分析的逻辑结果，其目的是提供工资结构调整的标准。职位评价是执行职位工资制最关键的一环，因为对职位评价的等级高低与职位工资额是直接对应的。

4.5.2 职位评价法

1. 职位排序法

它是从整体价值上，将各个工作职位进行比较，最后将职位分为若干等级的方法。职位排序法包括三种基本的类型，即直接排序法、交替排序法和配对排序法。

（1）职位排序法实施的步骤。第一，由熟悉被评价职位的人员组成评定小组，并做好准备工作。第二，了解情况，收集有关职位方面的资料、数据。第三，按评定人员事先确定的评判标准，对本企业同类职位中的各职位的重要性做出评判。第四，将每个职位经过所有评判人员的评定结果汇总，得到序号后，再用序号除以评定人数得到每一职位的平均序数。第五，按平均序数的大小，从小到大评定出各职位的次序。

（2）职位排序法的优点。这种方法的最大优点是简单，而且能很快地为建立合理的工资结构提供一个能被员工接受的基础，容易跟员工进行沟通。每一个职位作为一个整体来进行比较，因而不需要将职位分成组成要素，这样就减少了错误和争论。

（3）职位排序法的缺点。首先，这种方法带有一定的主观性，评估者多依据自己对职位的主观感受进行排序，准确度较差。其次，它仅仅对职位进行排序，但无法准确得知职位之间的相对价值。最后，只适用于较小规模的组织，这样的组织职位数量比较少，对于大型组织则不适合。

2. 职位分类法

职位分类法又称为等级分类法，它是排序法的改进，根据事先确定的类别等级，参考职位的内容进行分类。分类法的主要特点是把各种级别及其结构在职位被排列之前就建立起来，对所有的职位评估只需参照级别的定义把被评估的职位套进合适的级别里面。

（1）职位分类法实施的步骤。第一，确定合适的职位等级数目。职位等级一般分成两种类型：分层式等级类型和宽泛式等级类型。第二，明确等级定义。给建立起来的职位等级做出职位分类说明，它通常是对职位内涵的一种较为宽泛的描述。等级定义是在选定要素的基础上进行的。第三，进行评价与分类。这个阶段是评价职位，并与所设定的等级标准进行比较，将它们定位在合适的职位等级中恰当的级别上。

（2）职位分类法的优点。第一，简单、费用少、容易理解，不会花费很多的时间，也不需要复杂的技术。第二，克服了适用小型组织、少量职位的局限性，可以对组织规模较大、较多的职位进行评估。第三，灵活性较强，尤其适用于组织中职位发生变化的情况，可以迅速地将组织中新出现的职位归类到合适的类别中。

（3）职位分类法的缺点。不能清楚地定义等级，因而容易造成主观判断职位等级的情况。对职位的评估比较粗糙，只能得出一个职位归在哪个等级中，职位之间的价值的量化关系不清楚，因此在用到薪酬体系中时会遇到一定的困难。

3. 要素计点法

该法首先是选定职位的主要影响因素，并采用一定点数（分值）表示每一因素，然后按预先规定的衡量标准，对现有职位的各个因素逐一评比、估价，求得点数，经过加权求和，得到各个职位的总点数，最后根据每个职位的总点数对所有职位进行排序，即可完成职位评价过程。

（1）要素计点法的步骤。第一，进行工作分类。根据组织中各职位工作性质的差异，对各职位进行分类。第二，确定职位评价的薪酬要素，如工作本身、组织的战略和价值观。薪酬要素必须能够让利益相关者接受，并且能够清楚界定和衡量，对职位进行评价的人能够一致性地得到类似的结果。薪酬要素之间不能出现交叉和重叠。第三，确定薪酬要素的等级数量并界定各等级水平。第四，确定各薪酬要素的相对价值。第五，确定各要素及各要素不同等级的点值。第六，评价待评职位。第七，建立职位等级结构。

（2）要素计点法的优点：可以较为清楚地反映出职位之间的相对价值关系。

（3）要素计点法的缺点：操作比较复杂。

思考题

1. 什么是工作分析？它的作用是什么？
2. 工作分析的步骤是什么？每一步要完成什么任务？
3. 工作分析的原则是什么？
4. 工作说明书由哪些部分组成？如何编写工作说明书？
5. 面谈法的优缺点分别是什么？
6. 职位分析问卷调查表主要内容有哪些？开展问卷调查工作要注意些什么？
7. 什么是现场工作日志法？
8. PAQ、MPDQ 分别代表什么含义？
9. 职位评价的方法有哪些？在实际工作中如何选择职位评价方法？
10. 职位描述与职位规范的区别是什么？

案例分析

一个机床操作工把大量液体洒在机床周围的地板上，车间主任叫操作工打扫干净，操作工拒绝执行，理由是任职说明书里并没有清扫任务。车间主任找来一个服务工做清扫工作，服务工以相同的理由拒绝，理由是任职书里也没有这一类工作，此工作应由勤杂工完成，因为清扫工作是勤杂工的责任之一，车间主任说要解雇他，因服务工是分配到车间来做杂务的临时工，服务工勉强同意，但事后立即向公司投诉。

有关人员审阅了此三人的任职说明书。

- 机床操作工的职责：操作工有责任保持机床的清洁，使之处于可操作状态，但并未提及清扫地板。
- 服务工的职责：服务工有责任以各种方式协助操作工，如领取原材料和工具，随叫随到，及时服务，但也没有包括清扫工作。
- 勤杂工的职责：规定了各种清扫工作，但其工作时间是从其他工人下班以后开始的。

讨论题：

1. 这则案例给你什么启示？
2. 机床周围的清洁工作应由谁来完成？
3. 该车间的管理人员对员工的工作安排有何不足之处？如何改进？

实训项目

一、实训内容

以学习小组为单位选择某一岗位为对象，运用直接观察法和面谈法对其工作进行分析，编写该岗位的工作说明书，请说明小组内各成员分工情况和完成作业的过程，并附观察和面谈提纲（参考：学校食堂各工种，学院办公室、系科各岗位，图书馆、阅览室各岗位，实验室各岗位，环卫、清洁各岗位等）。

二、方法步骤

1. 每五人组成一个小组，对本校某一岗位的工作特点进行分析。

2. 以小组为单位撰写某岗位的工作说明书。

3. 每个小组派一名代表在课堂上交流、讨论。

三、实训考核

1. 对某岗位的工作说明书按要求给予成绩认定。

2. 对讨论交流的成果给予点评。

5 人员招聘与录用

学习目标

1. 掌握招聘、面试的含义
2. 熟悉人员招聘的一般程序
3. 了解内部招聘与外部招聘的利弊
4. 掌握编制招聘广告的技巧
5. 掌握员工测评理论
6. 熟悉人员测评的方法
7. 掌握面试基本步骤
8. 了解评价中心工作步骤与主要方法
9. 掌握员工录用通知书和辞谢书的撰写
10. 测试的信度与效度的含义

案例导入

某家跨国公司在中国各地有31个销售点。人力资源管理职能由位于上海总部的9个人组成的人力资源部门来行使，这个人力资源部门负责每个分店经理的雇佣工作。当一家新店开张时，一名人力资源管理师到新店所在地为其招聘一名经理。然后这位新店的经理才被赋予该店雇佣必要人员的权力。一名人力资源管理师李勇最近为一家在广州市新开的店挑选了关涛作为经理。在开始经营的前6个月，店铺中工作人员流动率达120%，助理经理已经换了3次，一般的销售人员平均只待2个月。李勇被派往广州调查这个问题。李勇询问并让关涛描述他在挑选人员时的雇佣实践活动，关涛做了以下答复："我对每个求职者进行面试。我向所有的求职者提问某些基础问题，如他们是否乐意在周末工作并且是否乐意加班。除此之外，我并不按事前确定的问题顺序去发问，恰当地说，我尽力使问题适合每一位求职者。在面试之前，我反复阅读了求职者的简历与申请表格，以便熟悉他们的背景与过去的经历，通过这方面信息，我确定他们是否符合工作的最低要求，然后我才开始对那些至少满足最低要求的人进行面试。在面试过程中，我试着确定求职者是否是喜欢与别人一道工作的性格外向的人。当面试助理经理时，我也考察他有无领导技能。"然后李勇问关涛，他是如何确定哪名求职者可以被雇佣的。关涛做了如下陈述："求职者给我的第一印象是相当重要的。一个人如何介绍自己、如何开口谈论以及他的服饰都很重要，并且确实对我的最后决策有一些影响。然而，可能最具影响因素的是与求职者目光的接触。微笑、一次坚定有力的握手、两脚平放地面的笔直的坐姿也都是我做出决策的重要依据。最终，如果一个求职者被雇佣，他必须对我们公司感兴趣，而不仅仅是为了一份工作。我的第一个问题是‘你为什么想来这里工作?’我对那些已知道很多我们公司事情的求职者印象很深。”李勇现在必须对关涛的雇佣实践做出评价，以确定它们是否是影响人员流动问题的关键因素。

思考：

1. 假如你是李勇，请你为关涛策划一个完整的面试过程。
2. 关于如何提高面试效果，你会向关涛提出哪些建议?

本章要点

本章主要通过讲解招聘、面试的含义，让同学们了解招聘广告的编写技巧，熟悉人员招聘的一般程序，招聘之后的人员测评理论和测评的方法，面试的基本步骤和方法，员工录用通知书和辞谢书的撰写等，以便为组织找到合适的人才。

5.1 招聘与录用概述

5.1.1 招聘与录用的含义和意义

招聘是企业为了弥补岗位空缺而进行的一系列人力资源管理活动的总称，是组织为了发展，根据人力资源规划和工作分析的需求，寻找、吸引那些有能力又有兴趣的人到组织中任职，并从中选出适宜的人员予以录用的过程。

广义的员工招聘包括招募、选拔、录用、评估等一系列的活动，也称招聘与录用。招募是组织为了吸引更多的候选人来应聘而进行的若干活动，它主要包括招聘计划的制订与审批、招聘信息的发布、应试者申请等。选拔也称为选择、挑选、筛选、遴选，是组织从“人—事”两个方面出发，挑选出最合格的人来担当某一职位，它包括资格审查、初选、面试、体检、人员甄选等环节。而录用主要涉及员工的初始安置、试用、正式录用。评估则是对招聘活动的效益与录用人员质量的评估。

狭义的员工招聘主要是指人才吸引与选拔，它是人才聘用或聘任的前提性工作环节。关于什么是招聘及其具体内容包括什么，不同的人有不同的观点。

从国家或地区的角度来看，企业招聘与录用有利于人员的合理流动，有利于就业，有利于人员潜能的进一步发挥。从企业自身的角度来看，招聘与录用工作主要具有以下四个方面的意义。

1. 它是企业生存和发展的基础

IBM 创始人沃森和微软公司联合创始人比尔·盖茨都强调，只要员工在，企业就可以生存或再生。无论是成立新的企业，还是已发展壮大到处于运营阶段的企业，招聘到合适的人才都是关键。

人才是企业生存和发展的基础，招聘是企业获得人才的关键，因此，招聘工作对于企业的生存和发展具有决定性作用。

2. 树立企业形象

招聘过程是企业代表与应试者直接接触的过程，在这一过程中，负责招聘的人的工作能力、招聘过程中对组织的介绍、发放的材料、面试小组的组成、面试的程序以及录用或拒绝什么样的人等都会成为应试者评价组织的依据。招聘过程既可能帮助组织树立良好形象，吸引更多的应试者，也可能损害组织形象，使应试者失望。

3. 降低受雇佣者在短期内离开组织的可能性

组织不仅要能把人招来，更要能把人留住。能否留住受雇佣者，既要靠招聘后对人员的有效培养和管理，也要靠招聘过程中的有效选拔。那些认可组织的价值观，在组织中能找到适合自己兴趣、能力的岗位的人，在短期内离开组织的可能性就比较小。而这就有赖于组织在招聘过程中对应试者进行准确的评价。

4. 为企业注入新的活力，增强企业的创新能力

新员工会为企业带来新的行动理念、新的管理思想和新的工作模式，有利于促进企业的制度创新、管理创新和技术创新。尤其是从外部招聘人才，能够为企业输入新生力量，弥补企业内部人力资源的不足，带来更多新思想、新观念和新技术，从而增强企业的创新能力。

5.1.2 招聘与录用的内容、程序及原则

1. 招聘的内容

招聘是建立在两项工作之上的：一是组织的人力资源规划，二是职务分析。人力资源规划确定了组织招聘职位的类型和数量，而职务分析则使管理者了解什么样的人应该被招聘进来填补这些空缺。这两项工作是员工招聘的前提，是制订招聘计划的依据。

2. 招聘的程序

根据员工招聘活动的规律，我们可以把招聘过程划分为：编写人力资源计划和职位说明书、招募、选拔、录用、评估这样几个阶段。招募阶段包括招聘计划的制订与审批、招募渠道的选择及招聘信息的发布、应试者申请等活动，目的是吸引足够数量的高质量候选人来应聘；选拔是挑选出对某一职位最合适的申请人的过程，包括各种资料的核实、测试、面试等环节；录用即最后确定应试者的录取名单和进行上岗引导培训等；评估是对招聘活动的结果进行评价，检查是否达到预期的目的。

在上述程序中，人力资源计划和职位说明书是招聘的依据：人力资源计划决定了招聘的时间、人数和岗位等；职位说明书则明确了对招聘人员的要求。根据人力资源

计划和职位说明书，就可制订具体的招聘计划，从而指导招聘工作。

3. 招聘的原则

招聘应遵循以下原则：

1）因事择人

组织应依据人力资源计划进行招聘。无论是多招了人还是招错了人，都会给组织造成负面影响，除了人力成本、低效率、犯错误等看得见的损失，由此导致的人浮于事还会在不知不觉中对组织文化造成不良影响，并降低组织的整体效率。

2）公开

招聘信息、招聘方法应公之于众，并且公开进行。这样做，一方面可将录用工作置于公开监督之下，以防止不正之风；另一方面可吸引大批的应试者，从而有利于招到一流人才。

3）平等竞争

对所有应试者应一视同仁，不得人为地制造各种不平等的限制。要通过考核、竞争选拔人才。静止地选拔人才，靠“伯乐相马”，靠在“马厩”里“选马”，靠领导的直觉、印象来选人，往往带有很大的主观片面性。采用“赛马”的方法，以严格的标准、科学的方法对候选人进行测评，根据测评结果确定人选，就可以创造一个公平竞争的环境，这样既可以选出真正优秀的人才，又可以激励其他人员积极向上。

4）用人所长

在招聘中，必须考虑有关人选的专长，量才使用，做到“人尽其才”“事得其人”，这对应试者个人以及组织都十分重要。

5.2 人员招聘的途径

人员招聘就是通过各种途径和方法获取候选人的过程。招聘工作的成败在很大程度上取决于有多少人来应聘，应聘的人越多，组织选出优秀人才的可能性就越大。人员招聘的目标，就是要吸引尽可能多的符合组织需求的人来应聘。

人员招聘的途径包括两种：内部招聘和外部招聘。人们传统上认为招聘都是对外的，而事实上，组织内部人员也是空缺岗位的后备人员，而且有越来越多的组织开始注重从内部招聘人员。

研究表明：内外部招聘结合会产生最佳效果。具体的结合力度取决于组织的战略计划、招聘的岗位、上岗速度以及对组织经营环境的考虑等因素。需要强调的是，无论内部招聘还是外部招聘，对于高层管理人员尤其重要。一般来说，高层管理人员更需要保持连续性，但因此导致的因循守旧、降低组织创新能力和适应能力的风险也更高。至于到底从内部还是外部招聘，也不存在标准的答案。通用电气公司数十年来一直都从内部选拔 CEO（首席执行官），日本组织的管理特色之一就是内部提拔，而

IBM、HP（惠普）等大公司的 CEO 则多是从外部招聘的。一个不变的原则是，人员招聘最终要有助于提高组织的竞争能力和适应能力。

5.2.1 内部招聘

1. 内部招聘的候选人来源

组织内部候选人的来源主要有五个：公开招聘、内部提拔、横向调动、岗位轮换、重新雇佣或召回以前的雇员。其中，公开招聘面向组织全体人员，内部提拔、横向调动和岗位轮换则局限于部分人员，重新雇佣或召回以前的雇员，就是吸引那些因组织不景气等原因而被组织裁撤的人或者在竞争中被暂时淘汰的人。从这些不同的途径招聘到的候选人都可平等地参加选拔。

2. 内部招聘的方法

（1）查阅档案资料

它是即通过查询组织人力资源信息系统（包括书面档案和计算机系统）来搜寻候选人。

（2）发布招聘广告

发布招聘广告的目的是展示现有岗位空缺，邀请组织所有符合条件的雇员申请。这种方法的优点是让各类员工都知道岗位空缺，发现可能被忽视和埋没的人才，鼓励员工对自己的职业发展负责。这种方法还符合现代管理倡导参与、开放交流、平等竞争的潮流。现在组织可以利用的广告媒体已经越来越多，例如，内部电视、电子邮件、组织主页、张贴海报等。招聘广告中的内容应包括空缺岗位名称、工作说明、待遇条件、任职资格等。在运用这种方法时需要注意的一点，就是要尽可能通知更多的人。

（3）管理层指定

组织内有些岗位，特别是管理岗位，常常是由管理层根据考核结果确定候选人，有时甚至直接任命。

除了以上三种正式的内部招聘方法外，员工也常常通过非正式方式成为空缺岗位的候选人。

3. 内部招聘的优点

第一，内部招聘对现有员工来说是一种重要的晋升渠道，是给予员工的一种资格、一种“特权”，有利于员工职业生涯的发展，能有效激励员工，提高员工积极性和绩效。

第二，内部招聘表明了组织对员工的信任，能提高员工对组织的忠诚度，有利于管理者从长远考虑做出决策。

第三，上级对员工的各方面都比较了解，使得被选择的人员更加可靠，提高了招聘质量。

第四，为组织节约大量招聘费用和上岗引导培训费用。

4. 内部招聘的不足

第一，申请没有得到满足的员工的积极性受到影响，需要做解释和鼓励工作，没有得到空缺职位信息的员工会感觉不公平，会有负面情绪。

第二，容易造成“近亲繁殖”情况，如果组织的整个管理层都是经历同样的阶段晋升上来的，在管理决策上就会缺乏差异、缺乏创新意识。

第三，当新主管从同级员工中产生时，工作集体可能会不满，使新主管不容易建立领导声望。

第四，对于某些特定职位，部门负责人中有中意人选，但要对所有申请者逐个进行面谈，浪费很多时间。

第五，内部招聘常会在员工中引起嫉妒、攀比等心理，而且组织一旦急需从外部招聘人才时还可能会遇到现有员工抵制的情况。

5.2.2 外部招聘

外部招聘的人员来源较多，例如熟人介绍、自己投送简历、职业介绍机构介绍、合作机构和学校推荐等，应聘人员可能是学校的毕业生、其他组织的员工，也可能是失业人员。

外部招聘常用的方法有以下几种。

1. 广告

广告是组织从外部招聘人员十分常用的方法之一。使用广告招聘人员需要考虑两个问题：一是媒体选择；二是广告设计。

（1）媒体选择

组织可选择的广告媒体很多，如电视、广播电台、报纸、期刊、网站等。每种媒体各有利弊，组织在选择时，要综合考虑空缺岗位、广告价格、潜在应试者的所在地域、工作特性等因素。在所有这些媒体中，网站是最新出现的，凭借其传播速度快、范围广、查询方便等特性，受到了越来越多组织的青睐。

（2）广告设计

招聘广告的设计应争取达到四个要求：吸引注意、激发兴趣、创造愿望、促使行动。

①吸引注意是针对广告设计的总体效果而言的。在多数的媒体中，大部分广告都是批量发布的，广告设计如果没有特色，就很容易淹没在其他的广告中而不能引起求职者的注意。招聘广告引人注目的方法包括醒目的字体、与众不同的色彩、显眼的位置等，最醒目的内容应是组织最具吸引力之处，例如组织的名称、组织的标识、招聘的职位、待遇条件、工作地点等。

②激发兴趣，即引起求职者对工作的兴趣。这可以通过具有煽动性的广告词实现，如“你将投身于一项富有挑战性的工作”；也可以通过其他具有吸引力的内容实现，如

工作地点等。

③创造愿望比激发兴趣更前进了一步，使求职者不仅要有兴趣，而且要有得到工作的愿望。这可通过针对求职者的需求，列举组织能够提供的条件，如工资、福利、职位、培训机会、住房条件、出国机会等来实现。

④促使行动，即要向求职者提供联系方法，包括联系电话、通信地址、公司的网址等，同时用一些煽动性的话，例如“今天就打电话吧”“请尽快递交简历”等，促使求职者迅速采取行动。

2. 中介机构

组织招聘人员可借助的中介机构包括猎头公司以及各种职业介绍机构，如人才交流中心、职业介绍所、劳动力就业服务中心等。

猎头公司指那些以受托招聘为主要业务的公司。在国外，猎头服务早已成为组织求取高级人才和高级人才流动的主要渠道之一。我国的猎头服务近些年来发展迅速，有越来越多的组织逐渐接受了这一招聘方式。猎头服务的一大特点是推荐的人才素质高。猎头公司一般都会建立自己的人才库。优质高效的人才库是猎头公司最重要的资源之一，对人才库的管理和更新也是其日常工作之一，而搜寻手段和渠道则是猎头服务专业性最直接的体现。当然，与高素质候选人才相伴的，是昂贵的服务费，猎头公司的收费通常能达到所推荐人才年薪的25% ~35%。但是，如果把组织自己招聘人才的时间成本、人才素质差异等隐性成本计算进去，猎头服务或许不失为一种经济、高效的方式。

猎头公司典型的工作步骤是：分析客户需要，根据需要搜寻人才并进行面试、筛选，最后做出候选人报告供客户选择。全面理解客户的需要是成功找到合适人才的前提。为了切实理解客户的需要，有的猎头公司甚至派人去客户公司工作一段时间，了解和体会其企业文化、员工关系、组织结构等。组织在使用猎头服务时，也要注意确保猎头公司准确地理解了自己的需要，否则，耽误了时间，组织将比猎头公司遭受更大的损失。

职业介绍机构往往担当着双重角色：既为组织择人，也为求职者择业，这使职业介绍机构能够掌握大量的关于求职者和用人单位的信息。组织向介绍机构提出用人要求，介绍机构就可以根据要求提供求职者简历等资料。不过，这种方式一般更适合中低层员工的招聘。

3. 现场招聘

所谓现场招聘，即由组织的招聘人员到招聘对象聚集的场所直接招聘人员，这类场所包括学校、人才交流会、劳动力市场等。

学校招聘是组织招聘人员的主要渠道之一，与社会招聘相比，学校招聘有许多优势：学生的可塑性强；选择余地大；候选人专业多样化，可满足组织多方面需求；招聘成本较低；有助于宣传组织形象等。

学校、政府、职业中介机构常常举办各种形式的人才交流会，有些地区还有常设的劳动力市场。在这些场合，组织的招聘人员也可以跟应试者面谈，发现人才、接受申请。

4. 推荐

由组织的员工、客户、合作伙伴等对组织情况比较了解的人推荐人选，这也是组织招聘人员的重要方式。这种方式的优点是对候选人的了解比较准确；候选人一旦被录用，顾及介绍人的关系，工作一般也会更加努力；招聘成本较低。这种方式的主要问题是可能在组织内形成小团体。减少以致消除这种负面影响的关键是在选拔和录用环节严格把关，对被推荐人和其他应试者一视同仁，按照统一的程序进行选拔和做出录用决策。正是由于贯彻了这一思想，许多组织都发现这是一种有效的方法，如思科公司、麦肯锡公司等，这些公司对推荐成功的员工都会给予奖励。

5. 公司网站

随着信息技术的发展，越来越多的公司有了自己的网站，其中一个不可缺少的模块就是“职业机会”，这是一种低成本、高效率的招聘手段。那些知名度很高的组织的网站每天都有众多的浏览者，信息一发布出来就可以迅速传播开。知名度较低的组织也不必担心，借助国际互联网和先进的搜索技术，组织的招聘信息有很多机会送达求职者。尽管公司主页不能作为招聘的唯一渠道或者主要渠道，却可以作为其他方法的有益补充。

6. 其他方法

任何人才聚集的地方都可以是组织招聘人才的来源，如各种正式或非正式的社团、协会、俱乐部等。一些公司甚至会特别关注高档房展、车展、艺术品展览会等。到这种展示会来的人一般都是有一定成就的人，对那些需要高层次人才的公司，这也不失为一种搜寻人才的有效渠道。

5.2.3 不同招聘渠道的比较

组织要吸引足够数量的高质量的求职者，就必须使潜在的求职者能够知道组织空缺的职位。而哪些人能知道组织的就业机会与组织所使用的招聘渠道有密切关系。在现实中，组织有多种招聘渠道可以选择，但具体选择哪一种方式由组织的传统及过去的经验来决定。一般来说，在大的劳动力市场中进行招聘活动，比在小的劳动力市场中进行招聘活动更容易达到目的。

空缺职位的类型和级别也会影响招聘。招聘时，技能越高以及层次越高的职位，越需要在较大的范围内进行，如在区域性的、全国性的甚至是跨国范围内进行。发达国家进行的一些研究表明，职位的类型是决定使用哪一种招聘渠道的重要因素。一项调查显示，对于行政办公人员，最有效的招聘渠道依次是报纸招聘、内部晋升、申请人自荐、人员推荐和政府就业机构推荐；对于生产作业人员，最有效的招聘渠道依次是报纸招聘、申请人自荐、内部晋升、员工推荐和政府就业机构推荐；对于专业技术人员，最有效的招聘渠道依次是报纸招聘、内部晋升、校园招聘、员工推荐和申请人自荐；对于获取佣金的销售人员，最有效的招聘渠道依次是报纸招聘、员工推荐、内部晋升、私人就业服务机构和申请人自荐；对于经理人员，最有效的招聘渠道依次是内部晋升、报纸招聘、私人就业服务机构、猎头公司和员工推荐。调查中还发现，各个组织对招聘渠道的选择和使用与它们的有效性评价存在着很大程度的不一致。

5.3 人员选拔与人才测评

人员选拔就是从应试者中选出组织需要的人的过程。由于这一步将直接决定组织最后所雇佣的人，因而这是招聘过程中最关键的一步，同时，这也是技术性最强的一步，在这一过程中，需要运用多种测试方法，包括人才测评的有关技术。

1. 人员选拔的信息依据

选拔人员所依据的信息可以分为两大类：知识、技能、能力；人格、兴趣、偏好。根据这些信息，组织可以预测哪些求职者将来可能成功。因此，这些信息也被称为“预测因素”。人员选拔就是要了解应试者的这些信息，并把它们同组织的要求进行对比，然后做出判断。

2. 人才测评的含义

所谓人才测评，就是测评主体采用科学的方法，收集被测评者在主要活动领域的表征信息，针对某一素质测评目标做出量值或价值判断的过程，或者直接从表征信息中推断某些素质特性的过程。

根据测评目的的不同，可以把人才测评分为选拔性测评、开发性测评、诊断性测评、考核性测评等。选拔性测评是以选拔优秀人员为目的的测评，通过这类测评，要把不同素质、不同水平的人区别开来。开发性测评是以开发人员素质为目的的测评，是要了解测评对象哪些方面有优势，哪些方面存在不足，从而为测评对象指出努力方向，为组织提供开发依据。诊断性测评是以了解现状或查找根源为目的的测评，这类测评要从表面特征观察入手，继而深入分析问题与原因、诊断“症状”，最后提出矫正对策方案。其他测评都没有此要求。考核性测评又称鉴定性测评，是以鉴定与验证某种（些）素质是否具备或者具备程度大小为目的的测评，它经常穿插在选拔性测评中。本节主要讨论选拔性测评。

5.3.1 人员选拔方法与人才测评技术

求职者信息可通过多种不同的方式收集，这些方式对应着各种不同的人员选拔方法。人员选拔过程中会用到多种人才测评技术，而且随着测评技术的发展和组织对测评的重视，对人才测评技术的应用还有发展之势。下面将介绍的申请表、笔试、工作模拟、评价中心、面试、心理测试、体检、背景调查都是人才测评的常用方法。

组织在选择要使用的选拔方法时，必须考虑收集信息的成功率、类型和数量，同时也要考虑选拔方法的有效性。

1. 申请表

申请表是一种初始阶段的筛选工具，目的在于收集关于求职者背景和现在情况的信息，以评价求职者是否能满足最起码的工作要求，其基本内容包括求职者过去和现在的工作经历、受教育情况、培训情况、能力特长、职业兴趣等。设计申请表时要注意的问题是，只能要求求职者填写与工作有关的情况。

每个求职者都会向招聘单位递交简历，为什么还需要申请表呢？这是因为简历主要是求职者想告诉组织的内容，申请表则主要是组织想了解的内容，二者内容既有重叠又有区别，配合使用可以互为补充。

2. 笔试

笔试主要用来测试求职者的知识和能力，现在有些组织也通过笔试来测试求职者的性格和兴趣等。

对知识和能力的测验包括两个层次，即一般知识和能力与专业知识和能力。一般知识和能力包括一个人的社会文化知识、智商、语言理解能力、数字才能、推理能力、理解速度和记忆能力等。专业知识和能力即与应聘岗位相关的知识和能力，如财务会计知识、管理知识、人际关系能力、观察能力等。

性格与兴趣通常要运用心理测试的专门技术来测试，仅靠笔试中的一部分题目是很难得出准确结论的。

3. 工作模拟（情境模拟）

工作模拟是模拟实际工作情境，使求职者参与，从而对其做出评价的一类测试方法。工作模拟必须具体到工作、具有针对性才有效，因此，设计费用很高。

常用的工作模拟方法有三种。

（1）文件篓测试法。该方法也叫公文筐测试法，具体方法为：在文件篓里放置诸如信件、备忘录、电话记录之类的文件，这些文件是经常会出现在管理人员办公桌上的。首先向求职者介绍有关的背景材料，然后告诉求职者，他现在就是这个职位的任职者，全权负责处理文件篓里的所有公文材料。要使求职者认识到，他现在不是在表演，也不是代人理职，而是货真价实的当权者，要根据自己的经验、知识和性格去解决问题。他不能说自己将如何去做，而应是真刀真枪地处理每一件事。由此，每个求职者都会留下一沓笔记、备忘录、信件等，这是每个求职者工作成效的最好记录。然后，由评委通过考查求职者在测试过程中所做的工作并考虑其在个人自信心、组织领导能力、计划能力、书写表达能力、决策能力、是否敢冒风险、经营管理能力七个方面的表现来给其打分。

（2）无首领小组讨论法。这是对一组人同时进行测试的方法。主持者给一组求职者一个与工作有关的题目，并简单地交代求职者，让他们就这个题目展开一场讨论。没有人被事先指定为这个小组的首领，也没有人告诉任何一个小组成员应该坐在哪个位置上，通常用的是一张圆桌子，而不用长方形的桌子，以使每个座席的位置具有同等的重要性。由几位观察者给每一个求职者评分。评分大致可围绕七个方面：主动性、说服力和兜售能力、口头表达能力、自信程度、承担压力的能力、精力以及人际交往能力。

（3）商业游戏法。在一个真实的公司经营管理案例中，参加游戏者可自主决定自己的角色和行为，无人为他们分配角色，最后根据各自在小组中的表现评分。

4. 评价中心

评价中心方法最初是在第二次世界大战期间，德国的一些军事心理学家们在挑选军官时所使用的方法。后来美国军事服务部（也是在"第二次世界大战"期间）用此法来挑选间谍。在评价过程中，每个应试者都必须自己虚构一个故事用以掩盖自己的真实身份，以此测试每个受试者的撒谎能力，为此，人们在此过程中设计了许多巧妙的陷阱来诱使受试者露出破绽。第二次世界大战结束后，许多军事心理学家和军官加入了公司，就把这一方法带到了公司的人员测试中。

评价中心法由几种工作模拟方法组合而成，利用现场测试或演练，由评估人员观察求职者的具体行为，并给予评分。评价中心法尤其适用于复杂的属性和能力测试。评价中心法把多种不同的选择工具合为一体，因而独具特色。这是目前测试准确性最高的一种方法。

主试者一般是直线经理或心理学家。如果由直线经理担任主试人员，他们与求职者应该不熟悉，在职务级别上要比求职者高两级或两级以上，他们事先要在面试技术、行为观察、人才评价等方面接受两天到几周的训练，最好能作为被试者亲自经历整个过程。在使用这种方法时，一般由评估人员集体对某一个求职者做出评价。

5. 面试

面试是组织最常用的，也是必不可少的测试手段。调查表明，99% 的组织在招聘中都会采用这种方法。考虑到面试的重要性和复杂性，我们在下一节专门进行介绍。

6. 心理测验

所谓心理测验，是指在控制的情境下，向求职者提供一组标准化的刺激，以所引起的反应作为代表行为的样本，从而对其个人的行为做出评价。这种测验与前面提到的笔试相比，更加规范化。组织常用的笔试技术，有些就是对心理测验的简化。完整意义的心理测验所包含的内容比多数组织实际运用的内容要复杂得多，其所运用的方法也不仅限于笔试。

具体来说，心理测验大致包含以下方面。

（1）成就测验。用来鉴定一个人在一般的或是某一特殊的方面，经过学习或训练后实际能力的高低。一般采用笔试和现场操作方式进行，了解求职者对该项工作"应知""应会"知识技能掌握的水平。成就测验适用于招聘专业管理人员、科技人员和熟练工人，特别是当对求职者实际具有的专业知识和技能不能确认时，便于求职者间的公平竞争。

（2）性向测验。所谓性向，不是指个人表现出来的实际能力，而是指其潜在能力，即可能的发展前景或可能具有的能量。性向测验的目的是测量一个人如经过适当训练，能否成功地掌握某项工作技能。性向测验分为综合性向测验和特殊性向测验两种。综合性向测验用于鉴别个人的多种特殊潜在能力，实际上它是多种特殊性向测验的复合体。如美国著名的“区别性向测验”包括8个分测验：语文推理、数字推理、抽象推理、空间关系、机械推理、文书速度与确度、语文拼字习惯、语文造句习惯。测验后，根据个人在各个分测验所得分数，评估其哪些方面性向较高。特殊性向测验只为鉴别个人在某一方面具有的特殊潜能，如机械性向、文书性向、音乐性向、艺术性向等。如在选择操作工人时，机械性向测验作用很大，主要测量个人对空间关系的知觉能力，双手协调动作能力，手、眼配合的运动能力等。

（3）智力测验。主要用来测验一个人的思维能力、学习能力和适应环境的能力。测验的对象不是智力本身，而是个人智力表现出的外在行为，是一种间接测量。进行这种测验，首先要设计出一套问题，让求职者回答，从答案中计算得分。

（4）人格测验。人格由多种特质构成，大致包括体格与生理特质、气质、能力、动机、兴趣、价值观与社会态度等。人格对工作成就的影响是极为重要的，不同气质、性格的人适合于不同种类的工作。对于一些重要的工作岗位，如主要领导岗位，为选择合适的人才，往往需要进行人格测验，因为领导者失败的原因，往往不在于智力、能力和经验不足，而在于人格的不成熟。人格测验的目的是了解求职者的人格特质，其主要方法有两种：自陈量表法和投射法。自陈量表法即问卷法，就是提供事先编制好的包含若干问题的人格量表，由求职者本人挑选适合描写个人人格特质的答案，然后从量表所得分数判断求职者个人人格的类型。自陈量表种类很多，目前西方盛行的是明尼苏达多项人格测验，该测验包括550个问题的陈述句，要求应试者做出三选一的回答——是、否或无法回答。所谓投射法就是给求职者提供一些未经组织的刺激材料，如模糊的图片或绘画等，让求职者在不受限制的条件下，自由地表现出他的反应，使其不知不觉地将自己的感情、欲望、思想投射在其中，从而可窥见其人格特征。投射法的种类很多，但实施难度较大，一般需在心理学家的指导下才能进行。

（5）能力测验。为了测验某方面的能力，可有针对性地设计和实施专门的测验方案。例如：为测验求职者想象力、创造力而进行“一物多用”测验，即想象一种物品所有可能的用途；为测验求职者双手协调动作的准确性与速度而进行“钉板”测验，即用双手把一定数量的木钉插到一块事先打好钉孔的木板上；为测定求职者记忆广度而进行“顺背数字”和“倒背数字”的测验；为考查求职者记忆与动作的协调能力而进行“数字配符号”测验等。

7. 体检

体检通常要委托医院进行。体检的目的是判断求职者的身体状况是否能够适应工作的要求，特别是能否满足工作对任职者身体素质的特殊要求，所以，其结论不是

“健康”或者“不健康”就能表达的。

8. 背景调查

背景调查就是组织通过第三方对求职者的情况进行了解和验证。这里的第三方主要包括求职者原来的雇主、同事以及其他了解求职者的人员。背景调查的方法包括打电话、访谈、要求提供推荐信等。组织在运用这种方法时，需注意以下问题：第一，只调查与工作有关的情况；第二，慎重选择第三方；第三，要评估调查材料的可靠程度，这可通过要求对方提供相关事例等方式进行。

下面是不同的管理技能或个人特征与其相应的最佳测试方法。

（1）经营管理技巧：文件篓测试法。

（2）人际关系技巧：无首领小组讨论法、商业游戏法。

（3）智力状况：笔试。

（4）表现的稳定性：文件篓测试法、无首领小组讨论法、商业游戏法。

（5）工作动机：投射法、面试、工作模拟。

（6）职业发展方向：投射法、面试、性格考查。

（7）依赖他人的程度：投射法。

5.3.2 选拔方法的使用

上述所有选拔方法各有优缺点，决定使用哪些选拔方法，要综合考虑时间限制、信息与工作的相关性以及费用等因素。对相对简单或无须特殊技能的工作，采用一种方法即可。例如，招聘打字员，根据应试者打字测试的成绩一般就足以做出决定。但是，对大部分岗位，通常需要综合采用几种方法。不同方法的结合大致有以下三种：

1. 多级障碍式

即每种测试方法都是淘汰性的，求职者必须在每种测试中都达到一定水平方能合格。

2. 补偿式

即不同测试的成绩可以互为补充，最后根据求职者在所有测试中的总成绩做出录用决策。

3. 结合式

在这种情况下，有些测试是淘汰性的，有些是可以互为补充的。求职者通过淘汰性的测试后，才能参加其他测试。

5.3.3 测试的信度与效度

信度与效度是对测试方法的基本要求，只有信度与效度达到一定水平的测试，其结果才适于作为录用决策的依据，否则将误导主试者，影响其做出正确的决策。

1. 信度

信度又叫可靠性，指的是测评的稳定性和一致性，即用两项类似的测试去衡量同一个人，得到的结果应该基本相同；在不同的时间，用相同的测试去衡量同一个人，结果应该基本相同。现在人们对信度的讨论主要集中在测验的使用方面，但是需要注意的是不只是测验需要信度，选拔过程的所有工具都需要信度。

信度是对测试过程的一个基本要求，如果一项测试不可靠，它就不可能是有效的。这是因为如果一项测试无法得到一致而稳定的分数，就难以根据求职者在测试中得到的分数高低来预测他们在未来的工作绩效。估计测验信度的方法很多，在两个不同的时间对同一个人实施同一个测试，比较时间 2 和时间 1 的测试分数，这叫作再测评估 。如果在实施测试之后，再实施一个专家认为与前一个测试等值的测试，就是测量测试信度的另一个方法——复本评估。假如职业兴趣中有 10 个项目，这 10 个项目都从不同角度测量个体的户外工作兴趣，实施测试后同级分析对 10 个项目的反省的总差异程度，这种方法被称作内部比较评估，能对内部信度进行测量。

影响信度的因素有以下几个：求职者方面——身心健康状况、动机、注意力、持久性、求胜心、作答态度等；主试者方面——不按规定实施测验、制造紧张气氛、给予特别协助、评分主观等；测验内容方面——试题取样不同、内部一致性低、题数量过少、题意模糊等；施测情境方面——面谈或者测验的现场条件，如通风、温度、光线、噪声、空间宽窄等。此外，求职者团体的异质性、平均水平、测试题目的数量、测验难度、间隔时间都会影响测试的信度。

信度主要有四类：重测信度、复本信度、内部一致性信度、评分者信度。

（1）重测信度又称为稳定性系数

它是指用同一种测试方法对一组应试者在两个不同时间进行测试的结果的一致性。一致性可用两次结果之间的相关系数来测定。重测信度的高低既与测试方法本身有关，也与测试因素有关。例如，受熟练程度影响较大的测试，其重测信度就比较低，因为求职者在第一次测试中可能记住了某些测试题目的答案，从而提高第二次测试的成绩。对于具有较高稳定性的测试内容，例如，人格、基本能力倾向等，测试方法的重测信度是十分重要的。

（2）复本信度又称等值性系数

它是指用两个测验复本（功能相同但题目内容不同）来测验同一群体，被试在这两个测验上得分的相关性。复本信度的高低反映了这两个测验复本在内容上的等值性程度。

（3）内部一致性信度

这一信度主要反映同一测试内部不同题目的测试结果是否具有一致性。

（4）评分者信度

这是指不同评分者对同样的对象进行评定时的一致性。例如，如果许多人在面试中使用一种工具给一个求职者打分，他们都给求职者相同或相近的分数，则这种工具具有较高的评分者信度。

2. 效度

效度即有效性或精确性，是指实际测到求职者的有关特征与想要测验的特征的符合程度。就是说，只有在对能够影响工作绩效的因素进行评判时，这一技术或者方法才是有效的，更简单地说，衡量一个选拔工具有没有效果，就是看它所实际测量的是不是它所想要测量的东西。效度的研究可以帮助组织选择正确的指标来对求职者进行遴选，一个好的选拔过程必须具有高度的有效性。信度是效度的必要而非充分的条件，测验的效度受其信度的制约。

效度主要有三类：内容效度、效标关联效度、构想效度。

（1）内容效度

内容效度即测试方法能真正测出想测内容的程度。例如，如果某测试工具旨在测量求职者的交流技能，那么高分就意味着此人有很强的交流能力。

（2）效标关联效度

效标关联效度也可叫作标准相关有效性，是指选择工具能否根据重要标准准确预测工作表现，或根据测试标准得到的测试分数与根据实际工作标准得到的标准分数之间的关系。标准相关有效性的一个例子是认知能力测试。这种测试应使分数与人的工作表现精确相关。

（3）构想效度

这是指测验能够测量到理论上的构想或特质的程度。所谓构想通常指一些抽象的、假设性的概念或特质，如智力、创造力、语言流畅性、焦虑等。这些构想往往无法直接观察，但是每个构想都有其心理上的理论基础和客观现实性，都可以通过各种可观察的材料加以确定。例如，语言流畅性可以通过语速、语句间的逻辑性、口误的数量等可观察的指标进行确定。构想效度关心的问题是：测验是否能正确反映理论构想的特性。

5.3.4　人员选拔的重要性

人员选拔之所以重要，主要有以下几个原因：

①员工的工作绩效直接决定着组织的业绩，如果所招聘的人员没有熟练的技能、不积极工作或经常制造麻烦，其生产率必然是低下的，也影响管理者的效率。因此一定要正确鉴别不合适的人选，避免他们进入组织，而不是进来以后再调整或解聘。

②招募和聘用员工都需要相当高的成本。如在美国，据一位专家估计，考虑到寻找费用、面谈时间、推荐书核查和差旅费用，聘用一名年薪为 6 万美元的经理成本大约为 4.7 万美元。近年来我国经理人员的年薪增长很快，这也预示着经理选拔费用的上升是必然的。非管理人员的选拔费用相对较低，但仍有必要降低人员选拔的成本。

③有效的人员选拔能减少培训成本。如果组织聘用了不合格的求职者，他们可能缺乏工作所需要的某些知识和技能，为弥补这些缺陷，需要对这些人进行某种培训。

因此如果人员选拔能识别出那些具备该岗位所要求资格的求职者，那么组织就能最大限度地减少培训成本。

④人员选拔不仅能帮助组织制订员工聘用的决策，还能帮助组织制订晋升决策。因为从人力资源管理的角度看，选拔与组织的晋升或调动在性质上是一样的，都是要根据不完全的信息做出人力使用的决策，二者之间的差别是在制订晋升或调动决策时，由于员工已经在组织中服务了一个时期，对他们的情况了解得要多一些，而在选拔时所依据的信息较少。

5.3.5 人员选拔中的测试方法

在人员选拔中使用的测试方法很多，大致可以将它们归纳为以下几类。

1. 认知能力测试

认知能力测试包括智力测试和特殊能力测试。智力测试是对一般智力能力的测试，它测量的不是一个单独的智力特征，而是几种能力，包括记忆、词汇、数字和口头表达能力等。IQ 最初使用时是一个商数，用智力年龄除以实际年龄再乘以 100 可以得到。显然对于成年人来说，智力与年龄的关系已经很小，不可能预期一位 30 岁的成人比一位 25 岁的人更聪明，因此成年人的智商成绩是一个推算的结果，它所反映的是一个高于或低于成年人的平均智力水平的程度。现在比较常用的智力测试有斯坦福——比奈测试、韦克斯勒测试以及温德历克测试。

特殊能力测试是针对一些具体智力包括归纳和演绎推理能力、记忆能力、语言理解能力、数字能力等的测试。这类测试通常也被称为能力倾向测试，其目的是测量求职者对工作的能力倾向。如对于一个应聘机械师的人，需要测验他对基本的机械或者力学原理的了解程度，因此可以对他进行这方面的测试。

2. 运动和身体能力测试

运动能力测试指身体能力测试和敏捷性测试，而身体能力测试指力量和耐力测试。这些测试包括手指灵敏度、手工操作灵巧性、手臂运动速度、选择反应时间、静态力量、动态力量、身体协调性等。在这方面的测试主要有斯特隆伯格敏捷性测试、克劳福德小零件灵巧性测试、明尼苏达操作速度测试和普度拼板测试。这类测试可以被用来判断求职者是否适合接受训练，估计求职者需要多长时间学会相关技能，以及决定求职者能否胜任这项工作。运动和身体能力测试有助于淘汰无法胜任这项工作的求职者。

3. 人格和兴趣测试

员工的工作绩效不仅取决于其智商和身体能力，其他因素如个人的动机、人际沟通技巧等也很重要。人格和兴趣测试常常被用来测量这些无形的内容。人格测试可以测试求职者的内向型、稳定性、动机等方面的基本情况。许多人格测试是投射性的。如在一个测试中给受测者提供一个诸如墨渍或云状图画的模糊刺激，要求受测者对此进行解释或做出反应。由于图画是模糊的，受测者的解释必然来自自身内部——被投射，个体在想象中将自己关于生活的情感态度投射到图画中，主试者根据受试者的回答来推测其人格特征。常用的人格测试有主题统觉测试、吉尔福德气质测试。经常测量的人格特点：外向性、情绪稳定性、和蔼可亲性、自觉性、开放性。对于人格测试中的有效性问题，现有的研究并未得出一致结论，而且许多求职者不能诚实地回答测试中的问题，但是对于申请某些工作的求职者来说，人格测试却很重要，如销售人员需要果断、外向及有较强的人际或社交技能，管理者需要有自信心，社会工作者需要容忍性强和思想开放，因此，只要工作分析确定完成该职位工作与人格特征有很大的关系，就可以在人员选拔中使用人格测试。兴趣测试是将求职者的兴趣同各种职业成功员工的兴趣作比较，判断求职者适合做什么工作，并作为员工职业生涯设计的参考，因为一个人在其感兴趣的工作中可能做得更好。

4. 工作样本与工作模拟

工作样本与工作模拟同样可以看作测试方法，但是它们与前面的集中测试不太一样，能力测试、人格和兴趣测试等都是通过测试个体特征来对工作绩效进行预测，而工作样本工作模拟则是直接测量工作绩效。

工作样本测试是让求职者在实际工作职位中去进行该项工作，根据其在工作中的表现来决定成绩。如申请叉车操作员职位的人实际操作一台叉车、申请教师职位的人现场讲课等。实施工作样本测试的基本步骤是：第一，进行工作分析，以识别该职位的关键任务；第二，选择一个有代表性的工作样本，将其包括在测试中；第三，设计一个记分程序，以确定求职者完成每项任务的有效性；第四，在标准化的情况下，对求职者进行测试。工作样本测试可以用来评估体力技能、文员技能和管理技能，因为这些技能与在工作中所要求的技能是完全一致的。由于工作样本测试所测量的实际工作任务，效果直接而客观，求职者很难伪装，同其他预测绩效的测试相比，工作样本测试效度也高。但工作样本测试成本比较高，而且可能会出现安全问题，如让申请爬电话杆维修线路职位的人进行工作样本测试可能是不明智的，因为不合格的求职者可能会掉下来受伤。

5.4 面试

面试是人员选拔时十分常用的工具之一。

5.4.1 面试的特点

与其他选拔方法比较，面试具有以下一些特点：

（1）在面试中，面试人一般都是直接面对单一的求职者，给求职者提供了一个描述他们以前工作经验、受教育历史、职业生涯、兴趣爱好等的机会。

（2）考察的内容可以根据求职者面试的情况随时进行调整。

（3）通过观察求职者的面部表情和身体语言判断求职者是否具有热情和才智，获得更多求职者的信息。国外相关研究表明，通过面试从求职者面部获得的信息量可以达到50%以上。

（4）面试还是一个双向交流的过程，不仅面试人在与求职者谈话并观察他，而且求职者也在利用这一机会进一步了解其正在应聘的组织及职位。

5.4.2 面试的分类

1. 根据面试的结构化程度分类

根据面试的结构化程度，可将其分为结构化面试和非结构化面试。结构化面试的问题与回答均经过事先准备，面试人根据设计好的问题和有关细节逐一发问。为了活跃气氛，面试人也可以问一些其他方面的问题。这种面试适用于招聘一般员工、一般管理人员等。非结构化面试则是漫谈式的，即面试人与求职者随意交谈，无固定题目，无限定范围，海阔天空，无拘无束，让求职者自由地发表议论、抒发感情。这种面试意在观察求职者的知识面、价值观、谈吐和风度，了解其表达能力、思维能力、判断能力和组织能力等。这是一种高级面试，需要面试人有丰富的知识和经验，并且掌握高度的谈话技巧，否则很容易使面试失败，这种面试方式适用于招聘中高级管理人员。

在实际中，很少有绝对的结构化或非结构化的面试。绝大部分面试介于两种方式之间，即部分问题是事先准备好的，部分问题是临场发挥的。一般对层次较低、标准化程度较高岗位的招聘，面试的结构化程度较高；对层次较高、标准化程度较低岗位的招聘，面试的结构化程度较低。

2. 根据面试的控制方式分类

根据面试的控制方式，可将其分为以下几类：

（1）一对一面试与多对一面试。一对一面试即单独面试，是由一个面试人面试一个求职者。多对一面试即集体面试，是由多个面试人面试一个求职者。

（2）连续性面试与一次性面试。连续性面试即多轮面试，例如先由人力资源部人员面试，再由用人部门主管面试，最后由组织高层管理人员面试。一次性面试通常由面试小组主持，小组中的成员来自组织中的各有关方面。

（3）电话面试和面对面面试。电话面试一般发生在面对面面试之前，其主要目的包括补充了解应聘资料中不详细或有疑问的信息；确定求职者的最新状况和意愿，以便于面试人进一步筛选出合适人选安排面对面面试；了解求职者更多的基本信息，节省面试人面对面面试时所需的时间；异地面试前先进行电话面试，排除明显不合适的人选，避免双方的更大无效投入。

5.4.3 面试的步骤

一个理想的面试包括五个步骤：准备、开始面试、询问问题、结束面试、检查面试。

（1）准备。在开始面试以前，面试人首先要仔细研究工作说明书，明确该工作的要求，在头脑中形成一个理想求职者所应该具备的特征的清晰图像。其次，认真审查求职者的申请表和他们的简历，标出不清楚的或有疑问的问题，预测求职者的优缺点，在面试的过程中予以证实。再次，准备面试表和问题清单。最后，选择合适的面试地点，尽量排除各种干扰。

（2）开始面试。在开始面试时面试人要营造一个和谐的气氛，尽量让求职者感到轻松。首先要友好、礼貌地对待每名求职者，然后从一个非正式的话题如天气或交通状况来开始整个面试，缓解求职者的紧张情绪。对于那些失业的或者很紧张的求职者应用更多的时间来使他们放松。这样，不论这些求职者最终是否被录用，都会对组织留下一个好印象。

（3）询问问题。在这一阶段可以使用前面提到的任何一种面试类型。在提问过程中面试人要定期对求职者的谈话给予回应，如点头、微笑等，同时仔细倾听求职者回答的问题，观察其非语言行为并保持目光接触。这样既表明对求职者的谈话很感兴趣，又可以从中了解求职者的个性、诚信、自信心等情况。面试人要控制面试的过程，不要将面试变成自己的“独白演出”，而且如果求职者在回答问题时跑题，面试人要使面试回到起始问题上，确保在恰当的时间内达到面试的目的。

面试中应该尽量避免那些只需回答“是”或“不是”等过于直接的问题，而应提出需要求职者仔细回答的问题；不要在求职者回答之前做提示，也不要在求职者回答之后立即表明态度；不要用像对待罪犯那样的口气提问；在求职者的回答含混不清时，应该把他们的意思总结出来，然后问他们是否同意；不要说奚落求职者的话，不要为某个求职者做辩解或者充当保护者；在询问求职者成就或其优缺点时尽量让他们举例说明。

（4）结束面试。结束面试之前向求职者提供关于组织和工作的恰当信息，留出一些时间给求职者提问，对求职者花在面试上的时间及对职位的兴趣表示感谢，告诉求职者组织做出挑选决策的程序以及时间范围，何时及如何通知求职者，然后以尽可能礼貌的方式结束面试。

（5）检查面试。在求职者离开后，检查面试记录和相关材料，并趁面试在头脑中尚清晰时回顾面试的场面。这时要注意避免过早下结论和强调求职者的负面信息这两个错误。

5.4.4 面试中常见的问题

每个组织都可能使用面试，虽然对面试的信度和效度的看法不一致，但对面试的有用性取决于是否正确地实施面试都持赞成态度。在面试中一些常见的问题可能会损害面试的有效性，因此了解这些问题对于正确地进行面试是很有帮助的。

1）第一印象

第一印象也称首因效应，即面试人根据开始几分钟甚至是面试前从资料（如笔试、个人简历等）中得到的印象对求职者做出评价。如果面试人对求职者的第一印象很好，就会有意无意地证明这个人确实不错；反之，可能会努力证明这个人确实不行。

2）对比效应

对比效应即面试人相对前一个接受面试的求职者来评价目前正在接受面试的求职者的倾向。如果第一个求职者得到极好的评价，而第二个求职者的评价为“一般”，则面试者对第二个求职者的评价往往比本应给予的评价更差；如果第一个求职者的表现一般，而第二个求职者表现出色，则其得到的评价可能会比其本应得到的评价更高。

3）晕轮效应

晕轮原指月亮被光环笼罩时产生的模糊不清的现象。晕轮效应是一种普遍存在的心理现象，即对一个人进行评价时，往往会因对其某一品质特征的强烈、清晰的感知而掩盖了其他方面的品质。爱屋及乌、“情人眼里出西施”都是晕轮效应的典型例子。在面试中，面试人可能会因为一个人反应敏捷而有意无意地认为他聪明、能力强，也可能会因为一个人反应较慢而不经意地认为其不够聪明、能力差。

4）负面效应

所谓负面效应即负面信息对人的影响大过正面信息对人的影响。对人的印象从好变坏容易，从坏变好难。

5）面试人不了解岗位要求或缺乏经验

缺乏经验的面试人不能敏感地把握面试中的有效信息，且特别容易受到上面四种心理效应的干扰。不了解岗位要求的面试人只能选出自己认为合适的人，而不是真正适合招聘岗位的人。当招聘岗位具有较强的技术性时，面试人这方面知识的缺乏更容易使其做出错误的决策。

6）雇用的压力

当上级对招聘结果有定额要求时，面试人对求职者的评价就会偏高，有经验的组织都不会设定定额要求。

7）非言语行为的影响

研究表明，目光接触、摇头、微笑这类动作较多的求职者容易得到较高的评价。另外，求职者的个人魅力以及性别对面试人也会有影响，而这些跟工作的要求有时并不相关。

5.5 人员录用

选拔工作结束后，就要最终决定录用人员的名单并分配他们的职位，书面通知所有的求职者，对招聘的新员工进行上岗引导培训，使之尽快适应工作，这是人员录用阶段的任务。

5.5.1 录用决策

人员录用决策是通过对选拔过程中使用多种选拔方法所产生的信息进行合理评价与分析，确定每一位求职者的素质与能力特点，根据事先确定的录用标准与录用计划做出的决策。

1. 补偿性模型

首先收集求职者在选拔过程中的所有信息。然后选拔小组从工作所需要的某一方面属性来评价求职者，得出求职者有关这一属性的一致性评价意见。例如，通过综合来自证明材料、面试和涉及这一属性的测试得出关于求职者“可靠性”的总体评价。求职者每个属性都得到评价后，就可以统计综合得分，再形成一个复合分数。复合分数是一个加权平均分，反映每个属性的相对重要性。将由高到低按分数录用求职者。

2. 非补偿性模型

这种模型要求求职者在被观察的每个方面都必须达到某个最低标准，任何一方面的缺陷都将使求职者被淘汰。例如，求职者不诚实或缺乏与人和谐相处的能力，则不管其他能力如何，都不会被录用。根据这个方法，求职者依次进行各种选拔测试，只有在测试中没有被淘汰的才有资格参加下一种测试。如求职者不能达到受教育和经验的最低要求，那么可能在第一个阶段就被淘汰。因此为降低成本，在选拔方法的安排上应先选择成本比较低的，因为可筛选的求职者在不断减少。

3. 混合模型

当对求职者在某几个方面有最低要求，在其他几个方面没有最低要求时就可以运用混合模型。首先对求职者采用非补偿性模型淘汰一部分，再用补偿模型对求职者进行综合评价。

在做录用决策时如果最终合格人选少于所要录用人员的数量，应避免降低录用标准；当最终合格人选多于所要录用人员的数量时应考虑以下问题：第一，重工作能力，当求职者素质差不多时，应着重考虑求职者以往的工作经验、潜在能力以及是否具备应聘职位所要求的核心技能和关键要素；第二，优先工作动机，在工作能力基本相同的情况下，注重求职者希望获得职位的动机；第三，慎用超过任职资格条件过高的人，因为录用这样的人成本较高，工作对他们来讲缺乏刺激，没有很强的工作动力，离职的可能性较大；第四、限制参加决策的人数，以免难以协调意见。

5.5.2 吸引最优秀的人才

组织除了在招聘时要尽量吸引高素质的人来申请职位外，在录用阶段也应该注意吸引合格的求职者，因为现代社会高素质人才的竞争已经变得越来越激烈，组织应采取有效的策略让优秀的求职者选择本组织。这些策略包括：

（1）让优秀的求职者尽量多地了解组织的信息，知道组织的优势与劣势，使求职者感到来组织可以有更大的用武之地。

（2）优秀的求职者都有自己的愿望、目标和抱负，通过了解他们的价值观和需求，寻找其中与组织的共同之处，这种共同点越多，就越能够吸引优秀的求职者。

（3）提前拟定组织与求职者在报酬方面的谈判立场，尤其是重要的职位。为了能吸引优秀的人才，必须对该职位的报酬有所考虑。

（4）让优秀的求职者了解选拔和录用过程的所有信息，一旦做出录用决策立即通知他们，不能让他们等太久。因为优秀的求职者也在挑选组织，如果录用决策花费太多的时间，就会使他们转移视线。而迅速及时的决策等于再次告诉求职者，组织很需要他们。

（5）在录用之后进一步关心求职者，使求职者感到组织很重视他们，同时也可以了解求职者的心理预期，使求职者加快适应组织的工作。

5.5.3 通知求职者

通知求职者是人员录用工作的一个重要部分。通知有录用通知和辞谢通知。要及时发出录用通知书，如图5－1所示，欢迎被录用者加入本组织，并在通知中讲清楚什么时候开始报到，在什么地方报到，附录如何抵达报到地点的详细说明和其他应该说明的信息。对于所有被录用的人要用相同的方法通知他们，并让他们知道他们的到来对本组织有很重要的意义。如果接到录用通知的优秀求职者不来组织报到，组织的人力资源部主管甚至高层主管要主动打电话询问，表示积极的争取态度，并进一步了解求职者拒聘的真实原因，采取相应对策。

××公司录用通知书

_________先生/女士：

您好！欢迎您加入我们公司××（部门）任××职位。

经与您协商，您的入职日期定于______年____月____日。入职时请您携带本函所列的相关证明材料到人力资源部报到。您所提供的相关资料应保证真实可靠，经公司验证无误后方可与您签署劳动合同。

我们非常感谢您能加盟××公司。入职前，若有任何问题，请随时向人力资源部提出。（电话：××）

××公司人力资源部

××年××月××日

图5－1　录用通知书

辞谢通知要写得比较委婉，并且用相同的方式通知所有未被录用的求职者。对每一个参加了面试的人都应该给予及时的答复，最好是用信函的方式通知。

5.5.4 上岗引导培训

上岗引导培训是指给新员工提供有关本组织基本情况的信息，这些信息对员工做好本职工作是必需的。新员工只有完成上岗引导培训才能从非组织成员变成组织成员，招聘过程也才算真正完成。

进行上岗引导培训的主要原因是新员工与组织之间、与职位之间存在许多不适应的地方，同时新员工对新工作怀有的期望与工作实际之间有差异。上岗引导培训可以让新员工适应组织及特定的职位，协调员工的价值取向与组织的指导活动并使二者取得协调一致。

上岗引导培训内容广泛、形式多样，可以是短期的、非正式的，也可以是长期的、正式的。一般而言，上岗引导培训的内容有以下几个方面：本组织及其功能；组织的政策和规章制度；报酬及福利待遇；工作安排与工作守则；安全及紧急情况程序；关于工作场所的介绍；关于工作群体的介绍；关于工作的介绍。前五个方面通常由组织的人力资源部门组织实施，后三个方面则由各个部门的负责人来实施，但是人力资源部要就如何开展好的上岗引导培训对部门负责人进行指导。

5.6 招聘评估

对招聘工作的成功与否进行评估考核是十分重要的，因为只有通过这种考核，才能总结经验，指导以后的招聘工作。因此，招聘评估也是人员招聘过程中的一个重要环节。

5.6.1 招聘评估的作用

具体来讲，招聘评估具有以下作用：

（1）有利于为组织节省开支。通过招聘评估可以了解经费的精确使用情况，正确区分应该支出与不应该支出的项目，为以后划拨招聘经费提供依据。

（2）通过录用员工数量的评估，分析在数量上满足要求或不满足要求的原因，有利于改进组织在招聘上的薄弱环节，同时将录用人员数量同计划招聘数量相比可以为人力资源规划提供资料。

（3）录用员工质量评估是对招聘工作评估的另一个重要方面，它有利于招聘方法的改进，又对员工培训、绩效评估提供了必要的信息。

5.6.2 招聘成本效益评估

招聘成本效益评估主要对招聘预算、招聘成本、成本效用、招聘收益/成本比等进行评估。

1. 招聘预算评估

它是全年人力资源开发与管理总预算的一部分，主要包括招聘广告预算、招聘测试预算、体格检查预算、其他预算，其中招聘广告预算占相当大的比例，一般来说，按4:3:2:1的比例分配预算较为合理。

2. 招聘成本评估

这是指对招聘成本中的费用进行调查、核实，并对照预算进行评价的过程。招聘成本分为招聘总成本与招聘单位成本。招聘总成本即人力资源的获取成本，它又分为直接成本与间接成本。直接成本包括广告费、选拔测试费、录用员工的家庭安置费和工作安置费、负责招聘的员工的工资差旅费、中介机构费、电话费及其他费用；间接成本包括组织内其他人员的工作参与、公关和组织形象等费用。招聘单位成本是使用各种招聘方式招聘到的每位新员工的平均成本。招聘单位成本会因所招聘职位的类型和数量的不同而有所不同。

招聘成本评估是鉴定招聘效率的一个重要指标，一般来说招聘成本越低越好。

3. 成本效用评估

这是对招聘成本所产生的效果进行的分析。主要分析指标及计算方法如下：

总成本效用 = 录用人数/招聘总成本

招聘成本效用 = 应聘人数/招聘期间的费用

选拔成本效用 = 被选人数/选拔期间的费用

人员录用效用 = 正式录用的人数/录用期间的费用

4. 招聘收益/成本比评估

它既是一项经济评价指标，同时也是对招聘工作的有效性进行考核的一项指标。招聘收益/成本越高，说明招聘越有效。

招聘收益/成本比 = 所有新员工为组织创造的总价值/招聘成本

5.6.3　录用人员评估

录用人员评估是指根据招聘计划对录用人员的质量和数量进行评价的过程。对于录用人员的评估可用以下几个指标表示：

录用比 = 录用人数/应聘人数 × 100%

招聘完成比 = 录用人数/计划招聘人数 × 100%

应聘比 = 应聘人数/计划招聘人数 × 100%

录用比越小，相对来说录用者的素质可能越高，反之则可能录用者的素质较低。如果招聘完成比等于或大于 100%，则说明在数量上全面或超额完成了招聘任务。应聘比越大，说明发布的招聘信息效果越好，同时说明录用人员可能素质越高。

录用人员的质量评估除了运用录用比和应聘比这两个数据来表示以外，还可以根据空缺职位对员工的要求来对应试者进行测试和考核。

思考题

1. 什么是招聘？招聘工作的意义有哪些？
2. 招聘人员的内部来源和外部来源主要有哪些？
3. 编制招聘广告的基本原则有哪些？
4. 简述招聘的工作流程。

5. 人员测评理论是什么？
6. 简述 5 种心理测评的种类。
7. 描述面试人应具备的素质，面试常见的错误。
8. 简述面试的影响因素有哪些。
9. 什么是评价中心？
10. 什么是无领导小组讨论？其工作步骤与主要方法是什么？
11. 如何撰写员工录用通知书和辞谢通知书？
12. 内部招聘与外部招聘各有何利弊？组织应如何合理运用这两种途径？
13. 怎样提高面试的有效性？
14. 什么是测试的信度与效度？

案例分析

SH 公司失去的一笔财富

SH 公司是一家大型电子产业集团，拥有员工近 2 万人，年销售额达 16 亿元，利润 2 亿元，与其他高科技组织一样，SH 公司也在高速发展，对人才的需求不断增加。

1997 年冬季，SH 公司人力资源部刘经理负责公司在南京地区高校的招聘工作。一天，当刘经理正在进行技术人员面试时，一位穿着普通的中年人走进面试房间，说："请问，哪位负责招聘工作？我想和他谈谈。"刘经理预感到这不是一位普通求职者，在简单安排好面试工作后，很客气地把这位中年人请到另外一个房间。通过一个小时的交谈，刘经理感到异常兴奋，这位求职者果然不同寻常，其个人情况如下：

杨成，男，1960 年出生，1977 年在南京某高校读本科，1982 年在该校读硕士研究生，毕业后留校，很快担任教研室副主任，曾承担数字信号阵列处理科研项目，担任国家"863"项目数字信号处理 CAD（计算机辅助设计）项目负责人，获副教授职称。

1989 年去英国，享受博士后待遇。设计过数字收音机等产品。现在在某著名通信公司 Bell 实验室，是八组负责人，曾负责组织完成了 64 信道 GMS（谷歌移动服务）基站建设工作，现正在研究第三代移动通信技术和专用芯片等。他在相关领域研发方面的国外资源十分丰富，具有很高的无形资产价值。

其夫人曾就读于某著名通信工程学院，后读硕士研究生，现在英国某知名公司工作，亦从事第三代移动通信产品/系统的研究开发工作。

杨成多年漂泊海外，一直希望回国创业，这次就是特意回来寻找适合自己的组织，得知 SH 公司正在招聘，就赶来了解情况，表示他愿意致力于公司第三代移动通信产品/系统研究开发的规划、组织、管理和指导工作。经初步交谈，他认为从现有基础出发，有两三年时间就可以按照中国标准研发成功 W－CDMA（宽带码分多址），同时表示自己也愿意负责能发挥其能力的其他科研项目。

刘经理在了解情况之后，马上告诉杨成："幸会，杨博士，谢谢您对我们公司的青睐，今天也很巧，参加面试的技术人员是我们公司的一流专家，其中有一位还是国内有名的计算机专家，您稍等一下，我把他们带过来与您谈谈，一定比跟我谈强百倍。"说完之后，刘经理将公司的潘教授和高级工程师李工带来与杨成面谈。

两位技术专家与杨成果然谈得很投机。杨成离开的时候，潘教授等人一再嘱咐杨成耐心等待公司的回信。

刘经理耐心地听取了两位技术专家的意见，评述之后的结论很明确："这是公司难得的人才。"刘经理立即起草了一份报告，全面介绍了杨成的情况以及两位专家与他面谈后的意见，并提出以下建议：

(1) 请公司马上反馈意见；

(2) 如果公司与两位专家的意见一致，请负责技术的董事长或总裁到南京与杨成会谈；

(3) 安排杨成到公司参观。

传真发出一天后，刘经理收到总裁的传真，由于董事长和总裁都脱不开身，请刘经理代表公司将杨成带往公司总部。刘经理马上与杨成取得联系，杨成答应第二天一早出发。刘经理是这样安排的：先安排杨成与懂技术的董事长见面，然后参观公司总部，最后与公司高层技术人员见面讨论有关技术问题。

第二天中午，飞机准点到达公司总部所在的B市，但迎接他们的是司机小丁，赶回公司的路上刘经理给总裁拨出电话，总裁答复："我现在有事脱不开身，董事长参加信息产业部的一个会议，没时间见杨博士，你先带杨博士找一家宾馆住下来，到B市有特色的饭店吃午饭，下午带他到我办公室。"刘经理没有办法，只好好言解释，杨成回答："没关系，我们是要做事业的，别在乎这些小事。"

按照总裁的意思，刘经理准时把杨成带到公司，但一路上并没有人迎接他们，走进总裁的办公室，总裁正在与一位副总谈事情，见到杨成，总裁和副总站起身来迎接杨成，并与他交谈起来，谈的内容基本是杨成在国外的工作情况，很少谈及技术内容。整个过程大约半小时，总裁很热情，但始终没有离开那把老板椅。

交谈结束后，杨成已经没有了初到B市时的热情，简单参观公司后回到宾馆的第一句话就是："刘经理，我已经对贵公司了解得差不多了，我这次回来有许多事要做，就不耽搁了，麻烦您帮我订一张尽早回南京的飞机票。"

一年以后，刘经理在一次国际电子产品展览会上偶然见到杨成，当时，杨成正在代表SH公司的一家国内竞争对手向客户介绍由他研发出来的最新产品，该产品后来为这家公司盈利1.3亿元，会场上杨成很礼貌地递给刘经理一张名片，上面印着"某公司技术总监杨成博士"。

（资料来源：张德，《人力资源开发与管理案例精选》，清华大学出版社2002年版）

讨论题：

1. SH公司在引进人才方面表现如何？
2. 杨成没有到SH公司就职的主要原因是什么？组织应如何吸引高层次人才？
3. 如果你是SH公司的总裁，你会如何计划和行事，以便最终将杨成留住？

实训项目

一、实训内容

结合你所熟悉的企业，了解情况后设计一份用于人员选拔的公司申请表。

二、方法步骤

1. 每五人组成一个小组，对公司申请表的内容进行分析。
2. 以小组为单位设计一份较完整的公司申请表。
3. 每个小组派一名代表在课堂上发言。

三、实训考核

1. 教师对公司申请表评定成绩。
2. 教师对每组的发言进行点评，并找出最优者。

6 员工培训

学习目标

1. 了解人力资源培训的内涵、意义和特点
2. 了解如何收集、整理培训所需信息
3. 掌握培训需求分析的内容和方法
4. 掌握培训工作的各种方法
5. 掌握培训效果评估的方法

案例导入

别具一格的杜邦培训

作为化工界“老大”的杜邦公司，在很多方面都独具特色，其中，尤为突出的是公司为每一位员工提供独特的培训。因而杜邦的人员流动率一直保持在很低的水平，在杜邦总部，连续工作30年以上的员工随处可见，这在人才流动成灾的美国是十分难得的。杜邦公司拥有一套系统的培训体系。虽然公司的培训协调员只有几个人，但他们把培训工作开展得有声有色。每年，他们会根据杜邦公司员工的素质、各部门的业务发展需求等拟出一份培训大纲，上面清楚地列出该年度培训课程的题目、培训内容、培训教员、授课时间及地点等，并在年底前将大纲分发给公司各业务主管。然后根据员工的工作范围，结合员工的需求，参照培训大纲为每个员工制订一份培训计划，员工会按此计划参加培训。杜邦公司还给员工提供平等的、多元化的培训机会，每位员工都有机会接受公司概况、商务英语写作、有效的办公室工作等内容的基本培训。公司还一直很重视对员工潜能的开发，会根据员工不同的教育背景、工作经验、职位需求提供不同的培训。培训内容从前台接待员的“电话英语”到高级管理人员的“危机处理”。此外，如果员工认为社会上的某些课程会对自己的工作有所帮助，就可以向主管提出，公司就会合理地安排人员进行培训。为了保证员工的整体素质，提高员工参加培训的积极性，杜邦公司实行了特殊教员制。公司的培训教员一部分是从社会上聘请的专业培训公司的教师或大学的教授、技术专家等，而更多的则是杜邦公司内部的资深员工。在杜邦公司，任何一位有业务或技术专长的员工，小到普通职员，大到资深经理，都可作为培训教师给员工们讲授相关的业务知识。

思考：

1. 杜邦公司的培训体系有什么特点？
2. 简述完善的培训体系给公司和员工带来的影响。

本章要点

本章通过讲解员工培训的内涵，了解培训工作的意义，按照企业要求塑造员工技能和素质，促进员工与企业共同发展，从提高员工队伍质量角度加强企业核心竞争力。员工培训是人力资源开发与管理的重要组成部分，职业发展是人力资源自身素质提高的重要途径。在实际工作中，要掌握企业培训工作的多种形式，分别从不同角度提高员工的技能和素质。

6.1 员工培训概述

6.1.1 员工培训的内涵与目的

1. 员工培训的内涵

员工培训是企业人力资源管理的重要组成部分和关键职能，它是指通过教学或实验等方法促使员工在知识、技能、品德、动机、态度和行为等方面有所改进和提高，保证员工能够按照预期的标准或水平完成所承担或将要承担的工作与任务。从某种意义上说，它是企业人力资本增值的重要途径。

2. 员工培训的目的

员工培训的目的主要有以下几个方面：

（1）延续学校教育，满足工作需要。学校教育主要是完成基础教育和基本专业技术教育，毕业生所拥有的主要是一般性的理论知识与方法。而进入企业后所从事的工作大多数专业性较强并需要一定的技能与经验，所以他们不能完全适应和满足企业的工作需求。也就是说，从企业用人的角度看，学校毕业生还只是“半成品”，在他们进入企业时或进入企业后都必须得到相应的培训以满足工作的需要。

（2）适应社会、经济、科技和教育的发展与变化。当今世界，经济高速发展，社会进步极快，伴随着知识经济时代的到来，科学技术和教育领域的发展变化可谓日新月异。这些变化对人们提出了更高的要求，而要适应变化，跟上时代发展的步伐，就必须不断接受培训，以转变观念、更新知识、提高技能、发展能力。

（3）提高员工整体素质。通过培训提高员工的知识与技能仅仅是目的之一。员工培训的另一个重要目的是促使具有不同价值观、信念以及不同的工作作风与习惯的人们，按照社会、时代及企业经营要求，进行精神上的养成培训，以便形成统一、团结、和谐的工作集体和精神文明，促使企业的劳动生产率和工作效率得到有效提高，人们的工作质量和生活质量得到改善，使员工不仅得到物质上的满足感，而且得到精神上的成就感。

6.1.2 员工培训的作用

人是生产力诸要素中最重要、最活跃的因素，一个国家、一个地区、一个单位的命运，归根结底取决于其工作人员素质的高低。人的素质的提高，一方面需要个人在工作中的钻研和探索；另一方面需要有计划、有组织的培训。发达国家、最优秀的组织毫无例外都高度重视人员培训。虽然组织也可以通过招聘获得自己需要的人才，但培训仍被视为21世纪组织最主要的竞争武器。

员工培训意义重大，主要作用表现在以下几个方面：

1. 培训是调整人与事之间的矛盾，实现人事和谐的重要手段

从20世纪末开始，人类社会进入了高速发展的时代，随着科学技术的发展和社会的进步，“事”对人的要求越来越新、越来越高，人与事的结合处在动态的矛盾之中。总的趋势是各种职位对工作人员的智力素质和非智力素质的要求都在迅速提高。“蓝领工人”的比例不断下降，“白领工人”的比例不断上升。今天还很称职的员工，如果不坚持学习，明天就有可能落伍。人与事的不协调是绝对的，是事业发展的必然结果。要解决这一矛盾，一靠人员流动，二靠人员培训。人员流动是用“因事选人”的方法实现人事和谐，即通过必要的培训手段，使其更新观念、增长知识和能力，重新适应职位要求，显然，这是实现人事和谐的最根本的手段。

2. 培训是快出人才、多出人才、出好人才的重要途径

所谓人才是指在一定社会条件下，具备一定的知识和技能，并能以其劳动对社会发展做出较多贡献的人。社会对人才的需要千变万化，对各层次人才的培养提出越来越高的要求，仅仅依靠专门的、正规的学校教育越来越难满足要求，必须大力发展成人教育，而人员培训是成人教育的重点。

我国教育经费有限，办学能力还满足不了需要，而且专门的人才培养周期很长，各类人才的新生力量不可能全部由学校补充，另外，现有工作人员也不可能全部送到中高等学校去深造，他们中的绝大部分人员只能依靠本地区、本系统、本部门和本单位广泛开展的培训，走实践中培训成才之路。即使是大中专毕业生步入到工作岗位后，也不可能立即成才，除经过实际工作的锻炼外，也应接受必要的培训，才能成为名副其实的专门人才。

3. 培训是调动员工积极性的有效方法

组织中的人员虽然因学历、背景、个性的不同而有不同的需求，但就大多数而言，都渴求不断充实自己、完善自己，使自己的潜力充分发挥出来，越是高层次的人才，这种需求就越迫切。在组织中得到锻炼和成长，已成为人们重要的择业标准。组织如能满足员工的这种自尊、自我价值实现需要，就能够激发出员工深刻而又持久的工作动力。国内外大量事实证明，安排员工参加培训、去国外子公司任职、去先进公司跟班学习以及脱产去高等学校深造、去先进国家进修，都是满足这种需求的途径。经过培训的人员，不仅提高了素质和能力，也改善了工作动机和工作态度。应该说，培训是调动员工积极性的有效方法。

4. 培训是建立优秀组织文化的有力杠杆

人类社会进入21世纪，管理科学正经历从科学管理到文化管理的第二次飞跃。在激烈的市场竞争中，有越来越多的企业家发现文化因素的重要作用。韩国著名企业家郑周永说：一个人，一个团体，或一个组织，它克服内外困难的力量来自哪里？来自它自身，也就是说来自它的精神力量，来自它的信念。没有这种精神力量和信念，就会被社会淘汰，这是资本主义社会最朴素的法则。在有着悠久文化传统的社会主义中国，组织更需要重视文化建设。组织文化建设不是孤立的，特别是离不开人力资源管理活动。培训就是建设组织文化的重要环节。应把组织文化作为人员培训的重要内容，在培训过程中讲解和宣传组织文化。

5. 培训是组织竞争优势的重要来源

随着科学技术的迅猛发展，知识更新、技术更新的周期越来越短，而技术在竞争中的地位日益重要。尤其是知识经济的崛起，更使科学技术成为组织发展、社会经济发展最主要的动力。技术创新成为组织赢得竞争的关键一环。技术创新的关键在于一流技术人才的培养。通过技术培训，使组织的技术队伍不断更新知识、更新技术、更新观念，才能走在新技术革命的前列。从另一方面讲，培训着眼于提高人的素质，而人正是组织最根本、最主要的竞争优势。所以，组织想要在激烈竞争中立于不败之地，就必须重视培训。

6.1.3 员工培训的特点与原则

1. 员工培训的特点

企业的员工培训与其他培训相比有许多特点，这些特点是由企业自身性质决定的。具体而言，有以下特点：

（1）培训对象的复杂性。企业员工培训的对象是成人，由于个人背景与经历的不同，他们在年龄、专长、社会经验、信念、价值观、兴趣、个性、态度、习惯等方面存在着差异，这些差异决定了他们学习动机的复杂性、兴趣指向的多样性，决定了他们具有不同的知识和技术学习要求。同时，培训对象的数量大、范围广决定了培训的多层次、多学科、多形式。

（2）培训内容的针对性、实用性和应用性。培训内容一般要根据干什么学什么、缺什么补什么的原则来确定，即培训内容有针对性、实用性或应用性，以便既能节省时间和精力，又能对工作有所帮助。

（3）培训形式的灵活性和多样性。企业员工的差异性、员工学习能力的参差不齐等决定了员工培训形式应具有灵活性与多样性。在教学方法上也应根据员工理解力和自制力强而记忆力相对较差的特点，注重启发式、讨论式、研究式等多种方式，提高培训的效果。

（4）培训时间上的长期性和速成性。现代社会经济和科学技术日新月异，新情况、新问题层出不穷，这就决定了员工培训的长期性。但员工的特点又决定了培训周期要短，具有速成性的特点，以便解决工学矛盾。

2. 员工培训的原则

员工培训的意义与特点决定了这项工作应遵循以下原则：

（1）战略原则。员工培训的重要性说明企业必须将其放在战略的高度来认识，不仅要舍得投资，而且还要抽调生产、技术、经营管理骨干参加，这对企业的当前工作可能造成一定的影响，但对长远发展是有益的。但是员工培训有的能立竿见影，很快反映到员工工作绩效上，有的则可能在若干年以后才能收到明显的效果，尤其是管理人员的培训。因此，许多主管人员将培训看成是只见投入不见产出的“赔本”买卖，往往只重视当前利益，安排较清闲的人去参加培训，而真正需要培训的人却因为工作任务繁重而抽不出时间来参加培训。结果就出现了“培训专业户”，由于学习动力很弱，学的知识不会用或根本不用，使培训真的变成了只见投入不见产出的“赔本”买卖。因此要抓好员工培训，企业及其各级管理人员必须树立战略观念，根据企业发展目标及战略制订培训规划，使培训工作与企业的长期发展紧密结合。

（2）理论联系实际、学用一致的原则。针对性、实践性的特点要求员工培训必须讲求实效与收益或潜在收益的结合。应坚持企业发展需要什么，员工需要什么，缺少什么理论与技术，培训就要及时、准确地予以体现和实施。即员工培训必须强调理论联系实际的原则和学用一致的原则。

（3）因人施教的原则。企业岗位多、差异大，员工水平也参差不齐，因而不能采用普通教育“齐步走”的模式，只能遵循因人施教的原则，即针对每个员工的实际水平与所在岗位的要求开展培训工作。当然，由于培训对象多且复杂，要想针对每个人的不同特点进行有差别的培训很难做到，但是可以对培训对象分类，根据每一类人员的不同特点与要求有区别地组织培训，如可将培训对象分为新员工、一线生产工人、技术工人、研究开发人员、营销人员、会计等，或专业管理人员、基层管理人员、中层管理人员、高层管理人员等。

（4）效益原则。员工培训既然是一项投资，就应该考虑产出与投入之比，即讲究投资效益。总地来说，产出应该高于投入，既要重视经济效益又要重视社会效益。

（5）全员培训和重点提高相结合的原则。兼顾企业发展与员工个人发展的需要，应对所有人员进行培训，并根据需要对进入企业的员工进行新员工适应性培训、晋升培训、转岗培训、退休培训等全程培训。但是还要有所侧重，根据不同时期的工作需要确定培训重点，做到点与面的有机结合。

（6）主动参与原则。学习是一项以脑力劳动为主的活动。而脑力劳动的付出需要人的自觉性、主动性与创造性。因此，培训工作应做好动员，让参训者理解培训的必要性与重要性，从而提高学习的积极性。这是保证培训效果的前提条件。

6.2 员工培训的类型与方法

6.2.1 员工培训的类型

员工培训的特点决定了培训的多样性，可以按不同的标准对培训工作进行分类。

1. 按照培训方式分类

1）学徒制培训

这是一种传统的培训方式。它是以车间内一个师傅带一个或几个徒弟的方式，在工作中传授操作知识、经验以达到培训的目的。学徒制培训能充分利用企业现有的技术力量和设备，能密切结合生产实际，适应生产需要，是培养新技术工人的一个非常重要的渠道。当然，这种车间内的学徒制培训还可延伸到其他部门，如有经验的老推销员带新推销员也是一种学徒制培训。

2）工作轮换

这种培训方式主要是各部门的受训员工轮换到其他几个不同的工作部门学习知识和技能，可以丰富员工的工作内容，获得不同领域的工作经验，也有助于员工从多角度思考和理解问题，了解其他职位的工作内容和工作方式，同时培养员工工作的整体观和全局观。这种方法特别适合管理人员和技术人员的培训，它的缺点在于费时费力，在人事和工作安排上比较麻烦，员工在新的岗位上工作时通常会因为时间较短而不会很认真，而且也无法建立较为稳定的人际关系，容易抱着敷衍的态度。

3）机构培训

这是一种把学员送到技工学校、专业培训中心、职工大学、短训班等培训机构进行的培训。它由教育系统自办或采取企业和学校联办的形式为企业培训技术工人。它具有较完整的教学设施、教学机构、教育基金、教师队伍、教学规章制度等，是满足企业员工接受高等教育需要的重要手段，也是世界性“继续教育”“终身教育”的要求，这种培训方式具有针对性强、见效快的特点。

2. 按照组织培训的形式分类

（1）企业自行办学。是指企业自筹资金，针对自身发展要求，按企业自身的需要而举办的培训学校或培训班。它能够满足企业生产经营的需要，培养企业发展所需要的人才。规模较大的企业都有自己内部一套完整的培训系统。

（2）联合办学。是指两个或两个以上的企业共同兴办的员工培训形式（一般采取同行业联合），也指企业和专业培训部门如学校、培训中心共同举办的培训。联合办学既可以克服小企业力量不足、资金短缺等困难，又可以充分利用社会上的培训条件开展培训。

(3) 委托代培。是指企业根据需要提出培训要求，委托有关院校或培训机构培养所需人才，企业按规定支付一定培训经费的培训形式。委托代培具有灵活、方便的特点。企业可以积极利用学校系统及各培训机构的师资、设备，同时也可使培训的目的性增强，使教学活动直接与生产实践相结合。

3. 按照受训对象的培训时间分类

(1) 全脱产培训。是指受训者在一段时期内完全离开工作岗位，接受专门的培训。培训结束后，他们再继续工作。这种培训可以使受训者在一定时间内集中精力学习，但是从企业的角度来讲抽出专人参加培训困难较大。

(2) 半脱产培训。这一培训又叫在职培训，是指受训者每天或每周抽出一部分工作时间参加学习的培训形式，也是企业和受训者都较喜欢的形式，因为可以做到工作与学习两者兼顾，但是受训者一定要处理好二者的关系。

(3) 业余培训。是指受训者完全利用个人业余时间参加学习，不影响正常生产或工作的培训形式。它可以是为提高业务水平进行的培训，也可以是根据个人兴趣进行的自修。员工利用业余时间参加培训和学习，有助于充分发挥自己的潜能，企业应对这种方式予以鼓励与提倡，并在可能的情况下尽量提供方便条件。

4. 按受训者接受培训的阶段分类

(1) 就业前培训。包括技工学校的校训以及新员工上岗前的培训。这是国家有关部门提出的“先培训、后就业”政策的具体体现。企业重视就业前培训就是为了缩短新进员工熟悉工作的时间，提高劳动生产率，并为就业后理论、技能的提高奠定基础。

(2) 老员工培训。企业对员工的培训是一个持续不断的过程。一方面科学技术的发展客观上要求员工掌握新科技，要求企业不断提供新的培训内容；另一方面员工本人的提升、晋级也需要不断地参加培训以适应新的需要。

(3) 转换专业或再就业培训。社会生产力的发展，新科学、新技术的不断出现和利用，使企业内部的产业结构发生变化，为此员工需要进行新的调配。这样，对一部分转业人员进行新工种的培训，是企业维护自身发展必不可少的措施之一。另外，再就业培训是针对某一部分特定人员而言的。他们由于生理或其他原因暂时离开工作岗位，等到他们再次希望就业时，面对新的工作或新的科技水平已不能适应。因此，安排好这部分人的培训工作，便是企业必须重视的问题。

5. 新的培训趋势

适应现代企业发展的需要，员工培训已出现了新的发展趋势，主要表现为以下几方面。

培训目的已从主要使员工适应当前工作需要逐渐演变为对“企业人”“现代人”的塑造，满足企业发展及员工成长两个方面的需要。人力资源是企业的主要资源，为了激励员工、稳定队伍，培训既要考虑企业发展的需要，又要考虑员工个人发展的需要，使培训与员工的个人职业生涯规划结合起来，满足企业经营发展与员工个人成长两个需要。

现代培训不仅着眼于员工知识与技能方面的补充或提高，而且要培育企业文化与企业精神，培训员工的新观念和良好的工作作风，让他们掌握市场竞争、国际交往的知识和能力，保证企业经营和个人发展同时进行。

企业员工培训的对象已从以生产工人为主发展为全员培训，逐步形成了包括工人岗位培训、班组长培训、专业技术人员培训、管理人员培训在内的比较完整的培训体系。

企业员工培训的方式越来越灵活多样，越来越现代化。视听教学、模拟演习、研修讨论、职务轮换、自我测评、基层锻炼、挂职锻炼等新的培训方式不断出现，使培训更加吸引人，效果也更好。

总之，员工培训一方面呈现综合化、复合化、广泛化趋势，另一方面呈现专业化、精细化、高品质化趋势，而且企业培训本身向市场化、企业化、集团化发展。

6.2.2 员工培训的方法

1. 员工培训的一般方法

员工培训应选择“最合适”的而非“最好”的方法。员工培训的方法很多，大体上有以下十类。

1）讲授法

讲授法是培训常用的方法，主要由培训师讲授知识，系统地向受训者传授知识。优点是可以在同一时间内培训多人，成本较低，而且受训者比较容易记住和控制学习的进度；缺点在于，大部分情况下，讲授法都是单向的，老师讲，学员听，学习的知识容易脱离实际的工作，还要有一个转换的过程，不利于学员了解自己的学习效果，不容易巩固学习内容。培训师是决定培训成败的关键因素，因此在采用该种方法时需注意：要保证内容的科学性、系统性、针对性和实用性，突出重点，提高学员的学习兴趣。讲授法适用于各类学员对知识、理论系统地了解。

2）研讨会

以讨论的形式达到传授知识与技能的目的。研讨会可分为两种：一种以受训者感兴趣的题目为主，做一些有特色的演讲，并分发一些材料，引导受训者讨论；另一种除了上述内容外，还加上一些其他方法，如案例研究、电影、游戏、角色扮演等。研讨会一般在宾馆或会议中心举行，对人数有一定的限制。组织较好的研讨会有利于参与者互相启发，加深对问题的理解或矫正不正确的认识。研讨会的效果好坏与培训师的水平关系非常密切。一般来说，较成功的研讨会由于结合了其他方法的长处，因此效果都比较理想。

3）案例讨论法

案例讨论法越来越受到人们的重视，其基本步骤为：首先让受训者阅读描述经营问题或组织管理问题的案例资料，然后要求受训者找出解决问题的方法。由于案例本身一般都隐去了一些条件和背景资料，受训者可以自己给出假设条件并找出解决的办法，办法的多样性及非程序化等特点都会激发受训者积极参与，这样就可以达到培训受训者如何分析信息、如何寻找解决问题的方法以及如何评价这些方法的目的。案例讨论法可以通过口头讨论或书面作业来进行反馈和强化。通过案例分析，受训者学习如何把一些管理原理和现实的管理问题结合起来，从而提高实际工作能力。案例讨论法的实用性与经济性使其在员工培训中得到广泛运用。

4）角色扮演法

角色扮演法是设定一个最接近现实状况的训练环境，让受训者扮演某一特定角色，使其在扮演他人的过程中，深刻体会他人的感受，增强个人的敏感度，加强对事情全面的了解。这种方法比较适用于人际关系技能和自我发展培训项目。受训者要扮演的角色常常是工作情景中经常碰到的人，如上司、下属、客户、其他职能部门经理、同事等。角色扮演的效果主要取决于培训师的水平，如果培训师能做及时、适当的反馈和强化，则效果相当理想，而且学习效果转移到工作情景中的程度也较高。但是角色扮演的培训费用较高，主要原因是这种培训只能以小组进行，人均费用会提高。

5）游戏

由受训者按照一定的规则参与游戏达到学习的目的。游戏可以分为两种：普通游戏和商业游戏。普通游戏是指一些经过精心设计，表面上与其他游戏相差无几的活动，其实内含许多与管理或员工工作有密切关系的一类活动。普通游戏一般很受受训者的欢迎，对其结果的分析所涉及的培训内容与技能很容易被受训者掌握，是一种较好的培训方法，但设计与组织要求较高。商业游戏需要受训者根据给定的条件做出一系列决策，每次做出的决策不同，下一个情景也将发生相应的变化，这可以看作案例研究的动态化。商业游戏可以按一个市场设计，也可以按一家企业设计，还可以按一个职能部门设计。运用较多的是用电脑来记录信息，计算出结果，时间跨度可以是半年，也可以是三年，实际操作时间只在半个小时至三小时之间。商业游戏效果良好，受训者参与性高，实用性也强，但是设计费用昂贵，企业租用费用也相对较高，因此商业游戏的推广受到一定的限制。

6）视听教学法

事先制作好视觉教材，受训者通过电影、录像带、幻灯片或多媒体电脑等方法而获得培训。影带、录像带、光盘等可以购买或租赁。视听教学比较直观，受训者能看到许多过程细节，对活动的物体受训者容易记忆、容易引起视觉想象、需要时可以重播等优点使得这种现代化的培训方法越来越受到企业的青睐。但应注意增加受训者反馈或实际操作的机会，为此，可以将其与研讨会结合起来使用。

7）仿真模拟

仿真模拟是一种模仿现实生活中情景的培训方法，又称情景模拟，主要是利用受训者在工作过程中实际使用设备或者模拟设备以及实际面临的情况，来对他们进行培训的一种方法。这种方法能够让受训者看到自己的决策在一种人工的、没有风险的环境中可能产生的影响，因而常常被用于传授生产和加工技能及管理和人际关系技能。

8）行为塑造

行为塑造，也称行为模仿，指让受训者学习被肯定的正确行为，给予他们实践的机会，使其在实践中加以正确的应用。该方法主要适用于技能和行为的学习。行为塑造主要的步骤：一是行为演示，找出完成一项工作的关键行为，对其原因进行解释，进行正确的演示；二是行为实践，受训者在模拟的情景中进行行为实践；三是行为强化，肯定受训者正确的行为，予以正强化；四是行为转化，帮助受训者将正确的行为转化为工作中的行为，找到受训者实践行为与正确行为之间的差距，给予反馈。

9）探险性学习

探险性学习，也称户外培训、野外培训、拓展训练或者冒险性培训，是利用一系列的室外活动来提高受训者的团队协作能力和领导技能的一种培训方法。它以体能训练为主，将受训者置于各种艰难的情景中，在面对挑战、克服困难和解决问题的过程中，使受训者的问题解决、冲突管理、决策和风险承受能力得到提升。在活动结束后，应由某位经验丰富的指导人员组织大家对活动过程中的各项内容进行总结讨论，这有助于受训者将培训所学到的内容向实际工作转化。

10）行动学习

该方法是指给团队或工作小组布置一个实际工作中面临的难题，让团队或者工作小组一起想出解决问题的方法，制订相应的行动计划，再由他们共同实施。由于任务是真实的，当行动结束后，该实际工作中的难题往往也得到了解决，因此可以实现一举两得，学习效果得到最大的转化。

在实际工作中，还有很多的培训方法，这里就不一一列举了。

2. 新员工培训

新员工培训主要是向新员工介绍组织情况、工作任务情况、工作群体情况的一种培训。培训目的主要有：减少新员工的焦虑与困惑；确立恰当的工作期望；培训积极的工作态度、正确的价值观；养成良好的工作习惯；树立工作满意感，从而缩短新员工的适应期。

新员工培训主要包括以下内容：企业概况、企业文化与经营理念、企业主要政策和组织结构、员工规范与行为准则、企业报酬系统、安全与事故预防、员工权利、职能部门介绍、具体工作责任与权力、企业规章制度、工作场所与工作时间、新员工的工作群体、具体工作岗位的“应知应会”等。

新员工培训可根据企业的实际需要来安排，时间从半天到三个月不等，常用的方法有授课法、研讨会、视听教学法、户外训练法、游戏法等。

3. 管理人员培训

管理人员培训是目前企业中广为推行的一类培训，对象主要是在职管理人员，有的企业也会让一些有可能成为管理人员的大中专毕业生参加。

对管理人员进行培训的目的主要有：让管理人员了解一定时期内企业的发展目标与战略、生产特点、经营方针、营销政策等信息；学习或补充新的管理知识和先进的管理方法；树立正确的态度与观念，以利于更好地领导、管理下级；提高管理人员在决策、用人、沟通、创新等方面的能力。总而言之，通过传递信息、改变态度、更新知识，达到提高管理能力的目的。

管理人员培训的内容相当多，除了一些职能部门特定的专业培训项目与基本管理知识之外，主要有以下一些项目：成就欲望培训、领导技能、人际关系技能、聆听技能、团队建设、时间管理、解决问题技能、决策与计划技能、开会技能、信息沟通、授权技能、员工指导与监控、员工激励、公共演讲技能、目标管理、多元化管理、谈判技巧、战略管理、憧憬策划、员工道德、阅读技巧、组织发展、企业再造等。

对管理人员进行培训的方法主要有研讨会、案例法、角色扮演法、游戏法、工作轮换法、设立助理职务法、临时职务代理法、参观考察法、读书法等。

4. 科技人员培训

科技人员培训也是企业普遍重视的培训项目。目的主要有：符合知识经济的要求更新专业知识，以不断开发出适合市场需求的新产品，为企业战略目标的实现做出贡献；提高实际操作能力，并通过指导员工操作完成各项科研任务。

科技人员培训的项目除了专业知识以外，还应增加提高科技人员综合素质的项目，如：成就欲望培训、创造性思维训练、财务培训、营销培训、时间管理、沟通、职业道德、团队建设、员工指导、消费心理学、外语等。

科技人员培训方法主要有研讨会、授课法、案例法、视听教学法、读书法、现场操作法等。

5. 操作人员培训

操作人员培训又称工人培训，是指对一线员工的培训。

培训的目的主要有培养员工积极的工作心态、全面完成各项任务；掌握正确做事的原则与方法；提高工作效率。

每个企业的操作人员由于工种不同，其需要的知识和技能也不同，因此，每个企业都应该对操作人员特定的知识和技能进行培训。除此之外，还可以进行以下一些培训：成就欲望培训、安全与事故防范、成本控制、全员质量控制、企业文化、团队建设、新设备操作、工作压力管理、人际关系技能、时间管理等。

操作人员培训的方法主要有授课法、研讨会、游戏法、视听教学法、户外训练、现场操作法等。

6.3 员工培训的操作与管理

员工培训工作包括三个阶段：前期准备阶段、培训实施阶段和评价效果阶段。具体又包括培训需求分析、确立培训目标、制订培训计划、实施培训计划、评价培训效果和培训成果的转化评价6个步骤。

6.3.1 培训需求分析

1. 培训需求分析层次

培训需求分析是指了解员工需要参加何种培训，培训需求包括企业的需求和员工的需求两个方面，此处主要指前者。分析可分为以下三个层次。

（1）组织分析。组织分析主要包括组织目标和组织战略分析、组织外部环境与内部环境分析等方面。应根据企业发展战略与目标的需要确定员工培训内容，否则有可能在培训上投入了大量的时间和金钱，到头来却徒劳无益。对组织外部环境分析有利于帮助了解社会发展及相关法律政策对员工培训的要求，对企业内部环境的分析，主要是通过生产率、目标达成率、工作合格率、事故率、辞职率、缺勤率以及员工的工作行为等分析员工的工作态度、工作士气等，以了解是否需要培训。通过以上分析就可以确定培训在整个组织范围内的需求。

（2）工作分析。就是试图确定培训的内容，即员工达到令人满意的工作绩效所必须掌握的知识与技能。工作分析主要包括以下内容：系统地收集反映工作特性的数据；以所收集的数据为依据，制订每个岗位的工作标准；明确怎样才能达到这些工作标准；确定有效的工作所需要的知识、技能、才干和其他一些物质条件。岗位分析、绩效评价、工作会谈（工作者、主管人员、上一级经理人员）和作业问题分析（质量控制、工时报告、顾客反映）都会为这种培训需求分析提供重要的信息。

（3）个人分析。就是确定每一个员工完成所承担工作任务的效果。可以由下面简单的公式来定义：

培训需求 = 理想工作绩效 − 实际工作绩效

理想工作绩效可由工作分析阶段确定的绩效标准来表示。实际工作绩效的数据可以通过个人的工作绩效数据、上司给员工的诊断评分、由员工的工作日志形式保留的绩效记录、态度调查、面谈或测验（职业知识、工作样本、情景模拟）等方法取得。实际工作绩效与理想工作绩效之间的差别即培训需求，需要由培训来缩小。

2. 培训需求分析方法

培训需求分析有许多成熟的方法，主要有以下几种。

1）访谈法

访谈法是指通过分析人员与个别员工或一组员工座谈的方式了解培训需要。一般来说，他们一起就某个熟悉的问题进行讨论，如工作满意度、工作态度、错误发生原因等，这种方法可以帮助找到问题的原因，以确定哪些方面需要培训。

访谈法需要专门的技巧，在进行访谈之前，一般要对访谈人员进行培训。访谈时要注意以下几点：确定访谈的目标；准备完备的访谈提纲；营造融洽的、相互信任的访谈气氛。

2）问卷调查法

问卷调查法是以标准化的问卷形式列出一组问题，要求调查对象就问题进行打分或是选择。当需要进行培训需求分析的人员较多，并且时间较为紧迫时，就可以精心准备一份问卷，以信函、传真或直接发放的方式让对方填写，也可以在进行面谈和电话访谈时由自己填写。在进行问卷调查时，问卷的设计尤为重要。设计一份好的问卷通常需要遵循以下步骤：

（1）列出希望了解事项的清单。

（2）一份问卷可以由封闭式和开放式问题组成，二者应视情况各占一定的比例。

（3）对问卷进行编辑，并最终完成。

（4）请他人检查问卷，并加以评价。

（5）在小范围内对问卷进行模拟测试，并对结果进行评估。

（6）对问卷进行必要的修改。

（7）实施调查。

3）观察法

观察法是通过到工作现场观察员工工作表现，发现问题，获取信息数据。运用观察法的第一步是明确所需的信息，然后确定观察对象。观察法的最大缺陷是，当被观察者意识到自己正在被观察时，他们的一举一动可能会与平时不同，这就会使观察结果产生很大的偏差。因此观察时应尽量隐蔽并进行多次观察，这样有助于提高观察结果的准确性。

4）关键事件法

关键事件是指那些对组织目标起关键性作用的事件，如系统故障、获取重要大客户、产品交货期延迟、事故数量高等。关键事件的分析为培训项目分析提供了方便而有意义的消息来源。关键事件法要求管理人员记录员工工作行为的关键事件，包括导致事件发生的原因和背景，员工特别有效或失败的行为，关键行为的后果，以及员工自己能否支配和控制行为结果等。进行关键事件分析时应注意以下两点：

（1）制订保存重大事件记录的指导原则并建立记录媒体。

（2）对记录进行定期分析，明确员工在能力或知识方面的缺陷，以确定培训需求。

5）绩效分析法

培训的最终目的是提高工作绩效，减少或消除实际绩效与期望绩效之间的差距，因此，对个人或集体的绩效进行考核可以作为分析潜在需求的一种方法。

6）头脑风暴法

在实施一项新的项目、工程或退出新的产品之前需要进行培训需求分析时，可将一群合适的人员集中在一起共同工作、思考和分析。在公司内部寻找那些具有很强分析能力的人并让他们成为头脑风暴小组的成员。公司外部的有关人员，如客户或供应商，也可以参加小组。头脑风暴法的主要步骤如下：

（1）将有关人员召集在一起，通常是围桌而坐，人数不宜过多（一般以十几个人为宜）。

（2）让这些人就某一主题尽快想出尽可能多的培训需求，在一定时间内进行无拘无束的讨论。

（3）只许讨论，不许批评或反驳。观点越多、思路越广，越受欢迎。

（4）提出的所有方案都当场记录下来，不评论，只注重产生方案或意见的过程。事后，对每条需求信息的迫切程度与可培训程度提出看法，以确定当前最迫切的培训需求信息。

还有许多新兴的培训需求分析方法，主要包括以下几种。

（1）基于胜任力的培训需求分析法

胜任力这一概念最早起源于20世纪60年代，由合益－麦克伯咨询公司提出，是指员工胜任某一工作或任务所需要的个体特征，包括个人知识、技能、态度和价值观等。现在许多公司都在依据经营战略建立组织层面的胜任力模型，为公司员工招聘与甄选、培训与开发、绩效考评和薪酬管理服务。

其主要步骤如下：

①职位概描。将所需要的绩效水平的胜任力分配到职位中，这是履行一个具体工作职责所要求的专业能力，通过职位要求的绩效水平，确定所需的相关胜任能力。职位概描为胜任力识别和分配提供了基础。

②个人概描。依据职位要求的绩效标准来评估职位任职者个体目前的绩效水平。结合有关数据资料，依据个体绩效现状及重要性排序确定培训需求。个人概描提供了员工胜任力的记录。

职位和个人胜任力得到界定后，确定培训需求就变得容易了。同样，组织层面的新的胜任力需要与已知的胜任力结构相呼应，并可以由此有效地预测组织范围内的未来培训需求。

（2）任务和技能分析

通过任务和技能分析确定培训需求的方法是对培训需求经验预计法的进一步发展。这种方法对引进新技术、安装新系统、增设新职位的培训需求非常适合。操作者的职能改变了，甚至可能是全新的。可以把一些新工作分解为若干项任务，进而对这些任务所需的技能进行分析，如表6－1所示。

表 6－1　　任务和技能分析工作示例

分析员__________　　日期__________

岗位/职能	任务描述	设备/系统/资源	所需技能
文员	编辑文案	个人电脑	打字指法与速度
	转接电话	文字处理应用软件	电脑系统操作
	保管办公用品	办公用品	商业信函写作
	接待来访人员	电话	电话接听技巧
	收发传真	传真机	传真机使用
	复印文件	复印机	复印机使用
	订餐	餐厅、饭店名册	

6.3.2　确立培训目标

根据培训需求分析来确立培训目标，确立目标时应注意：

（1）培训目标要和组织长远目标相吻合。

（2）每一次培训的目标不要太多。

（3）培训目标应具体，操作性强。

（4）培训目标应切合实际，具有可行性。

（5）培训目标应有一定的难度，具有激励作用。

6.3.3　制订培训计划

培训计划包括长期计划、中期计划与短期计划，这里主要指一次具体的培训计划，包括以下内容：

（1）希望达到的培训效果。

（2）培训方式，如脱产、不脱产等。

（3）培训纪律，即培训要求与规章制度等。

（4）受训对象，如新员工、大学毕业生、晋升的管理人员、技术人员等。

（5）培训方法，如授课法、案例讨论法、角色扮演法、研讨会、视听教学法等。

（6）培训时间，具体的培训计划应确定培训的大致时间范围，如 10 月上旬等。

（7）培训地点，如企业内部组织培训或参加外部培训等。

（8）预算，根据培训的类型、内容等各方面因素编制培训费用预算。

6.3.4　实施培训计划

实施培训计划主要涉及以下几个方面：

1. 选择、确定培训师

培训师是影响培训效果的决定性因素之一，企业可以通过到高校聘请、参加培训班、与专业培训公司联系等方法寻找合适的培训师。培训师不仅要有丰富的理论知识，还要有丰富的实践经验；既要有扎实的培训技能，更要有吸引学员的魅力。当然，企业也可以培养自己的培训师。

2. 确定教材

一般由培训师根据培训需要确定教材，教材来源主要有外购公开发行的教材、企业内部编写的教材、培训公司开发的教材和培训师编写的教材四种。选择的教材一定要有针对性、实用性。

3. 确定培训地点

培训地点的环境也会影响到培训的效果。培训地点一般可选在企业的专用教室、外租的专用教室、企业内部的会议室、外租的宾馆会议室等。要根据培训的内容来选择或布置培训场所。

4. 准备培训设备

员工培训需借助各种培训设备，如多媒体电脑、投影仪、屏幕、放像机、摄像机、幻灯机、黑板、白板、纸、笔等，应根据需要事先做好准备。尤其是一些特殊的培训需要的特殊设备事前一定要准备好。

5. 确定具体的培训时间

在确定具体时间时应考虑工作情况，尽量不要与工作时间冲突，必要时可利用休息的时间进行培训。

6. 拟订并下发培训通知

上述准备工作完成后，由负责培训的部门拟订培训通知，并通过适当的途径发到相关部门和每个人，应确保每一个参训者都收到通知。因此，最好培训开始前进行一次追踪，使每个人都知道培训时间、地点与基本内容。

7. 组织实施培训

由培训师具体根据时间安排进行培训，人力资源管理部门配合做好组织管理工作，以维护良好的培训秩序，确保培训效果。

6.3.5 评价培训效果

1. 评价培训效果的步骤

评价培训效果应做好以下五个方面的工作。

（1）确定评价标准

根据培训目标确定培训标准，标准实际上是目标的具体化，是为实现目标服务的。因此，确定标准时应做到：要以目标为基础；要与培训计划相匹配；要具体，具有可操作性。

（2）受训者先测

受训者先测是指让受训者在培训之前先进行一次相关的测试，以了解受训者原有的水平，包括原有的知识、技能和态度等。受训者先测的方法可根据实际情况选择笔试、操作测试、情景测试或案例测试。受训者先测一方面有利于掌握培训的侧重点，另一方面也为培训结束后正确评价培训效果奠定基础。

（3）培训控制

培训控制是保证培训计划得以实施的重要保证，是指在培训过程中跟踪检查，一方面为培训提供各种必备的条件（如与生产经营单位协调好时间，避免因时间冲突而使受训者不能参加培训）以保证培训工作的顺利进行；另一方面不断检查计划实施情况，必要时根据目标、标准和受训者的特点，矫正培训方法、内容和进度。培训控制是贯穿于培训实施始终的。培训控制要注意以下几点：要抓住培训目标这个大方向；要注意观察、善于观察；要经常与培训师进行沟通，了解情况；要与受训者及时交流，了解他们的真实反应；控制方式要适当。

（4）根据标准评价培训结果

培训结束后，应对培训效果进行评价，经常用的方法是请受训者填写一份“培训评价表”。评价表应根据培训目标、培训标准的要求设计。评价主要内容应包括：培训师、培训场地、培训教材、培训内容、培训方式与方法、培训时间、培训服务、培训组织、个人的收获等。

2. 评价培训效果的方法

对培训效果进行评价应坚持全面评价、突出重点的原则。全面评价是指不仅要对计划、组织管理、方法、效果进行评价，还要对教材、教学的组织、培训师进行评价，即应对培训工作的全过程进行评价。突出重点是指应突出对培训效果的分析，即评价的关键是看通过培训员工的知识、技能是否有所提高，工作态度是否有所改善，工作绩效是否有所提高，是否实现了培训目标等。除了受训者填写评价表以外，负责培训的部门还可通过以下方法进行评价：

（1）测试比较评价法。培训开始和结束时分别用难度相同的测试题对受训者进行测试。如果受训者在培训结束时的测试成绩明显比开始时的成绩高，则表明经过培训确实增加了受训者的知识、技能和经验。

（2）工作绩效评价法。培训结束后，定期（如每隔 6 个月）以书面调查或面谈的形式，了解受训者在工作上取得的成绩。如工作数量有无增加、工作质量有无提高、人际交往能力是否提高等，从中可确认培训有无成效。有的工作也可以使用定量的工作绩效评价方法，以便从定量的角度衡量培训的成效，如推销员的销售业绩。

（3）工作态度考察评价法。考察受训者在培训前后工作态度的变化。如通过培训受训者在工作上能表现出高度的热情、良好的工作态度、极强的组织纪律性和工作责任心等，表明培训有成效。

（4）工作标准对照评价法。通过了解受训者在工作数量、工作质量、工作态度等方面能否达到工作标准来判定培训有无成效。

（5）同类员工比较评价法。比较受训者和未受训者的工作，以此比较结果对培训的成效做出评价。如果两者在同样的工作岗位上，在培训前工作表现或成绩相差无几，而受过培训的工作表现或成绩明显好转，则表明培训有成效，否则就说明培训效果欠佳。

（6）参考主管或下属意见评价法。培训结束一段时间后，培训部门以书面调查或面谈的形式，向受训者的主管或下属了解其工作上的表现。如果主管认为他们工作上有所进步，工作效率有所提高，或者下属认为他们的领导能力有所提高等，则表明培训具有成效；否则就可以认为成效不大或无成效。当然，这种意见作为评价的依据时必须是客观公正的。

上述六种方法虽然形式不同，但遵循一个共同的准则，即凡是能够提高工作绩效的培训均被认为是有效的。在实际应用中可将它们结合起来使用。

6.3.6 培训成果的转化评价

培训成果的转化是培训的重要环节，是指将培训效果转移到工作中去，即提高工作效率与效果，这是最终衡量一次培训是否有效的关键。培训成果的转化评价要注意以下几点：

（1）要取得其他生产和职能部门的支持。

（2）评价工具和方法有效性强。

（3）评价内容要具有可测量性，如销售量、产品合格率、事故次数、出勤率、产量、耗油量、原材料消耗量、费用节约额等。

（4）评价要有时间性。有的培训效果立竿见影，有的培训效果要在一段时间后才能见效，有的培训效果过了一段时间后会产生实效，所以应选择恰当的时间进行评价。

（5）评价要真实。即使有的培训效果无转化，也要真实反应，这样才利于以后的改进。

6.4 职业生涯规划

6.4.1 职业生涯规划的含义与特点

1. 职业生涯规划的含义

职业生涯规划又称职业发展或职业生涯计划，是指通过个人和组织相结合，对个人职业生涯的主客观条件进行测定、分析、总结、研究，尤其是对兴趣、爱好、个性、能力、价值观、特长、经历以及存在的不足等各方面进行综合分析的基础上，确定个人最佳的职业奋斗目标，并为实现这一目标做出行之有效的安排。比如，做出个人职业的近期和远景规划、职业定位、阶段目标、路径设计、评估与行动方案等一系列计划与行动。

职业生涯规划包括四个方面：自我分析、设定目标（分层次、阶段）、实现目标的策略、评估与修正。

2. 职业生涯规划的特点

一般来说，职业生涯规划具有四大基本特征。

1）可行性

职业生涯规划必须依据个人及其所处环境的现实来制订，才能成为能够实现和落实的计划方案，而不是没有依据或不着边际的幻想。如大学生进行职业生涯规划，要考虑所学的专业或今后从事的职业需要的知识和能力。如果所学非所用，或者不具备理想职业所要求的能力，职业生涯规划就不可行。现实中，所学非所用的现象比比皆是，很多是没有进行职业生涯规划或者职业生涯规划失败的结果。

2）适时性

职业生涯规划是对未来的职业生涯目标和未来职业行动的预测。因此，各项活动的实施及完成时间，都应该有时间和顺序上的安排，以便作为检查行动的依据。

3）灵活性

规划未来的职业生涯目标与行动，涉及很多不确定因素，因此，规划应有弹性。随着外界环境和自身条件的变化，个人应及时调整自己的职业生涯规划方案，以增强其适应性。

4）持续性

职业生涯目标是人生追求的重要目标，职业生涯规划应贯穿人生发展的每个阶段，通过不断调整和持续的职业活动安排，最终实现职业生涯目标。

6.4.2 职业生涯规划的依据和原则

1. 职业生涯规划的依据

1）选择自己的爱好

兴趣是最好的老师，是成功之母。从事一项自己喜欢的工作，工作本身就能给人一种满足感，职业生涯也会变得妙趣横生。调查表明：兴趣与成功概率有着明显的正相关性。因此，在设计职业生涯时，应充分考虑自己的特点，珍惜自己的兴趣，选择自己所喜欢的职业。

2）选择自己的长处

任何职业都要求从业者掌握一定的技能，具备一定的能力条件，但每个人又不能把工作所需的全部技能都掌握，所以，在进行职业选择时，必须择己所长，以发挥自身优势。

3）选择社会的需求

社会需求是不断变化的，旧的需求不断消失，新的需求不断产生，新的职业也不断产生。所以，在设计职业生涯时，一定要分析社会需求，选择社会所需。最重要的是目光要长远，要能准确预测未来行业或职业的发展方向。个人的选择不仅要满足社会需求，而且这个需求要适应社会变化。

4）选择收益的最大化

在现实社会，职业是个人谋生的手段，谋职的目的之一在于追求个人幸福。所以，在设计职业生涯时，首先要考虑自己的预期收益——个人幸福最大化。明智的选择是，在由收入、社会地位、成就感和工作付出等变量组成的函数中，找出一个最大值，这就是规划职业生涯的收益最大化原则。

2. 职业生涯规划的原则

人们在思考自己的职业生涯规划时，应该把个体和社会结合起来，把个体发展与组织发展结合起来，把现在与未来结合起来。正确的职业生涯规划能使一个人走向成功之路，不正确的职业生涯规划可能使一个人误入歧途。为了正确制订职业生涯规划，人们必须遵循一些原则，职业生涯规划应遵循的主要原则有：

1）社会需要的原则

社会需要的原则是指一个人在确定职业目标时，要把社会需要作为出发点和归宿，以社会对自己的要求为准绳去观察和认识问题，进而确定自己的职业岗位。职业岗位的产生，是随着社会历史的发展而产生的，社会上每一个职业岗位的出现，也都是社会发展的需要。人们在进行职业生涯规划时，一定要分析社会需求。如果漠视社会需求，强调主观想象，闭门造车，那一定会自食苦果，不能实现职业发展的目标。如果个人利益与国家利益发生矛盾，个人要自觉地服从社会需要，到祖国最需要的地方去建功立业。

2）发挥个人优势的原则

发挥个人优势的原则是指一个人在选择职业岗位时，要综合自身素质情况，根据自身的特长和优势选择职业岗位，以利于今后在职业岗位上顺利地、出色地完成本职工作。每一个人和其他人相比，在能力、性格、专业等方面肯定是不完全相同的。根据自己能力及特长来选择职业岗位，既是胜任工作的需要，又是发挥个人的最大潜力和进行创造性劳动的需要。适当考虑自己的性格特点，充分发挥性格特长也十分必要，从所学专业特点出发，做到专业基本对口，能够在职业岗位上大显身手。如果不坚持发挥个人优势的原则去择业，那只会事与愿违，功不成、业不就，耽误自己的前程。不同职业对从业者素质还有其特殊的行业要求，人们在发挥自己特长的同时，还要充分认识、主动适应职业岗位的需要，若是身体原因、性别原因受限，则不能勉强。

3）择己所利的原则

职业对每个人而言，当然是一种谋生的手段，是谋求人生幸福的途径。每个人通过职业劳动，在获取个人利益的同时，也为社会作出了贡献，创造了社会财富。每个人在规划职业生涯时必将考虑自己的预期收益，这种预期收益要求你实现最大化的幸福，也就是使收益最大化。个人预期收益在于使这些由低到高的需求得到最大的满足，而衡量其满足程度的指标表现在收入、社会地位、职业生涯稳定感与挑战性等方面。不同的人会有不同的想法，每个人都会尽可能满足其所有的需求，从一个社会人的角度出发，在一个由收入、社会地位等变量组成的函数中找到一个最大值。不考虑个人利益的职业生涯规划是不合理和不现实的。择己所利必须建立在履行个人对社会的义务，遵守国家法律法规的前提下。

4）独立性原则

独立性原则是指规划职业生涯时有自己的主见，能根据自己的志向和判断独立做出选择。每个人在规划职业生涯时，他人及一些社会现象和信息会对自己产生一定的影响，有些人的建议会有重要的参考价值，也有些人尽管他们的出发点是好的，但由于价值观差异、思考角度不同，有时还会产生误导作用。独立性原则就是要求人们头脑清醒，在了解社会现状及发展趋势的情况下，多看书，多浏览网站，多向父母、老师、同学、老乡、亲戚请教，最后自己做出正确的决策。毕竟只有自己最了解实际情况，未来职业生涯规划的实现与否影响最大的也是自己。一般情况下，了解信息越多，请教的人范围越广，做出的规划就越客观。

5）主动性原则

主动性原则是指人们在职业生涯规划实施过程中，要主动出击，积极参与。主动性表现在主动地完善自我，提高自己的素质，在就业前掌握一定的职业技能，为此后在职业竞争中获得成功奠定基础；主动与用人单位进行联系，主动寻求父母兄长、同学老师、同事朋友的各种帮助，主动开拓就业岗位、自谋职业、自主创业；主动地了解人才供求信息和规格要求，主动收集各种职业知识和用人信息，主动到职业介绍机构进行咨询，主动参加各种职业技能培训，主动准备好求职信，主动做好面试与形象等方面的准备。有主动性的人会赢得更多的机会，从而易于取得一定的成就，尽快地实现自己的职业发展目标。

6）分清主次的原则

在现实生活中，摆在人们面前的职业或用人单位是多样的，其工作性质、工作条件、福利待遇、发展方向等不尽相同，且各有各的优劣。人们在选择时，因不可能有十全十美的职业或用人单位，只能权衡利弊、分清主次，在职业选择决策的过程中，抓住主要的、现实的、合理的条件，抛弃次要的、幻想的、过分要求的因素。分清主次的原则就是要求人们规划职业生涯不要面面俱到，过于追求完美，那样只会丧失很多机会而难以就业。同时，分清主次的原则要求人们规划职业生涯时，一定要明白哪些是主、哪些是次，不能本末倒置，抓住了本该忽视的、与自己关系不大的方面，而忘记本应该重视的、与自己紧密相关的方面，错过了真正的好工作，没有达到应该达到的发展程度。

7）长期性原则

职业生涯规划一定要从长远来考虑，只有这样才能给人生设定一个大方向，使自己能够集中力量紧紧围绕这个方面做出努力。规划一定要明确，一个个可以实行的行动，各项主要活动何时实施、何时完成，都要有时间和顺序上的妥善安排。人生各阶段的线路划分与安排都具体可行，能够根据个人特点、用人单位发展需要和社会发展需要确定将来的目标。人生每个发展阶段的规划应就保持连贯性，各具体规划与人生总体规划应保持一致，若摇摆不定，前后矛盾，则会浪费各发展阶段的人力资本积累。规划是预测未来的行动，牵涉许多可变因素，因此规划要有弹性，到了一定的时间要视具体情况予以修正。有了长期性原则，职业生涯规划就会变得清晰起来，从而是可行的、有效的，最终使进行职业生涯规划的人走向成功。

6.4.3 职业生涯规划理论

1. 职业生涯规划的阶段

一个人的职业生涯贯穿一生，是一个漫长的过程。科学地将其划分为不同的阶段，明确每个阶段的特征和任务，做好规划，对更好地从事自己的职业，实现确立的人生目标，非常重要。按照年龄阶段来划分个人的职业生涯规划阶段是相对合理的。

职业生涯的发展从一般的角度看可以分为以下六个阶段。

1）职业生涯准备阶段（大约0～18岁）

这一阶段的主要特征是步入学校学习，是个人性格和兴趣形成的关键时期。如何塑造一个健全的人格会深刻影响以后的成就。

这一阶段的主要任务就是学习如何更好地认知世界，并树立正确的人生观和世界观。对人生有一个积极的认识，树立做社会有用人才的信念，从小培养爱祖国、爱人民、爱劳动、爱科学、爱社会主义的思想感情，同时增强自学、自理、自护、自律、自强的能力，学会明辨是非、美丑、善恶，努力追求高尚的道德情操，为将来的人生发展打下一个良好的基础。

在这个时期，个人会通过对家庭成员、朋友、老师的认同，以及同他们之间的相互影响，逐步建立起自我的概念，会从外界感知到许多职业，并从个人兴趣爱好的角度出发，带着某些崇拜和幻想选择一些职业进行模仿。随着年龄的增长，大约在12～16岁时，开始考虑自身条件与喜爱的职业是否相符，带着某种现实的观点进行思考，并有意识地开展相关能力的培养，发展职业想象力，培养职业兴趣和能力，对职业进行评估和选择，接受必需的职业教育和培训。

2）职业选择阶段（大约19～25岁）

这一时期基本上处于从高中到大学的学习阶段，属于知识储备阶段。在这一阶段，个人将认真地探索各种可能的职业选择，试图把自己的职业选择和对职业的了解、个人的兴趣与能力进一步协调起来。在临近高考前，出于对未来职业的选择，个人会在报考的大学和专业选择上深思熟虑。在大学学习阶段，会比照自己的职业梦想学习相关的理论知识和社会经验，不断充实和完善自己。在这一阶段结束时，一个看上去比较恰当的职业可能已经被选定，个人也已做好开始工作的准备。

3）职业生涯初期（大约 26～32 岁）

这一时期是大学生迈出校门谋求发展的第一步，也是多数人职业生涯的关键部分。这一阶段的主要特征是，从学校走上工作岗位，是人生事业发展的起点。如何起步，直接关系到今后的成败。

在这一时期，人们开始加入社会劳动，并逐渐把自己的职业愿望或要求同自己的主观条件、能力以及社会现实的职业需要密切联系和协调起来。经过一段时期的实践和思考之后，对初步选定的职业及目标进行检视，如有问题则需重新选择，变换职业。这一阶段的主要任务就是进入职业市场，尽量选择一种合适的、较为满意的职业，并在一个理想的组织中获得一份工作。

在这一阶段，人们仍然尝试把最初的职业选择与自身能力及社会现实条件相匹配，同时也对最初就业选定的职业和目标进行重新审定，必要时还会重新选择、变换职业和工作，以寻求职业与生活上的稳定。

这一阶段的主要任务之一就是选择职业方向，也就是要对自己的职业生涯有一个定位。做好职业定位，首先要充分地了解自我，做一个自我剖析，然后再结合对外在环境的分析，选择适合自己的职业定位，设定属于自己的人生目标，制订人生的发展计划。其次的一个任务就是要树立自己良好的形象。对于刚步入职场的初级职场人，表现如何，对未来的发展影响极大。有些初级职场人，特别是刚毕业的大学生，总认为自己有知识、有文化，到单位工作后不屑于做一些琐碎小事，不能给同事和领导留下良好的印象，这对一个初级职场人的发展而言，可以说是一个危险的做法，因为工作中的一些小事也正反映了一个人的处事态度，于细微处见真知。摆正态度，正确地给自己一个合理定位，对自己接下来的发展以及晋升会起到至关重要的作用。

4）职业生涯中期（大约 33～44 岁）

这个时期是一个人的发展时期，是充分展现自己才能、获得晋升、事业得到迅速发展的时期。此时的任务，除发奋努力、展示才能以外，对很多人来说，还需要调整职业、修订目标。人到了 30 多岁，应当对自己、对环境有更清楚的了解和认识，不断地拓宽自己的视野，更多地着眼于未来。要重新审视自己的职业定位、职业生涯发展轨迹、职业目标达成情况，如有问题，应尽快调整，这样才能更好地提升自我。

这一阶段的主要任务是了解和学习组织纪律和规范，接受组织文化，逐步适应职业工作，不断学习职业技术，提高工作能力，发挥自己的聪明才智，力争成为一名专家、职业能手。

此阶段的另一个任务就是“充电”。很多人在此阶段都会遇到知识更新问题，特别是近年来科学技术高速发展，知识更新的周期日趋缩短，如不及时充电，将难以满足工作需要，甚至阻碍事业的发展。在这个过程中也要坚持开拓创新、与时俱进的思路，确保稳中求进，获得更大的收获。

5）职业生涯顶峰时期（大约45～54岁）

到了四五十岁就到了人生的收获季节，也是一个再适应的时期。每个人都必须对自己生理上、心理上以及社会角色上的变化进行自我调节，以更好地适应这个时期的工作和生活。

这一时期是个人职业生涯的黄金阶段，人们往往已经定下了较为稳定的职业目标，并充分利用已有的经验和财富，制订较为明确的职业计划来确定自己晋升的潜力、工作调换的必要性和为实现这些目标需要开展哪些学习活动等。

这一时期人们承载了太多家庭、社会所赋予的责任和义务，承受了巨大的压力，个人成就和发展的期望减弱，希望维持或保留自己已获得的地位和成就的愿望加强，并希望更新自己专业领域的知识和技能。这一阶段的主要任务是不断学习新的知识，努力工作，并对早期职业生涯进行重新评价，以便强化或转变自己的职业理想，重新选定职业。

6）职业生涯后期（大约55～65岁）

到了五六十岁，大部分人都已经事业有成，而且子女多数都已经走上工作岗位，在事业方面也步入了一个平稳的轨道，很多工作也可交由更有能力的人来帮自己处理，因为受到年龄和身体的限制，这个阶段较难有更充沛的精力从事高强度的工作，所以在注重身体健康同时可以适当地工作，学会更好地体验生活。与此同时，要为自己的退休做一个长远的计划。

这是一个职业工作从衰退到离职的阶段，是一个相对稳定的阶段。在这个阶段，由于年龄的增长，体能、竞争能力、挑战能力、职业能力都有所下降，然而由于积累了不少经验，经常承担起对年轻人言传身教的责任。这一阶段的主要任务是继续保持已有的职业成就，在社会竞争面前保持良好的心态，总结工作经验，做年轻人的良师益友，做好退出职业生涯的准备。

这一时期，多数人很自然地进入了职业生涯的维持阶段。由于长期从事某种工作，在此领域已具有比较丰富的经验，得到了他人的广泛认同，一般达到了常言说的“功成名就”的程度，基本上已不再考虑变换职业。特别是在后期，人们一般都把主要精力放在维持和巩固已有地位、选拔接班人上了。

7）衰退期（65岁以后）

这一阶段属于退休阶段。我国男性员工的退休年龄一般在60岁左右，而在西方，如北美洲，一般都在65岁左右。处于这一阶段的人，健康状况和工作能力逐步衰退，需要逐步面对退休，最终结束职业生涯。

2. “职业锚”理论

简言之，“职业锚”指的是“自省的才干、动机和价值观的模式”。具体说，“职业锚”是指新员工在早期工作中逐渐对自我加以认识，发展出更加清晰全面的职业自我观。

1）自我观内容

自我观主要包含三部分内容，共同组成“职业锚”：自省的才干和能力——以多种作业环境中的实际成功为基础；自省的动机和需要——以实际情境中的自我测试和自我诊断的机会，以及他人的反馈为基础；自省的态度和价值观——以自我与雇佣组织和工作环境的准则和价值观之间的实际遭遇为基础。

2）“职业锚”的特点

“职业锚”有以下五个特点。一是“职业锚”的定义比工作价值观、工作动机的概念更具体、更明确。“职业锚”产生于最初的工作价值观和工作动机之上，但又受到了实践工作经验和自我认识的具体强化。二是由于实践工作成果的偶然性，“职业锚”不可能凭各种测试来预测。“职业锚”是个人同工作环境互动的产物，在学校中表现出的潜在才干和能力，在经过实际工作的多次确认和强化之前，并不能成为“职业锚”的一部分。个体的一系列职业选择的偶然性，体现出从不适应、无法满足需要的工作环境向更和谐环境移动的必然性。在实践中选择、认知和强化，这就是“锚”的比喻。三是“职业锚”强调了能力、动机和价值观的互动作用。我们可能因喜欢某类职业，不断提高能力，而对此职业的擅长又使我们更喜欢它。或者我们可能先发现自己擅长某职业，渐渐培养起兴趣和感情，后来就越发精通了。职业取向中单独的动机、能力、价值观概念通常意义不大，重要的是突出三者相互作用的整合。四是“职业锚”要在正式工作若干年后才可能被发现。换言之，“职业锚”需要各种情境下实践工作的反复验证方可确认。职业取向的必然性需要一定时期内变化的偶然性的累积方可突现。五是“职业锚”概念倾向于寻求个人稳定的成长区域，它并不意味着个人停止变化或成长，“职业锚”本身也会发生变化。

3）“职业锚”的五种类型

一是技术/职能型“职业锚”。这一类型的人将做出职业选择和决策时的主要精力放在自己正在干的实际技术内容或职业内容上，他们认为只有在特定的技术或职能领域才意味着持续的进步。这些领域包括工程技术、财务分析、营销、系统分析等。比如说，一个技术/职能型的“职业锚”的财务分析员希望成为公司的会计或审计员，最高理想是某公司的财务副总裁。他们只对同自己的区域有关的管理任务加以接受，对全面管理则持强烈的抵触。在传统的由职能型向全面管理型职业发展的通道上，这一类型的个体常经历严重的冲突。为了不损害职业发展，他们常无法拒绝一些全面管理工作，可是这可能使他们感到害怕或是心烦，无法胜任。

二是管理能力型“职业锚”。这一类型的个体在职业实践中根据需要在一个或多个职能区展现能力，但他们的最终目标是管理本身。他们具有三种能力的强强组合：分析能力——在信息不全或不确定的情况下识别、分析和解决问题；人际能力——能影响、监督、领导和操纵组织各级人员更有效地完成组织目标；感情能力——能够为感情危机和人际危机所激励，而不是被打倒，能承担高水平的责任，而不是变得软弱无力，能使用权力而不感觉内疚或羞怯。其他类型的人可能拥有一两项更强的单项能力，但是管理锚型的人拥有最完善的三项能力的组合。

三是安全/稳定型“职业锚”。这一类型的人追求稳定安全的前途，比如，工作的安全、体面的收入、有效的退休方案和津贴等。这类人依赖组织或社区对他们能力和需要的识别和安排，为此他们会冒险，也愿意以高度服从组织价值观和准则作为交换。他们可以区分出两种类型的取向。有些人的安全感和稳定感来自组织中稳定的成员资格；而另一些人的安全、稳定源则是以地区为基础，包括一种定居、使家宅稳定、使自己与某一社团同化的感情。

四是创造型“职业锚”。这一类型的个体时时追求建立或创造完全属于自己的成就。他们有自主权、管理能力，能施展自己的特殊才华，但是创造是他们自我扩充的核心。他们为创建新的组织、团结最初的人员、克服初创期难以应付的困难废寝忘食而又乐此不疲。而一旦建成，他们就会厌倦或不适应正规的工作而退出领导层，自愿或不自愿地让位于其他人。成功的企业家大多出自这种锚型，而他们大多无法成为出色的总经理。

五是自主/独立型“职业锚”。这一类型的个体追求的主要目标是随心所欲地调整自己的步调、时间表、生活方式和工作习惯，尽可能少地受组织的限制和制约。他们可能是自主性较强的教授、自由职业者或是小资产所有者、小型组织的成员。技术/职能锚的个体也可以从事这些职业，但是他们很少为了自由的需要而放弃晋升的机会，为了更高的地位、收入，他们可以自由的将个人生活方式做交换。创造型“职业锚”的个体同样会拥有很多自主权，但他们关心的不是自由本身，而是全力以赴地建立自主的职业目标。

“职业锚”的五种类型不一定能涵盖所有职业类型，在测试职业早期以外的人员中也没有显示出完全的可分性。在职业实践的客观因素之外，是否还有影响职业取向的其他重要因素？“职业锚”的理论距离成熟和完善还有一定差距，但它提供了一个独特的视角，在职业计划和职业管理实践方面提供了新的理论基础。

思考题

1. 为什么企业要对员工进行培训？
2. 员工培训应遵循哪些原则？
3. 如何发现员工的培训需求？
4. 如何对各类人员进行培训？
5. 试分析如何增强培训效果。
6. 怎样做好培训效果的转化工作？
7. 为什么企业应重视职业管理？
8. 职业生涯规划包括哪些内容？如何实现职业目标？
9. 举例说明如何做好员工的职业生涯规划。

案例分析 1

Apex 门业公司总裁吉姆有一个问题，按他的说法就是，无论他怎样不断地告诉雇员如何工作，他们都总是“决定按他们自己的方式做”，继而在吉姆、雇员以及雇员的上级之间发生争论。设计部门是一个例子。在该部门，吉姆期望设计师与建筑师一起进行门的设计工作，以便使门符合规格要求。正如吉姆所说，这虽然不是“火箭科学”，但是设计师总是犯错误，比如说，设计的门要用过多的钢铁。试想一下，如果是在一栋 30 层的写字楼里将有多少门，这个问题可能使该公司浪费数万美元。订单处理部门也是一个例子。吉姆希望用一种非常明确而具体的方式来详细描述订单，但是大多数订单处理员不理解如何实际使用多页的订购表。在出现详细的具体问题时（如是将客户分为“工业”客户还是“商业”客户），他们只是临时应付一下。为解决这些问题，公司安排了相应的培训，在培训过程中，虽然有几种职位有某种过时的工作说明书，但是没有一个职位有自己的培训手册。对新人的所有培训都是在岗进行的。通常是由一个将要离职的人用 1 ~2 周的交接时间来培训新人，但是如果交接期间没有人员重叠，那么就可能由以往偶然做过这个工作的其他雇员来对新人进行培训。整个公司培训的做法基本上是一样的，例如，对机械工、秘书、装配工以及会计员等都一样。

讨论题：

1. 为何在培训后还出现雇员“以自己的方式做事”的现象？你认为 Apex 公司的培训过程如何？

2. 工作说明书在培训中的作用是什么？

案例分析 2

新成立分公司的员工的职业生涯规划管理

A 公司是江苏省一家汽车配套零部件生产企业，经过 10 余年的发展，在国内已经处于领先地位，公司员工由创业时的 100 人发展到近千人，现在总部已迁到上海浦东，同时在北京、沈阳等地开设了分公司。然而，其沈阳分公司的业务却始终不尽如人意，已有数名高层管理者相继离职。

对此，总公司十分不解。在江苏分公司与上海总公司，人员规模一直在扩大，员工队伍也十分稳定。总公司特意派人飞赴沈阳，在一番考察之后，并未发现该分公司在薪酬福利、组织架构、工作流程与销售渠道上存在任何不妥。那么究竟是什么原因使沈阳分公司面临如此严重的人力资源危机呢？

在这家公司创业初期，公司总经理、部门经理、技术人员、市场销售人员大都来自本乡本土，有一股拼劲。但公司发展了 10 余年，骨干员工逐渐被“外来的和尚”代替，他们是 A 公司从相关行业挖来或招聘到的精英人士，是在认同产品市场前景、对个人的职业发展有明确方向的情况下加入公司的。A公司现在在上海与江苏两地成立了人力资源部，十分注重员工的培训与开发规划，以使员工在企业有足够的职业发展空间。尽管在上海、江苏，A公司的薪水与相关行业相比处于中下水平，但由于员工职业规划与企业发展目标一致，员工对公司有强烈的归属感和认同感，因此员工一直保持着创业初期的昂扬斗志。

沈阳分公司的情况就大不相同了。一方面，汽车行业配套零部件产品市场竞争相当激烈，已有多家企业进入该领域；另一方面，新员工往往是冲着该公司的名气和薪资而来的，对这个行业缺乏了解，从上海和江苏派去的骨干员工则感到自己今后在沈阳的发展前景渺茫，“身在曹营心在汉”。显然，他们中大多数都不明白自己在沈阳分公司的发展方向，自然也不会有明确的发展目标。一些骨干员工在经历了挫折，或者看到了更好的薪酬待遇后，选择离开。特别令人深思的是，一个从上海派过去的分公司副总经理，在半年多的时间里几次明确表示：如果不能担任分公司的总经理就离开A公司。就在A公司高层管理者没有人认为他真的会离开时，他选择了跳槽到当地一家与汽车配套零部件生产完全不相关的企业，并当上了CEO。

看起来，A公司很有必要及时对新成立的分公司的员工进行职业生涯规划管理，以使员工的职业目标与企业发展目标保持一致。

讨论题：

1. 为什么A公司在上海和江苏的公司会成功？
2. 什么原因使沈阳分公司面临如此严重的人力资源危机？
3. 结合案例谈谈对员工进行职业生涯规划的重要性。

实训项目

一、实训内容

结合你所熟悉的企业，了解情况后，确定一个培训项目，设计一个培训方案。

二、方法步骤

1. 每五人组成一个小组，对培训项目的选择进行分析。
2. 以小组为单位，为确定的培训项目设计一个完备、合理的培训方案。
3. 每个小组派一名代表在课堂上交流、讨论。

三、实训考核

1. 对培训方案给予成绩认定。
2. 对讨论交流的成果给予点评。

7 绩效考评

学习目标

1. 理解绩效管理的内涵和意义
2. 掌握绩效考评的方法
3. 掌握绩效管理的主要方法
4. 了解绩效反馈与改进
5. 掌握平衡计分卡及其构成
6. 掌握平衡计分卡的应用

案例导入

问题出在哪里?

小王在一家私营公司做基层主管已经 3 年了。这家公司在以前不是很重视绩效考评，但是依靠自身所拥有的资源，公司发展得很快。去年，公司从外部引进了一名人力资源总监，至此，绩效考评制度才开始在公司中建立，大多数员工也开始知道了一些有关员工绩效管理的具体要求。

在去年年终考评时，小王的上司要同他谈话，小王很不安，虽然他对自己一年来的工作很满意，但是不知道上司对此怎么看。小王是个比较内向的人，除了工作上的问题，不经常和他的上司沟通。在谈话中，上司对小王的表现总体上是肯定的，同时，指出了他在工作中需要改进的地方。小王也同意那些看法，他知道自己有一些缺点。整个谈话过程是令人愉快的，离开上司办公室时小王感觉不错。但是，当小王拿到上司给他的年终考评书面报告时，感到非常震惊，难以置信，书面报告中写了他很多问题、缺点等负面的内容，而他的成绩、优点等只是一笔带过。小王觉得这样的结果好像有点“不可理喻”。之后小王从公司公布的“绩效考评规则”得知，书面考评报告是要长期存档的，这对他今后在公司的工作影响很大。因此他感到不安和苦恼。

思考：

1. 绩效面谈在绩效管理中的作用是什么?
2. 经过绩效面谈后小王感到不安和苦恼，导致这种结果的原因是什么?
3. 怎样才能避免这些问题的发生?

本章要点

培训开发的目的是提高员工能力与素质，使之更好地开展工作，不断提高工作绩效。但在实际工作中，具有同样技能的员工仍然可能出现工作业绩的差异。之所以如此，原因很多，必须具体分析和解决，员工绩效管理由此产生。如何通过绩效考评明确员工的成绩和不足，帮助员工在同样的条件下作出更大的贡献，是人力资源管理的又一基本工作。由于绩效考评与现场经营活动的关系非常密切，因此它是人力资源管理与生产经营管理的结合点，对人力资源管理的整体运行具有直接推动作用。本章介绍员工绩效考评的性质、程序与方法。

7.1 绩效考评概述

任何组织的组织目标都是由一个个员工用辛劳和智慧实现的。从管理者的角度来说，为实现组织的目标，必须有效地管理好每一个员工的工作成果，也就是绩效。对于员工而言，只有充分了解自己的工作绩效，才能对自己有一个正确的认识，逐步在工作中提高，并建立起合理的职业生涯规划。

绩效考评是对工作状况的测量与评价，目的在于肯定成绩、发现不足、寻找原因、进行改进。在一个组织中，绩效有两个层次的含义：一是组织体系的绩效；二是组织成员的绩效。员工绩效考评主要关注后者。

7.1.1 员工绩效

所谓员工绩效，是指员工在工作过程中表现出来的业绩，其特征在于与组织目标相关，能够用一定的组织标准加以衡量。员工绩效通过员工的工作结果、工作行为和工作态度表现出来，具有多维性、多变性和多因性。

1. 员工绩效的含义

“绩效”一词源于英文 performance，也译为业绩、表现、作为等。对此，人们有两种不同解释方式。一是从工作结果的角度进行定义，认为绩效指工作主体在一定时间与条件下完成某一任务所取得的业绩、成效、效果、效率和效益。二是从工作行为的角度来定义，认为绩效是同组织目标相联系的、可观测的工作状况，或是具有可评价要素的行为。

在实际工作中，通常要把两方面含义结合起来理解。因此可以把员工绩效界定为员工在工作过程中所表现出来的、与组织目标相关的并且能够进行评价的工作状况，包括工作成果、工作方式和工作态度。理解这个定义需要把握以下几点：

（1）绩效是基于工作产生的，与员工的工作过程直接联系在一起，工作外的行为和结果不属于绩效的范围。

（2）绩效与组织目标相关，对组织目标有直接影响。例如员工心情不属于绩效，因为它与组织目标没有直接的关系，而且是很难测量的。由于组织目标需要通过职位工作来实现，因此绩效目标直接表现为职位的工作职责和任务。

（3）绩效应当是能够被评价的工作行为和工作结果，那些不能被评价的行为和结果也不属于绩效。比如员工工作时的专心程度很重要，但不能作为绩效指标来使用，因为它很难评价。

（4）绩效还应当是表现出来的工作行为和结果，没有表现出来的就不是绩效。这一点和招聘甄选时的选拔评价是有区别的，选拔评价的重点是可能性，也就是说要评价员工能否做出绩效，而绩效考核的重点则是现实性，就是说要评价员工是否做出了绩效。

2. 员工绩效的特点

一般来说，员工绩效具有以下三个特点：

（1）多维性。多维性是指员工的绩效往往是体现在多个方面的，员工的工作结果和工作行为都属于绩效的范围。例如一名操作工人，除了所生产产品的数量、质量外，原材料的消耗、出勤情况、与同事的合作等都是绩效的表现。因此，对员工的绩效考评必须从多个方面进行。一般来说，我们可以从工作业绩、工作能力和工作态度三个方面来评价员工的绩效。当然，不同的维度在整体绩效中的重要性是不同的。

（2）多变性。多变性是指员工的绩效不是固定不变的，在主客观条件变化的情况下，绩效是会发生变动的。比如，某个员工的绩效往往会随着时间的推移而不断地发生变化，原来较差的有可能好转，或者原来较好的也可能变差。这种动态性就决定了绩效的时限性，绩效往往是针对某一特定时期而言的。

（3）多因性。多因性是指员工的绩效是多种因素共同作用的结果，既有员工个体的因素，如知识、能力、价值观等，也有企业环境的因素，如组织的制度、激励机制、工作的设备和场所等。绩效并不是某一个单一的因素就可以决定的，绩效与影响绩效的因素之间的关系用公式表示为：

$$P=f(K,A,M,E)$$

式中：f 表示一种函数关系；

P（Performance），就是绩效；

K（Knowledge），就是知识，指与工作有关的知识；

A（Ability），就是能力，指员工自身所具备的能力；

M（Motivation），就是激励，指员工在工作过程中所受的激励；

E（Environment），就是环境，指工作设备、工作场所等。

以一个打字员的绩效实例来进行说明。首先，打字员必须具备基本的电脑操作知识（Knowledge），这方面的知识直接影响到他的绩效（如打字正确与否）；其次，打字员的电脑操作能力（Ability）（如电脑操作的熟练程度）也会影响他的绩效水平（如打字的快慢）；此外，打字员完成一项具体的打字任务所受到的重视程度（Motivation），同样会影响他完成打字任务的绩效；最后，电脑设备的性能（如硬件系统）、打字员的工作场所（如电脑桌椅的舒适程度）等（Environment）也与打字员的绩效相关。

7.1.2 绩效考评的含义、原则及分工

绩效考评在人力资源管理中具有极为重要的作用，直接影响员工薪资报酬、培训开发、职位分析、招聘甄选。合理的绩效考评工作，需要遵循一定原则，在组织各层次人员的配合下进行。

1. 绩效考评的含义

绩效考评是运用一定标准对员工工作状况进行观察、比较和评价的过程。进行绩效考评有两个目的：一是确认员工对企业的贡献，为奖酬的激励提供依据；二是分析员工的成绩和不足，为工作改进提供依据。理解员工绩效考评要注意以下几点：

（1）考评的规范性。绩效考评是从管理角度对员工表现进行的检查和评价，体现着一定的规范要求。这种规范的内容是相对稳定的，遵循规范的结果是可以预期的。只有这样，绩效考评才具有引导员工行为、促进员工努力的作用。不稳定、不规范的工作要求及工作检查，不能称之为考评。

（2）考评的制度性。关于考评的内容、形式、方法、时间，以及考评结果的使用等，都有制度化规定，使员工业绩的检查评价成为一种标准化工作，并与其他经营管理工作联系在一起，作为企业管理体系的一个基本环节发挥作用。只有这样，绩效考评才能具有权威性，才能对员工发挥约束激励作用。

（3）考评的组织性。进行绩效考评不是个人行为，而是组织行为，会涉及多方面关系，包括员工与其主管、同事、下属等方面的关系。这些与员工密切相关的企业成员，依据考评制度的规定，从不同角度进行员工表现的评价，从而强化员工在组织中的角色意识，使绩效考评具有坚实的组织基础。

此外，要注意绩效考评与绩效管理的区别和联系。所谓绩效管理，是围绕提高工作绩效而进行的管理，涉及计划、组织、领导、控制等各个环节，其特点在于注重既定目标的实现。因此，绩效管理也被看成战略实施管理，是日常管理工作的主线。而绩效考评只是绩效管理中的一个环节，即工作状况比较和评价这一环节，范围要小得多。

2. 绩效考评的原则

在员工绩效考评中，企业希望通过考评提高员工业绩，促进企业发展，员工希望通过考评得到企业认可，获得应有待遇。为此绩效考评工作要贯彻以下原则：

（1）客观公正。绩效考评应当根据明确规定的考评标准，针对客观考评资料进行

评价，尽量避免主观性和感情色彩。也就是说，努力做到“用事实说话”。考评一定要建立在客观事实的基础上。

（2）明确公开。绩效考评标准、考评程序和考评责任都应当有明确规定，并向全体员工公开。这样才能使员工对考评工作产生信任感，对考评结果持理解、接受的态度。

（3）有效可行。有效性考虑绩效考评是否有助于组织目标的实现；考评方法和手段是否和考评目的相适应。可行性考虑进行绩效考评的信息来源；预测在考评过程中可能发生的问题、困难和障碍，准备应变措施。

（4）及时反馈。考评结果一定要反馈给被考评者本人，否则起不到考评的激励与启发作用。在反馈考评结果的同时，应当向被考评者进行说明解释，肯定成绩和进步，说明不足之处，提供今后努力方向的参考意见。

（5）差别处理。考评的等级之间应当有鲜明的差别界限，针对不同考评结果在工资、晋升、使用等方面体现明显差别，使考评能激励员工努力工作。

3. 绩效考评的分工

绩效考评不是人力资源部门单独能够完成的，需要一线管理者的配合与支持。一线管理者和人力资源部门，要在高层领导的支持下进行绩效考评分工。

（1）一线管理者的职责。一线部门的各级主管是用人办事的主要责任者，也是本部门员工绩效考评的直接需求者。这是因为一线经理在生产经营活动中，直接从事用人办事的工作。

各级主管是绩效考评工作的主要责任者，负责执行公司考评制度，运用绩效考评工具，指导、帮助、激励下属员工、具体包括：与下属共同制订合理的绩效目标；关注下属的计划执行进程并给予及时的指导；保持必要的绩效沟通，除正式绩效面谈外，应进行日常性的绩效沟通；及时发现下属工作中的缺点与不足，帮助下属制订改进措施并指导实施；客观公正地评价下属的工作业绩和工作表现等。

（2）人力资源部门的职责。人力资源部门是员工绩效考评工作的牵头部门，负责从专业管理的角度入手，制定规章制度并加以实施，在企业高层管理的统一部署下，帮助一线管理者采取具体措施，检查、确定和改进员工绩效。

人力资源部门负责制订员工绩效考评的规章制度，设计绩效考评的工作方案，提供绩效考评的具体工具，包括量表、表单等，同时负责督促、检查、协助各部门开展绩效考评工作，对绩效考评的过程及结果进行总结、分析及运用。

（3）其他企业成员的职责。员工绩效考评工作离不开高层管理者的领导与支持。他们确定绩效考评的理念，决定考评工作的政策，对考评结果进行审批，并从原则上决定相应的对策。

与此同时，员工也担负着考评职责：他们需要与主管共同制订绩效目标；与主管沟通和反馈工作进展；对自己和同事的工作业绩进行客观的评价，寻找提高绩效的办法。

7.1.3 绩效考评的作用

绩效考评是人力资源管理的一个重要环节，对明确员工价值、进行员工激励、改进人工的工作状况具有重要意义。在实际工作中，绩效考评与人力资源管理的其他环节紧密地联系在一起，共同发挥作用。

具体来说，绩效考评具有以下几个方面的作用。

（1）达成目标。绩效考评本质上是一种过程管理，而不仅是对结果的考核，它是将中长期的目标分解成年度、季度、月度指标，不断督促员工实现的过程，有效的绩效考评能帮助企业达成目标。

（2）发现与解决问题。绩效考评是一个不断制订计划、执行、检查、处理的循环过程，体现在整个绩效管理环节，包括绩效目标设定、绩效要求达成、绩效实施修正、绩效面谈、绩效改进、再制订目标的循环，这也是一个不断地发现问题、解决问题的过程。

（3）分配利益。不与利益挂钩的考评是没有意义的，员工的工资一般都分为两个部分：固定工资和绩效工资。绩效工资的分配与员工的绩效考评得分息息相关，所以一说起考评，员工的第一反应往往是绩效工资的发放。

（4）促进成长。绩效考评的最终目的并不是单纯地进行利益分配，而是促进企业与员工的共同成长。通过考评发现问题、解决问题，找到差距进行提升，最后实现双赢。

（5）人员激励。通过绩效考评，把员工聘用、职务升降、培训发展、劳动薪酬相结合，使得企业激励机制得到充分运用，有利于企业的健康发展，同时对员工本人来说，也便于建立不断自我激励的心理模式。

除此之外，绩效考评还是管理沟通的一种重要形式：在绩效考评过程中，要围绕考评标准、考评方式以及考评结果等一系列问题，有针对性地与员工交换意见，进行深入沟通与协商，因此能够促进工作管理沟通，增强企业凝聚力。

7.2 绩效考评的程序和类型

7.2.1 绩效考评的过程

绩效考评是应用绩效目标对绩效状况进行检查评价的过程，这种目标作为一种管理要求，不是简单强加给员工的，而是必须根据企业生产经营活动的要求，合理分解给员工并被员工理解和接受。绩效目标一旦确定，就成为员工的工作标准，引导员工为此而努力，同时作为衡量员工成绩的依据。为了对员工的工作成绩进行客观评价，达到改进员工工作状况的目的，需要收集相关信息，测量和比较工作状况，并将测评结果传达给员工，听取员工的反馈意见。这是一个复杂的过程，需要科学合理地展开。

1. 绩效目标

1）绩效目标的作用

绩效目标是对员工的具体工作要求，也是员工自身努力的工作目标。确定合理的绩效目标，不仅有助于明确工作重点与工作方式，而且能够为员工提供工作指导，从而提高员工的工作积极性。

2）绩效目标的来源

绩效目标既是企业对员工的工作要求，与企业目标的分解相关，也是员工对自己的业绩要求，与员工自身的期望相关。需要从两个方面来理解。

（1）企业目标分解。员工绩效目标是企业目标分解的结果。对此需要注意以下方面。

第一，企业目标的分解需要员工与主管共同努力，主管应该指导员工根据企业目标和部门工作，结合自身的工作职责，明确具体的工作任务的做法。就是说，要改变由管理者单方面分解工作任务的做法，转变为员工参与工作任务的设计。

第二，个人目标的设计需要与企业和部门的目标保持一致。个人的具体工作目标，是部门、企业目标的细化，应该促进部门和企业目标的实现。

第三，分解后的目标不宜过多，要表述简明。分解后的目标中有 5 ~ 7 个主要目标，简明的目标应该符合“SMART”原则，即工作目标是具体的（Specific）；可以衡量的（Measurable）；可实现的（Attainable）；和其他目标具有相关性的（Relevant）；是有时间限制的（Time - bound）。

（2）工作努力方向。员工绩效目标还是员工自身的努力方向。只有员工理解了自己的工作目标，自觉努力地为实现工作目标而努力，企业内部的分工协作才能有效进行，企业目标才能得以最终实现。

在实际的员工绩效考评工作中，要关注以下问题：

一是员工在本次绩效期内要达到的工作目标是什么？

二是员工应该何时完成这些目标？

三是完成这些目标的结果是怎么样的？

四是如何判断员工是否取得了成功？评判的标准是什么？

五是工作目标和结果的重要性如何？

六是从何处获得关于员工的工作信息？

七是员工的各项工作目标的权重如何？

八是员工在完成工作时拥有哪些权力？可以得到哪些资源？

九是员工实现目标的过程中可能遇到哪些困难和障碍？

十是经理人员会为员工提供哪些支持和帮助？

十一是绩效期内，经理人员如何与员工进行沟通？

十二是员工工作的好坏对部门和公司有什么影响？

十三是员工是否需要学习新技能以确保完成任务？

3）绩效目标的制订

由于绩效目标具有重要性，所以必须科学合理地制订，关键在于把企业要求和员工期望结合起来，使企业绩效目标合理地转化为员工绩效目标。为此需要程序做保障。实际工作中的绩效目标制订过程，大致可以分为三个阶段：准备阶段、沟通阶段和确认阶段。

（1）准备阶段。在制订绩效目标之前，管理者和员工都要做准备工作。这些准备主要是关于企业、部门以及员工的信息。具体包括：

第一，组织战略目标和发展计划。绩效目标来源于组织战略的落实。制订绩效目标就是为了提升员工和组织的整体绩效，最终实现组织战略目标。

第二，企业年度经营计划。组织战略是面向长远发展方向的，需要与企业的年度经营计划结合起来，才能确定绩效目标。

第三，业务单元计划。这是从企业年度经营计划中分解出来的，它直接与业务单元的职能相关联，从而和员工绩效标准结合得更紧密。

第四，个人职责描述。职责描述规定员工在职位上应该干什么，绩效目标则指出这些工作应该达到的标准，两者紧密相连。

第五，员工上一个绩效期的考核结果。绩效考评具有连续性，力图不断提升绩效，因此，前一考核期的结果是制订新阶段绩效目标的依据。

（2）沟通阶段。在这个阶段，管理者和员工进行充分交流，以便就绩效期内的工作目标达成共识。需要注意以下几个方面：

第一，沟通方式。沟通方式要看组织文化、员工特点以及目标的特点。如果目标关系到全体员工，不妨召开公司全员大会；如果目标关系到的是部门或班组，可以每月或每周同员工进行情况沟通，让员工汇报完成任务和工作的情况，当出现问题时，根据员工要求进行专门沟通。在传递目标期望时，可以开门见山，也可以先请员工谈自己的看法和目标，再引出组织的期望。

第二，沟通原则。在沟通过程中，管理者要将自己和员工放在平等的地位上，要多听取员工的意见，应该相信员工是真正了解自己工作的人，并且在沟通过程中需要调动员工的工作积极性，鼓励他们朝着共同目标努力。

第三，沟通过程。在进行沟通时，往往首先要回顾已经准备好的信息，包括组织经营计划、职位说明和上一个绩效期的评估结果等，然后在组织目标的基础上，每个员工需要设立自己的工作目标和关键业绩指标。管理者有必要向员工承诺提供解决问题的支持和帮助。

第四，沟通环境。管理者和员工应该确定一个专门时间用于绩效目标的沟通，在此时间段内，双方都应该放下手头工作专心做这件事情。在沟通过程中最好不要有他人打扰。另外，沟通的气氛要尽可能轻松。

（3）确认阶段。在经历上述阶段后，绩效目标初步形成，需要进行审定和确认。

此时，应该有以下成果：员工的工作目标与公司总目标紧密相连，并且员工清楚地知道自己的目标与组织目标之间的关系；员工的工作职责已经按照现有组织环境进行了界定，可以反映绩效期内的主要工作内容；主管人员和员工对工作任务、各项任务的重要程度、完成任务的标准、员工完成任务过程中拥有的权限，都已经达成了共识。

也就是说，在确认阶段，主管和员工都清楚工作过程中可能遇到的困难，了解主管人员能够提供的支持，从而形成了一个双方商定的绩效管理文档。该文档包括员工的工作目标、主要工作结果、衡量工作结果的指标和标准、各项工作目标所占的权重。

不少公司在这一阶段都要求员工签订绩效合同。所谓绩效合同，是绩效考评周期起始阶段，由主管与员工共同商定的员工绩效目标，以文字形式确认，作为今后绩效考评的标准。

2. 绩效指标

员工绩效目标的实施需要具体刻画，使对于绩效状况的检查测量具有可操作的指标。为此需要建立员工绩效指标体系，明确指标考核的基本范围，并选择恰当的指标进行量化，转化为具体的考核标准。

1）绩效指标的分类

实践中常用的员工绩效考核指标，可以分为成果类、行为类和工作强度类。各类指标有着自己的特点，可以根据情况选用。

成果类指标是对员工工作结果的衡量。不同类型的部门中，这一员工考评指标不太一样。但一般来说，工作质量与工作进度是必须要考察的，不管是生产部门、营销部门还是研发部门，对这两点都有明确要求。例如，工程部门的工作质量标准，可能是国家相关部门的检测标准；开发部门的质量标准，可能是用户提出的具体要求。成果类指标的考核通常属于量化指标，依据事先制订的指标体系进行，一般为年度或月度目标。

行为类指标是指对员工工作过程的衡量，重在考察员工表现出来的能力和态度。能力考核是绩效考核的重要方面，但如果设计不合理，很难得出正确结论。基本能力包括业务知识、文化水平、岗位经验等；思考能力包括理解力、判断力、想象力等；人际交往能力包括表达能力、对他人的影响程度等。态度考核也是绩效考核的重要方面。工作行为不能仅看能力，还要看使用能力的态度。进行态度考核，可以使考核结果更有说服力。态度指标一般包括纪律性、协作性、积极性和责任心等方面。

强度类指标是对员工工作时的劳动消耗的衡量。广义上讲，工作强度除工作量饱满度，也就是体力和脑力劳动负荷外，还应该包括工作环境，这样对于调动处于特殊岗位员工的积极性是有好处的。

2）绩效指标的标准

为了使考评标准更为具体，往往需要对指标进行量化，明确员工需要达到的指标完成程度，即制订指标考核的标准。在实际工作中，考核标准大致可以分为基本标准和卓越标准。

基本标准是要求员工达到的绩效水平，其特点是每个员工经过努力都能达到。在工作报酬上，绩效考评的基本标准与员工基本待遇相关，如基本工资等。基本标准的作用在于判断员工是否完成了工作职责，不在于区分员工之间的绩效高低。如果员工没有达到基本标准，则表明该员工的绩效表现是不合格的。

卓越标准是期望达到的绩效水平，其特点是未对员工提出责任要求，但有些员工可以达到。卓越标准主要是为了区分员工的绩效差别，识别工作榜样。在工作报酬上，卓越标准与员工奖励性待遇相关，如额外的奖金、分红和职位的升迁等。

7.2.2　绩效信息收集

绩效信息是与绩效目标实现情况相关的信息，需要从工作结果和工作过程两个方面进行收集，系统准确的绩效信息，是进行绩效考评的依据。为此，必须采用科学合理的信息收集方法。

1. 信息收集的目的

绩效信息是进行绩效考核的依据。收集绩效信息有以下几个目的：

（1）提供以事实为依据的员工工作情况记录，为绩效考核及相关决策提供依据。绩效信息使绩效考评有据可依，让员工对考评结果信服。

（2）及时发现问题，提供解决方案。绩效考评过程是一个沟通过程，通过绩效信息的反馈，可以帮助管理者及时发现员工存在的问题，纠正绩效偏差。

（3）对员工进行行为、态度的信息掌握，发现其优点和缺点，有针对性地提供指导。

（4）在发现纠纷时为组织的决策辩护。当企业裁员时，可以以此作为裁员依据，避免不当裁员带来的负面影响。

2. 信息收集的内容

绩效实施过程中会产生诸多信息，但并非所有信息都要收集，要收集的只是与绩效有关的信息。信息收集的范围一般包括：员工工作目标的达成情况，证明工作绩效突出或低下所需要的具体证据，与员工就绩效问题的谈话记录，员工受到的表扬和批评的情况，等等。

绩效信息按来源一般可以分为三类：来自业绩记录的信息，来自主管人员观察得到的信息和来自他人的评估信息。

3. 信息收集的方法

收集绩效信息的方法主要有以下几种：

（1）观察法。观察法是指主管人员直接观察员工的工作表现，并记录员工的典型表现。例如，主管人员看到员工粗鲁地与顾客讲话，或者看到某个员工在完成自己的工作之后热情地帮助其他同事工作，等等。

（2）工作记录法。是指通过规范的工作记录表单，将员工的工作表现和工作结果记录下来。例如，财务数据中体现出来的销售额，顾客记录表格中记录下来的业务员与客户接触的情况，整装车间记录下来的废品个数等。

（3）他人反馈法。是指管理者通过他人的汇报和反映了解员工的绩效情况。一般来说，当员工的工作是为他人提供服务或与他人关系密切时，可以从服务对象或关系对象那里获得该员工的工作信息。例如，对于从事客户服务工作的员工，可以通过发放客户满意度调查表或与客户进行电话访谈的方式，了解员工的绩效；对于公司内部行政后勤等服务性部门的人员，也可以从其提供服务的部门或人员那里获得有关信息。

没有一种方法适用于各种绩效信息的收集，应该综合运用各种方法。例如，有些员工的态度不能从每次检查或表面观察中得知，这就需要其他员工的反馈。

有学者提出了考绩评估时应注意的以下问题：

（1）适用性

绩效评估不是追赶时尚，而是要运用科学的方法来检查和评定企业员工对职位所规定职责的履行程度，以确定其工作成绩，从而促进企业的人力资源管理，提高企业竞争力。

（2）表现力

员工在企业的表现力主要体现为工作业绩，这是最为重要的，例如，销售人员业务成交次数及给公司带来的营业收入、作业人员的错误率等都应作为绩效评估的指标。

（3）合理性

绩效评估标准是对员工绩效的数量和质量进行监测的准则。企业在进行绩效评估时，要充分考虑标准的合理性，这种合理性主要体现为考核标准要全面。

（4）满意度

绩效评估是一把“双刃剑”，正确的绩效评估能激起员工努力工作的积极性，可以激活整个组织，但如果做法不当，可能会产生负面影响。

（5）完整性

完整的绩效评估过程包括事前沟通，制订考核标准，实施考核，考核结果的分析、评定，反馈与控制五个阶段。而我们的人力资源主管们通常容易忽视最前面和最后面的两个重要过程。

7.2.3 绩效考评的类型

根据不同的分类标准，绩效考评可分为以下几种不同的类型。

1. 按考评时间分类

按考评时间，可分为日常考评与定期考评。

（1）日常考评。指对被考评者的出勤情况、产量和质量实绩、平时的工作行为所做的经常性考评。

（2）定期考评。指按照一定的固定周期所进行的考评，如年度考评、季度考评等。

2. 按考评主体分类

按考评主体，可分为主管考评、自我考评、同事考评、下属考评和顾客考评。

（1）主管考评。指上级主管对下属员工的考评。这种由上而下的考评，由于考评的主体是主管领导，所以能较准确地反映被考评者的实际状况，也能消除被考评者心理上不必要的压力。但有时也会受主管领导的疏忽、偏见、感情等主观因素的影响而产生考评偏差。这种考评方式有以下优点：第一，员工的直接领导对于员工每天的工作表现了解得比较全面，他们掌握着有关员工工作表现、工作缺点和潜力的各种信息，并能从组织目标的角度来评价员工的工作绩效；第二，直接领导对特定的各单位负有管理的责任，在大多数企业中，员工的直接主管负责员工的工资晋级和职务晋升，由直接领导对员工进行绩效考评，可以将员工的工作表现更好地与奖励结合起来，增强考评的权威性，当考评下级的工作由他人负责时，直接领导的威信可能会受到削弱；第三，直接领导还对员工的发展负有直接责任，由直接领导对员工进行考评，可以把考评与培训更好地结合起来。

这种考评方式的缺点是：直接领导与下属之间有频繁的日常直接接触，与下属之间难免会产生一些矛盾或私人交情，因此考评时很容易掺入个人的感情色彩，从而影响绩效考评的客观性。

（2）自我考评。指被考评者本人对自己的工作实绩和行为表现所做的评价。这种考评方式透明度较高，有利于被考评者在平时自觉地按考评标准约束自己。但最大的问题是有倾高现象存在。自我评价的缺点是，员工对考评的维度及不同维度权重的理解可能与上级不一致，可能在重要的维度上对自己评价过高，或对自己做得比较好的维度给予太大的权重，从而对自己做出过高的评价。

（3）同事考评。指同事间互相考评。这种方式体现了考评的民主性，但考评结果往往受被考评者人际关系的影响。这种考评方式的不足之处是，同事之间关系的亲疏、接触的频率等因素常会影响他们做出的评价，若以同事的评价作为奖励依据，会影响考评的效果，并在员工之间造成利益的冲突，使员工之间人际关系紧张，产生抵触情绪，降低工作的积极性。

（4）下属考评。指下属员工对他们的直接主管领导的考评。一般选择一些有代表性的员工，用比较直接的方法，如直接打分法等进行考评，考评结果可以公开或不公开。这种考评方式的缺点是，下属常根据个人的得失对主管人员进行评价，对那些因坚持原则、严格要求而触犯自己利益的管理者往往评价不高。此外，下属因担心若给上级提了意见可能会遭到报复，所以不能完全公正地进行评价，从而使考评失去客观性。对于主管人员来说，知道自己的绩效要由下属来考评，常常会顾虑重重，尽量少得罪下属，在管理工作中缩手缩脚，使管理工作受损。为克服以上这些缺陷，由下属对主管人员进行绩效考评时，为了消除下属的顾虑，应采用无记名评价表或问卷做评价工具，不要让被考评者接触原始评价资料，而由其上层主管或人力资源部门主管人员将考评结果反馈给本人。此外，为保证主管人员正常地履行自己的职责，在关系到主管人员的报酬和晋升时，下属评价要与其他评价信息结合使用。

（5）顾客考评。许多企业把顾客也纳入员工绩效考评体系中。在一定情况下，顾客常常是唯一能够在工作现场观察员工绩效的人，此时，他们就成了最好的绩效信息来源。

3. 按考评结果的表现形式分类

按考评结果的表现形式，可分为定性考评与定量考评。

（1）定性考评的结果表现为对某人工作评价的文字描述，或对员工之间评价高低的相对次序以优、良、中、及、差等形式表示。

（2）定量考评的结果则以分值或系数等数量形式表示。

4. 全方位评估法：360°评估法

目前，国外最新的绩效评估方法是360°评估法。员工在日常生活中可能接触到所有人，如收发室人员、顾客、上级和同事等，他们都可以成为评估者，这样可以避免由某些评价者单独考评时所产生的偏差。

360°评估法的优点在于：

①打破了由上级考核下属的传统考核制度，提高了考评工作的参与性。

②可以反映出不同考核者对于同一被考核者不同的看法。

③防止被考核者急功近利的行为。

④有助于被考核者多方面能力的提升。

360°评估法的不足是：

①考核成本高。当一个人要对多个人进行考核时，时间耗费多，协商成本高。

②成为某些员工发泄私愤的途径，某些员工利用考核机会“公报私仇”。

③考核培训工作难度大。因为所有员工既是考核者又是被考核者。

7.2.4 绩效考评反馈

考评结果只有被员工理解和认同，才能有效地促进员工提升工作业绩，为此必须进行考评结果的沟通。其中考评反馈是关键环节，需要相应的方法和技术。

1. 考评反馈的意义与方式

考评反馈最重要的作用是使考评结果得到确认，让员工接受考评结果。为此，考评者需要找到合适的反馈渠道与方式。

（1）反馈的意义。考评反馈的意义体现在以下三个方面：

第一，考评者与员工共同确认考评结果。员工接受考评结果是其绩效提升的基础。

第二，考评者发现考评过程中存在的问题，及时纠正考评中的误差。

第三，促进绩效提升。整个绩效考评过程是一个沟通过程，绩效目标的制订、绩效考评的实施等，都离不开考评者与被考评者之间的沟通。

（2）反馈的方式。绩效考评反馈的方式可以分为正式和非正式、定期和非定期。具体有以下几种方法：

第一，正式的工作总结。总结一段时间以来的工作目标、工作进程、出现的问题、需要提供的支持与帮助、设备仪器的使用需求状况、培训需求状况等。

第二，员工与主管面谈。这种面谈非常灵活，可以是工作间隙或专门安排的面谈，定期的、非定期的都可以。通过这种方法，可以及时准确地掌握员工的绩效动态，是绩效反馈的主要方法。

第三，非正式的走动管理。走动管理是指管理人员在员工工作期间不时地到员工的座位附近走动，与员工进行交流，解决员工提出的问题。主管人员对员工的及时问候和关心，即使不能解决工作中的难题，也可以使员工减轻压力，受到鼓舞和激励。

第四，工作间歇的沟通。主管人员还可以利用各种各样的工作间歇与员工进行沟通，例如与员工共进午餐，喝咖啡时聊天等。通过这种非正式的、轻松的聊天方式，可以发现员工不愿吐露的影响绩效问题。

2. 考评反馈的面谈

主管与员工的面谈是绩效反馈的主要方式。

（1）面谈的作用。绩效评估结果要及时告知员工。反馈面谈的作用如下：

第一，对被考核者的表现达成一致看法。通过面谈，告知被考核者最终的评价结果；预测可能产生的影响（如提升、加薪、换岗等）；接受被考核者的质疑和申述；如果有必要，调整和修正绩效考评结果。

第二，使员工认识自己的成就和优点，分析造成差距的原因；设计消除差距的工作计划；协商下一个绩效考评周期的目标和绩效标准。

第三，通过面谈，可以将上一个绩效考评循环的绩效反馈和下一个绩效考评循环的绩效目标设计合并进行，使绩效计划更有的放矢，绩效考评更加连贯。

总之，有效的反馈面谈可以使员工真正认识到自己的潜能，知道如何发展自我。面谈还可以使员工相信绩效考核的公平、公正和客观。

（2）面谈的准备。在进行绩效反馈面谈之前，主管人员和员工都要做好准备，以保证面谈取得良好效果。

就主管而言，针对员工的绩效考评结果，结合员工的特点，事先要预料到员工可能会对哪些内容有疑问，哪些内容需要向员工做特别说明。

员工也要做好相应的准备，包括收集证明自己绩效的资料，准备提出的问题，制订未来的改进计划。

7.3 绩效考评的方法

7.3.1 绩效考评方法的分类

员工绩效考评的方法从大的方面来看可以分为两类，客观考评法和主观考评法。客观考评法指用实实在在的绩效指标进行考评，如生产的产品数量和质量、废品率，原材料消耗量和能源消耗量，事故率和出勤率等。这些变量可以直接说明结果，并且是客观的，定量的，因而也应是最可信的。但是，有时理论上和实际上的限制常常使之不能使用。因为事实上影响工作绩效的原因很多，客观绩效指标说明的重点是行为的结果，而不是员工的行为，绩效考评中测量的应是员工的个人绩效，而不是个人控制以外的因素。比如，某公司把甲、乙两名分销员分别派到 A、B 两个销售市场推销产品，该公司在 A 市场上是市场领先者，没有竞争对手与之相抗衡，但 B 市场是该公司刚刚进入的市场，竞争激烈，假如甲、乙两名推销员具有相同的素质和能力，并同样努力地为公司工作，乙的销售量也会远远低于甲的销售量，这时若以销售量作为员工绩效考评的唯一标准，并且作为晋级和奖惩的唯一依据，显然是不公平的，更有甚者，在有些情况下，根本没有良好的客观绩效指标，比如，从事复杂劳动的专业人员和管理人员，其绩效很难有效量化。所以，这种绩效指标适用于一线从事体力劳动的员工，并且仅作为主观考评法的一个补充。

由于客观评价法的以上缺点，所以在绩效考评中常采用主观考评法。这种考评方法是仔细分析员工创造绩效所必需的各种重要工作行为，用精心设计的程序进行考评。这种方法比较现实可行，可用于对包括管理人员在内的各种员工的绩效考评，但这种考评需凭考评者的主观判断进行，所以常受到各种心理偏差的影响，对考评者进行适当培训可以减少各种偏差的影响程度。在实际的绩效考评中，主观考评方法又可以分为两类：一类是相对考绩法，是考评者按照某种标准把被考评员工与其他员工相比较，从而把不同的员工按该标准排出顺序或分出等级，根据考评结果决定员工的奖惩，这是比较传统的考绩法。这种考评方法有时受到人们的非议，因为员工无论多么努力地工作，他们的绩效也难以达到完全相同的水平，总会有优劣次序，这种考评方法所考评的已超出了个人的绩效范围，员工在工作中要达到的是自己的工作目标，而不是一定要比工作小组中的其他人好。另一类是绝对考绩法、即在员工绩效考评时，不在员工之间进行绩效比较，按绩效优劣排出顺序，而是直接根据既定的考评标准，分别对员工的工作表现及行为进行评定。

7.3.2 常用的几种绩效考评方法

在绩效考评实践中，常用的绩效考评的具体方法有以下几种。

1. 排队法

在被考评员工人数不多，且所从事的工作又相同的情况下，排队法是一种简便易行的方法。这种方法把被考评的员工按每个人绩效的相对优劣排出顺序或名次。排队时，可以按某种考评标准，首先选出绩效最优者，排在第一位，依此类推，直到最后把绩效最差的一个排在末尾。也可采取交叉排队的方法，首先选出最优的，排在第一位，然后选出最差的，排在最后，下一步再分别选出次优与次差的，分别排在第二位与倒数第二位，直到全部排完为止。

排队时可用每个员工的整体工作状况作为标准，这样员工在排队中的位置就是最终的绩效评价结果。也可使用符合标准，即根据工作分析的结果，从几个特定的绩效维度分别对员工进行评价。使用符合标准进行评价时，员工最终的绩效结果取决于其在各个绩效维度上的排队位置的平均值，用这个位置与其他员工进行比较，从而决定他的最终位置。

2. 成对比较法

在使用排队法对员工进行绩效考评时，需按照某种绩效标准把全部员工从好到坏进行排列，随着员工数量的增加，排队的难度越来越大。为了降低排队的难度，可以采用成对比较的方法。这种方法要求按照某种绩效标准，把员工进行两两比较，绩效优者计 1 分，劣者计 0 分，然后把每个人的分数加起来，分数越高绩效越好。

3. 强制分配法

这种考评方法是先确定几个绩效等级，如优、良、中、差、劣，然后按照事物“中间大，两头小”的正态分布规律，人为地确定每个等级中的员工数在总人数中所占的比例。例如，把最好的 10% 的员工放在最高等级的小组中，次之的 20% 的员工放在次一级的小组中，把再次之的 40% 的员工放在中间等级的小组中，再次之的 20% 的员工放在倒数第二级的小组中，最后 10% 的员工属于最差的小组。

使用强制分配法时，是将员工按不同的组进行排队，而不是按人排队，有时不能解决具体比较两个个体绩效差别的问题，此外，员工的绩效有时并不遵循“中间大、两头小”的正态分布规律，例如，当员工进行了有效的选择后，其绩效分布应该是偏态的而不是正态的，如果一个部门全是优秀员工，按正态分布规律强制进行分配显然是不合理的，因此，使用这一方法时应根据本部门的具体情况灵活规定评定的等级及每一等级所占的比例。

4. 关键事件法

对部门的效益产生积极的或消极的重大影响的事件被称为关键事件。在考核期内，主管人员为每个员工准备一个记录册，随时记录员工的关键行为，考核期结束后，主管人员运用这些记录资料对员工进行绩效评价。这一方法的优点是，对员工的评价以具体的事实为根据，避免了评价者个人的主观片面性，因此，较为客观、公正，容易为被考评者所接受，使被考评者清楚地看到自己的长处与不足，有利于日后的工作改进。这一方法的不足之处是，如果考评人员对员工的关键行为记录不全，如漏记了员工的积极行为，容易引起员工的抵触情绪，而准确不漏地记录，势必大量增加管理者的工作负担，特别是如果一名基层主管要对许多员工进行评价，则记录这些行为所需的时间可能会过多。使用这一考评方法时要注意，关键行为的记录要贯穿于整个考评阶段，而不能仅仅集中在最后的几周或几个月里；其次，所记录的必须是较突出的、与工作绩效直接相关的事件，而不是一般的、琐碎的、生活细节方面的事；最后，所记录的应当是具体的事件与行为，记录当中不能加进考评者个人的主观评价，如“该员工工作责任心强”“工作热情高”“服务态度好”等。

5. 评语法

这是主管人员用书面鉴定的形式对员工进行考评的方法。由主管人员对下属的工作表现分为优点与缺点、成绩与不足两个方面进行评定，并突出以后的改进意见。评语的内容、篇幅没有标准规范，完全由考评者自己决定，评语大多是对员工的概括性评价，几乎全部使用定性描述，没有具体数据，评定的维度及重点也可能因人而异，评定中个人判断误差的影响很大，因而难以在不同的员工之间进行比较；此外，评语中一般优点谈得较多，缺点和不足往往轻描淡写，因此，以此为基础往往难以做出科学的人事决策。但由于这种方法简单易行，方便灵活，反馈简捷，在我国的人事管理中仍被大量应用。

6. 目标考核法

目标考核法，是在“目标管理”的管理制度下对员工进行考核的方法。在考核之前，主管人员和员工共同制订考核期内要达到的工作目标，所制订的目标必须明确具体，可以计量。目标确定以后，还要制订达到目标的具体计划，以及执行计划中的绩效考评标准。绩效考评时，对照既定的目标和绩效评估标准，对员工完成目标的情况做具体的评估。通过绩效考评，可以发现员工的实际绩效与既定目标之间的差距，主管人员与被考评员工一起找出造成这些差距的原因，并采取相应的改进措施，提高员工的工作绩效，实现既定的目标。

7. 量表评估法

量表评估法是根据设计的等级评估量表对员工绩效进行评估的方法。这种方法是把有关的绩效因素列出来，即沿不同的维度对员工的共有绩效进行评价，如完成工作的数量、质量、出勤率、主动性、合作性等，然后把每一维度分成若干等级，并说明每一等级的具体含义。这种评估方法考核的内容比较全面，还可以对结果进行定量分析和比较，因而得到广泛应用。

8. 行为定位评定量表法

行为定位评定量表法把传统的量表评定法与关键事件法结合起来，兼具两者的优势。行为定位评定量表法主要评定那些明确的、可观察的、可测量的工作行为。使用这一方法时，首先确定考评的维度，即从哪些方面对员工的绩效进行评定。然后为每一考评维度都设计出一个评分量表，并列举出与每一维度的各评定等级相对应的关键事件，作为对员工实际表现评分时的参考依据。例如，对人际关系维度，“好”指这个员工总是乐于帮助别人，其他员工不仅愿意和他谈工作中的问题，也愿意和他谈个人的问题；“中等”指这个员工能够友好地帮助别人，但有时自以为是的态度使别人不敢与之交谈；“差”指这个员工自己有错误却向领导或同事发火，使大家很反感。在实际的考评过程中，所列举的关键事件是有限的，被考评的员工的实际行为很少能与量表上所列举的关键行为完全吻合，但有了量表上的关键行为做参考，考评者对员工工作过程中所表现的行为评定时便有了一个参考框架，比一般评定量表中的“优”“良”“中”“差”等抽象的词语好掌握得多，在一定程度上避免了考评者的主观随意性，同时，员工也可以把自己的行为表现与考评者的主观随意性相对照，把自己的行为表现与评定量表上不同评定等级的典型行为相对照，从而发现自己的差距，找到具体的改进目标。行为定位评定量表法的缺点是，量表的制订是一种费时费力的工作，要求很多人参加，通常由公司领导、考评者及被考评者代表、人力资源管理部门，甚至外聘专家等共同制订，而且对不同的工作必须采取不同的行为量表。此外，对评定者来说，有时很难确定被评定者的行为与量表中所列举的典型行为的类似程度，因此，很难进行匹配评定。

9. 强迫选择量表

强迫选择量表是为克服评定者的主观偏差而发展起来的一种比较复杂的评定技术。量表由 10 ~ 20 个单元组成，每个单元由 4 个描述行为的句子组成，这些句子是由心理学家精心设计的，其中涉及两个优点，还涉及两个缺点，在每两个相同性质的句子中，只有一个真正与所考评的绩效维度有关。考评时要求考评者根据被考评者的实际情况，选择与被考评者最相符合的描述，但考评者并不知道选择哪一个会对考评者有利或不利，这样考评者的主观偏见难以发挥作用。但这种量表需由专家精心设计，需要大量的财力和时间，由于技术方面的限制，这种方法的使用并不普遍。

7.3.3 绩效考评中的误区

（1）相信“绩效考评，一考就灵”。绩效考核只是众多管理工具中的一种或管理工作的一部分，只有系统地做好经营和管理的梳理工作（战略、模式、组织、人员匹配、制度、流程等），才能充分发挥绩效考评的作用。

（2）用考评代替管理。绩效考评的重点不在考评，而是利用考评进行管理。使用这个工具的管理者可以和员工明确其任务和目标，及时发现员工实现目标过程中的偏失，以便及时对员工给予必要的支持、帮助和管理。

（3）设计过于复杂的考评体系。过于复杂的考评指标和考评体系，会让管理者和被管理者都为了得到综合高分而忽视工作重点。

（4）绩效考评体系要么不专业，要么追求形式主义。不专业体现在指标和目标设计得不合理上，例如，指标和目标经常被随意改变；指标分配不当，一个人无法对自己的目标负责等。与之相反的一个错误是追求形式主义，不把时间花在实质目标和指标的讨论上，而是做很多似是而非的表格、权重计算等。

(5) 激励个人主义。本质上绩效考评体系是一个激励机制，即把一个人的部分所得和他的业绩挂钩。由于绩效要细分到个人，很多公司绩效考评体系的根本是激励个人业绩，而不是激励员工关心自己的团队和整个公司的业绩。这样的激励可能导致错误的导向。

(6) 只重短期，不重长期。绩效考评的另一个误区是只重短期，不重长期。若没有正确的引导，员工可能会为了短期利益而牺牲公司的长期利益，一个解决办法就是设计相应的晋升体系，把员工的长远利益和公司的长远利益结合起来。

(7) 只考业务，不考支持。大部分企业的绩效考评只针对业务人员，不考评支持人员（如技术、财务、人事、服务等），企业的绩效考评应该是全面的。

(8) 对考评的可能结果不做测算。这样制订出的绩效考评方案会导致一些人的业绩提成由于一些偶然因素变得非常多，一方面企业会难以承受，另一方面其他员工会觉得不公平，让激励变成了对少数人的激励。

(9) 平均主义与老好人思想。在绩效考评过程中，考评者应对员工进行客观、准确的评价，但在实际的考评过程中，一些考评者往往有自己的评价习惯，在评价时出现过宽、过严或集中的趋势。

如果一个考评者对员工进行评价时，总是以评定量表中的高分进行评定，就是所谓的过宽评价，结果会导致过宽误差。这种情况产生的原因可能是考评者本人对考评标准理解不准确，唯恐自己的评价结果会引起被考评员工的异议，或考评者不愿做严格的评定，怕对员工的报酬、晋升和职业机会造成不良影响。但这种评价结果对管理工作的消极影响是显而易见的，当得到绩效反馈时，实际绩效较差的员工可能因不知道自己的不足之处而在工作中维持现状；而那些工作较出色的员工的积极性可能会受到打击，产生老实人吃亏的感觉。当组织以此作为对员工进行奖惩的依据时，就难以发挥应有的激励作用。

如果考评者总是以评定量表中的较低分数对员工进行评价，就是所谓的过严评价，这样会引起过严误差。过严评价可能是考评者对评价标准缺乏理解造成的，但也可能是考评者的故意行为。

集中趋势是不正确地将员工评价为接近平均或中等水平造成的一种常见错误。产生这类错误的原因有：考评者对于绩效考评工作重视不够；对考评者培训不力，导致考评者对考评内容及考评标准不熟悉；考评者本身的能力较差，不能准确区分不同员工的绩效高低；如果绩效考评时要求考评者对过低或过高的评价写出书面鉴定，考评者也可能为省事只给出平均水平的评价。

过宽、过严和集中趋势所产生的共同后果是降低了考评的区分度，使考评达不到激励先进、惩罚落后的作用。要克服这类评定误差，首先必须对考评者进行培训，提高他们对绩效考评重要性的认识，并使他们准确理解和掌握绩效考评的标准；此外，要改进评价工具，制订多维度、清晰的评价标准，不同的评定等级要有明确的界定；在某些情况下，采用强制分配法，使被考评者的绩效考评结果呈正态分布也是可取的。

（10）考评频率太高或太低。考评频率过高，无法及时发现考评对象的问题并进行指导。考评频率过低，考评对象的工作无法和其工作成果匹配。这两种情况的考评都没有太大意义。通常业务人员的考评频率应该比较高（月考评或季度考评），支持人员的考评频率应该较低（季度考评或半年考评）。

（11）晕轮错误。晕轮错误又叫光环效应。在对员工进行绩效考评时，如果考评人员根据被考评者的某一特征或对他某一方面的印象对员工做出一个好或坏的全面评价，从而得出一个与事实不符的结论，这样就发生了晕轮错误。这一错误也就是人们常说的只见树木，不见森林，抓住一点，不及其余。如果一个主管人员特别重视劳动纪律，那么，一个有迟到记录的员工，即使其他方面表现不错也可能受这一因素的影响而全部得低分；相反，一个特别强调下属服从性的主管，可能会给一个碌碌无为，但老实、听话的员工一个较高的评价。在绩效考评中，晕轮错误可能是最普遍，同时又是最难消除的现象。为尽量减少晕轮错误的消极影响，绩效考评过程中，应制订明确的、可操作性强的考评标准，加强对考评人员的培训，使其充分掌握不同评定等级的具体含义。此外，对绩效的各个维度要分别进行评定，而不要对一个员工的各个维度同时进行评定。

（12）偏见。偏见是考评者对被考评员工所持有的一种不符合实际的刻板印象。例如，两名被考评者即使实际绩效不相上下，但如果其中一个毕业于一所名牌大学，在考评时他就有可能得到较高分数。此外，像员工的年龄、性别、资历，甚至相貌等因素都可能成为考评者产生偏见的原因。要克服考评者的偏见，除加强对考评者的培训，增强其考评的责任心外，还应增强考评标准的可操作性，尽量避免抽象的、概括性的主观评价。也可以增加考评者人数，根据多个考评者评价的平均值确定一个员工的绩效水平。

（13）近因效应。考评者在对员工进行评定时，受绩效考评开始前，最近一段时间内员工工作表现的影响较大，容易以近期的表现和成绩代替整个考评期内的工作绩效。例如，尽管一个推销员在整个考评期间销售成绩一般，但在考评前一个月内销售量大增，考评者由于对最近的事件记忆较深刻，可能认为该推销员的销售成绩很突出。因此，当确定了一个考核周期时，考评者的评分必须严格控制在整个周期内，要对考评周期内员工的表现进行全面了解，以减少近因效应的影响。

7.4 平衡计分卡

7.4.1 传统组织和部门考评的局限

以上讨论的都是对员工个人的考评，这是绩效考评的重点。但是，由于以下几个方面的原因，对部门的考评与对员工个人的考评紧密相关，使得对部门或者整个组织的考评也非常重要。

（1）每个员工都是在一个部门或团队工作，他不仅有义务完成那些属于自己的、明确地写在了职位说明书中的工作，也要在团队或部门中扮演积极的角色，加强与同事的合作，这样才能共同为实现部门的目标贡献力量。也就是说，完成部门的、组织整体的任务目标，是每个员工的义务。因此，很多组织在绩效考评与薪酬管理的实践中，将每个员工个人的考评成绩与其所在的班组、工段、车间的考评成绩一起加权进入每个员工的最终考评成绩之中。

（2）组织的众多利益相关者需要了解一个组织是否完成了它的使命和任务。组织需要从外界环境中获得相应的资源和支持，这些利益相关者很可能将对组织的支持建立在该组织的绩效基础之上。对于营利组织，投资者需要了解自己的投资是否得到了回报，以及长期来看自己的获利能力如何等。同时，各个组织也需要将组织的使命、战略目标计划等变成可实施的、分解到具体小组或者个人的任务。

对于部门的考评，我们传统上只采用以结果为导向的方法，即考核该部门是否完成了计划的各项任务，而各生产、销售部门的任务通常都是以经济指标作为衡量标准。虽然这样的考评实践在事实上也会考虑到除了财务数据外的一些其他的绩效因素，但是这种考虑一般是不全面、不系统的。作为各个部门，除了追求财务上的短期绩效外，还应该花大力气追求顾客的满意度、组织的长远发展、员工的工作生活质量等目标。那么，怎样站在战略高度考评各部门的业绩？平衡计分卡提供了可借鉴的经验。

7.4.2 平衡计分卡的发展

20 世纪 90 年代，随着知识经济和信息技术的兴起，无形资产的重要性日益凸显，人们对以财务指标为主的传统绩效衡量模式提出了质疑。在此背景下，美国哈佛大学商学院教授罗伯特·卡普兰（Robert Kaplan）和 RSI 公司总裁大卫·诺顿（David Norton）针对企业的绩效评价创建了平衡计分卡。经过两位创始人 20 余年锲而不舍的努力，平衡计分卡不断推陈出新，逐渐发展成为系统完备的战略管理理论体系，广泛应用于企业、政府、军队、非营利机构等各类组织的管理实践中。

平衡计分卡的发展经历了以下时期：

1. 平衡计分卡的萌芽时期（1987—1989 年）

在罗伯特·卡普兰和大卫·诺顿研究平衡计分卡之前，AnalogDevice（简称：“ADI”）公司最早于 1987 年就进行了平衡计分卡实践尝试。

2. 平衡计分卡的理论研究时期（1990—1993 年）

在罗伯特·卡普兰教授发现 ADI 公司的第一张平衡计分卡后，他与复兴全球战略集团总裁开始了平衡计分卡的理论研究。

3. 平衡计分卡的推广应用时期（1994 年至今）

1993 年罗伯特·卡普兰和大卫·诺顿将平衡计分卡延伸到企业的战略管理系统之

后，平衡计分卡开始得到全球企业界的广泛接受与认同，越来越多的企业在平衡计分卡的实践项目中受益，同时平衡计分卡还延伸到非营利性的组织机构中。

7.4.3 平衡计分卡的内容与作用

1. 概述

实际上，平衡计分卡打破了传统的只注重财务指标的业绩管理方法。传统的财务会计模式只能衡量过去发生的事情（落后的结果因素），但无法评估组织前瞻性的投资（领先的驱动因素）。在工业时代，注重财务指标的管理方法还是有效的。但在信息社会里，传统的业绩管理方法并不全面，组织必须通过在客户、供应商、员工、组织流程、技术和革新等方面的投资，获得持续发展的动力。正是基于这样的认识，组织应从四个角度审视自身业绩：学习与成长、业务流程、客户、财务。

平衡计分卡包含五项平衡：

（1）财务指标和非财务指标的平衡。目前企业考评的一般是财务指标，而对非财务指标（客户、内部流程、学习与成长）的考评很少，即使有对非财务指标的考评，也只是定性的说明，缺乏量化的考评，更缺乏系统性和全面性。

（2）企业的长期目标和短期目标的平衡。平衡计分卡是一套战略执行的管理系统，如果以系统的观点来看平衡计分卡的实施过程，则战略是输入，财务是输出。

（3）结果性指标与动因性指标之间的平衡。平衡计分卡以有效完成战略为动因，以可衡量的指标为目标管理的结果，寻求结果性指标与动因性指标之间的平衡。

（4）企业组织内部群体与外部群体的平衡。平衡计分卡中，股东与客户为外部群体，员工和内部业务流程是内部群体，平衡计分卡可以发挥在有效执行战略的过程中平衡这些群体间利益的重要性。

（5）领先指标与滞后指标之间的平衡。财务、客户、内部流程、学习与成长这四个方面包含了领先指标和滞后指标。财务指标就是一个滞后指标，它只能反映公司上一年度发生的情况，不能告诉企业如何改善业绩和可持续发展。而对于后三项领先指标的关注，使企业达到了领先指标和滞后指标之间的平衡。

2. 平衡计分卡的基本内容

平衡计分卡是从财务、客户、内部经营流程、学习与成长四个角度，将组织的战略落实为可操作的衡量指标和目标值的一种新型绩效管理体系。设计平衡计分卡的目的就是要建立“实现战略指导”的绩效管理系统，从而保证企业战略得到有效的执行。因此，人们通常称平衡计分卡为加强企业战略执行力的最有效的战略管理工具。

平衡计分卡中的目标和评估指标来源于组织战略，它把组织的使命和战略转化为有形的目标和衡量指标。平衡计分卡中的客户方面，管理者们确认了组织将要参与竞争的客户和市场部分，并将目标转换成一组指标，如市场份额、客户留住率、客户获得率、顾客满意度、顾客获利水平等。平衡计分卡中的内部经营过程方面，为吸引和留住目标市场上的客户，满足股东对财务回报的要求，管理者需关注对顾客满意度和实现组织财务目标影响最大的那些内部过程，并为此设立衡量指标。在这一方面，平衡计分卡重视的不是单纯的现有经营过程的改善，而是以确认客户和股东的要求为起点，以满足客户和股东要求为终点的全新的内部经营过程。平衡计分卡中的学习与成长方面确认了组织为了实现长期的业绩而必须进行的对未来的投资，包括对雇员的能力、组织的信息系统等方面的衡量。组织在上述各方面的成功必须转化为财务上的最终成功。产品质量、完成订单时间、生产率、新产品开发和客户满意度方面的改进只有转化为销售额的增加、经营费用的减少和资产周转率的提高，才能为组织带来利益。因此，平衡计分卡的财务方面列示了组织的财务目标，并衡量战略的实施和执行是否为最终的经营成果的改善作出贡献。平衡计分卡中的目标和衡量指标是相互联系的，这种联系不仅包括因果关系，而且包括结果的衡量和引起结果的过程的衡量相结合，最终反映为组织战略。

平衡计分卡的设计包括四个方面：财务角度、客户角度、内部经营流程角度、学习与成长角度。这几个角度分别代表企业三个主要的利益相关者：股东、客户、员工。每个角度的重要性取决于角度本身和指标的选择是否与公司战略相一致。其中每一个方面都有其核心内容。

1）财务角度

财务业绩指标可以显示企业的战略及其实施和执行是否对改善企业盈利情况作出贡献。财务目标通常与获利能力有关，其衡量的指标有营业收入、资本报酬率、经济增加值等，也可能是销售额的迅速提高或创造现金流量。

2）客户角度

在平衡计分卡的客户角度，管理者确立了其业务单位将竞争的客户和市场，以及业务单位在这些目标客户和市场中的衡量指标。客户层面指标通常包括客户满意度、客户保持率、客户获得率、客户盈利率，以及在目标市场中所占的份额。客户层面使业务单位的管理者能够阐明客户和市场战略，从而创造出出色的财务回报。

3）内部经营流程角度

在这一角度，管理者要确认组织擅长的关键的内部流程，这些流程帮助业务单位提供价值主张，以吸引和留住目标细分市场的客户，并满足股东对卓越财务回报的期望。

4）学习与成长角度

它确立了企业要创造长期的成长和改善就必须建立的基础框架，确立了目前和未来成功的关键因素。平衡计分卡的前三个层面一般会揭示企业的实际能力与实现突破性业绩所必需的能力之间的差距，为了弥补这个差距，企业必须投资于员工技术的再造、组织程序和日常工作的理顺，这些都是平衡计分卡学习与成长角度追求的目标，如员工满意度、员工保持率、员工培训和技能等，以及这些指标的驱动因素。

3. 平衡计分卡的作用

平衡计分卡的出现，从人员考核和评估的工具转变为战略实施的工具；使得领导者拥有了统筹战略、人员、流程和执行四个关键因素的管理工具；使得领导者拥有了可以平衡长期和短期、内部和外部，确保持续发展的管理工具。

平衡计分卡的引入改变了企业以往只关注财务指标的考评体系的缺陷。仅关注财务指标会使企业过分关注一些短期行为，而牺牲一些长期利益，如员工的培养和开发，客户关系的开拓和维护等。平衡计分卡最大的优点在于它从企业的四个方面来建立衡量体系：财务、客户、业务管理和人员的培养与开发。这四个方面是相互联系、相互影响的，其他三类指标的实现，最终保证了财务指标的实现。

平衡计分卡反映了财务与非财务衡量方法之间的平衡，长期目标与短期目标之间的平衡，外部和内部的平衡，结果和过程的平衡，管理业绩和经营业绩的平衡等多个方面，所以能反映组织综合经营状况，使业绩评价趋于平衡和完善，利于组织长期发展。

平衡计分卡因为突破了财务作为唯一指标的缺陷，做到了多个方面的平衡。平衡计分卡与传统评价体系比较，具有以下作用：

（1）平衡计分卡为企业战略管理提供强有力的支持。随着全球经济一体化进程的不断发展，市场竞争的不断加剧，战略管理对企业持续发展而言更为重要。平衡计分卡的评价内容与相关指标和企业战略目标紧密相连，企业战略的实施可以通过对平衡计分卡的全面管理来完成。

（2）平衡计分卡可以提高企业整体管理效率。平衡计分卡所涉及的四项内容，都是企业未来成功发展的关键要素。平衡计分卡所提供的管理报告，将看似不相关的要素有机地结合在一起，可以大大节约企业管理者的时间，提高企业管理的整体效率，为企业未来成功发展奠定坚实的基础。

（3）注重团队合作，防止企业管理机能失调。团队精神是一个企业文化的集中表现，平衡计分卡通过对企业各要素的组合，让管理者能同时考虑企业各职能部门在企业整体中的不同作用与功能，使他们认识到某一领域的工作改进可能是以其他领域的退步为代价换来的，促使企业管理部门考虑决策时要从企业出发，慎重选择可行方案。

（4）平衡计分卡可增强企业激励作用，增强员工的参与意识。传统的绩效考评体系强调管理者希望（或要求）下属采取什么行动，然后通过评价来证实下属是否采取了行动以及行动的结果如何，整个控制系统强调的是对行为结果的控制与考核。而平衡计分卡则强调目标管理，鼓励下属创造性地（而非被动）完成目标，这一管理系统强调的是激励动力。因为在具体管理问题上，企业高层管理者并不一定会比中下层管理人员更了解情况，所做出的决策也不一定比下属更明智。所以由企业高层管理人员规定下属的行为方式是不恰当的。目前企业绩效考评体系大多是由财务专业人士设计并监督实施的，但是，由于专业领域的差别，财务专业人士并不清楚企业经营管理、技术创新等方面的关键性问题，因而无法对企业整体经营的业绩进行科学合理的计量与评价。

（5）平衡计分卡可以使企业信息负担降到最小。在当今信息时代，企业很少会因为信息过少而苦恼，随着全员管理的引进，当企业员工或顾问向企业提出建议时，新的信息指标总是不断增加，这样，会导致企业高层决策者处理信息的负担大大加重。而平衡计分卡可以使企业管理者仅仅关注少数而又非常关键的相关指标，在保证满足企业管理需要的同时，尽量减少信息负担成本。

思考题

1. 什么叫员工绩效？它与企业绩效有什么联系与区别？
2. 员工绩效与员工的工作结果是什么关系？
3. 什么叫绩效考评？它在人力资源管理中具有什么地位？
4. 员工绩效主要由哪些方面的内容构成？
5. 员工绩效考评工作由哪些阶段构成？不同阶段有什么难点？
6. 什么叫员工绩效考评指标？它主要包括哪些方面的内容？
7. 绩效考评的主要方法有哪些？各有什么优点和缺点？
8. 绩效考评的主体有哪些？怎样进行考评主体的优化？
9. 绩效考评结果有什么作用？
10. 为什么绩效考评需要反馈？怎样才能提高反馈质量？

案例分析 1

李某是某公司生产部门主管，该部门有 20 多名员工，其中既有生产人员又有管理人员。该部门采用的考评方法是排队法，每年对员工考评一次。具体做法：根据员工的实际表现给其打分，每个员工最高分为 100 分，上级打分占 30%，同事打分占 70%。在考评时，20 多人互相打分，以此确定员工的工作状况。李某平时很少与员工就工作中的问题进行交流，只是到了年度奖金分配时，才对所属员工进行打分排序。

讨论题：

1. 该部门在考评中存在哪些问题？
2. 产生问题的原因是什么？

案例分析 2

某汽车有限公司为了提高公司的效益，树立公司形象，形成文明礼仪风气，准备对公司的售票员从以下几个方面进行考评：

（1）能有效地保证票款的收取；

（2）微笑服务，礼貌用语；

（3）注意仪表，形象良好；

（4）熟悉相关线路的中转情况；

（5）熟悉沿途重要设施的分布情况。

请根据以上内容为售票员设计一张行为观察量表，以评选出公司优秀的员工。设计方案时需考虑各因素权重的不同。

实训项目

一、实训内容

选择一个进行练习的同伴。首先确定你的工作内容（如果你是学生，就把学生工作作为你的工作内容），然后就你同伴的工作对他（她）进行采访，最后互换角色提问。

二、你可以问以下问题

请描述你一个典型的工作日安排。你管理哪些人？你归谁管？你的主要责任是什么？你在每周都有哪些活动？你在每项活动中都投入多少比例的时间？你的工作对脑力和体力都有哪些要求？你习惯用什么样的方法布置工作？胜任你的工作需要什么知识、技能、经验？你工作的主要成果（产出、产品）是什么？你的工作做到怎样就可以说做得不错了？

利用采访得到的信息，写出对你同伴的工作描述和业绩评价标准。

8 薪酬与福利

学习目标

1. 掌握薪酬的基本概念
2. 掌握工资制度、工资给付方式的选择
3. 掌握奖励和惩罚的综合运用
4. 掌握薪酬策略的制定
5. 了解现代薪酬管理思想
6. 了解中国组织薪酬管理现状与对策

案例导入

华为的“薪资战略”

在有消息称华为上半年为超过4万名中基层员工涨薪水后，业内人士透露，“对员工的关爱”已经写入了《华为年度企业社会责任报告》。其中提到：“要基于员工的绩效和贡献，提供及时、合理的回报，为员工提供全面的健康安全保障体系和成长机制。同时重视员工的业余生活和心理健康。”

这似乎是华为的“薪资战略”。

1. 工资、奖金与福利

这些年来，华为业绩一直节节攀升，与此相应地，员工的薪资也水涨船高。2010年，华为销售额达1852亿元，同比增长24.2%。员工人数11万多名，已经遍布全球140多个国家和地区。随之而来的是，2011年上半年，华为调整了超过4万名中基层员工的薪资，平均涨幅11.45%。据悉，下半年涨薪还将继续，预计涨幅5%~10%。

除薪资外，华为薪资还有一个重要组成部分——奖金与福利。华为员工的奖金主要根据员工每季度工作责任、工作业绩及主要完成项目情况而定，同时考虑总薪资情况，还建立了一套面向所有员工的社会保障和福利机制，包括强制性的社会保险和企业自选的额外福利。2010年，华为的员工保障投入19.7亿元。华为表示，将在员工健康安全、互动交流、员工膳食、培训和学习等各个方面持续完善相关制度。

据悉，华为薪资机制的设想是，不仅为员工提供有竞争力的薪资待遇，还要随时根据劳动市场变化和人才竞争状况，结合公司经营绩效和员工个人业绩，对薪资进行调查。为此华为专门聘请了两家顾问公司。顾问公司定期对员工薪资进行调查，根据调查结果和公司业绩对薪资进行调整，以保证在市场竞争和成本方面保持领先地位。

2. 企业年度报告强调“关爱员工”

据悉，华为近日发布了《2010 年度企业社会责任报告》，这是华为第三次发布年度企业社会责任报告，其中提到，华为将“公平经营，消除数字鸿沟，绿色环保，提升供应链 CSR（企业社会责任）管理，关爱员工，回馈社会”作为其社会责任战略。该报告中有专门一节阐述员工关爱，指出，“华为一直秉承‘以奋斗者为本’的理念，基于员工的绩效与贡献，提供及时、合理的回报，为员工提供全面的健康安全保障体系和成长机制。我们十分重视员工的业余生活和心理健康，建立了完善的员工沟通渠道，鼓励员工开展丰富多彩的文化活动，丰富员工的业余生活”。这个报告表达的一个主要意思是，华为认为，有竞争力的薪资是企业在人才竞争中重要的手段之一；华为力图在肯定员工价值的同时，让员工获得与企业一起成长的收益和成就感。

华为认为，“华为是 100% 员工持股的企业，企业的发展与每一位员工密切相关，随着企业的快速成长，最终获益的将是员工”。最新发布的华为 CSR 年报告指出，“关爱员工”是华为企业社会责任战略的重要内容，而为员工提供有竞争力的薪资，更是华为企业社会责任战略的关键部分。

（资料来源：新浪科技，2011）

本章要点

招聘员工之后如何留住员工，员工薪酬是主要渠道。本章通过讲解薪酬的含义和内容，工资制度、工资给付方式，以及如何为企业制订具有竞争力的薪酬，为企业留住人才保驾护航。

8.1 薪酬

8.1.1 薪酬的含义和内容

薪酬（compensation）是组织因使用员工的劳动而付给员工的钱或实物。凡是具有下列两大要素的报酬都属于薪酬的范围：

（1）基于对组织或团队的贡献。

（2）这种报酬被认为是具有效用的。

薪酬分为直接薪酬和间接薪酬。直接薪酬主要包括基本工资、奖金、津贴补贴和股权，间接薪酬包括福利和各种非货币性的东西。

1. 工资

工资是指根据劳动者所提供的劳动数量和质量，按照事先规定的标准付给劳动者的劳动报酬，也就是劳动的价格。这是总体上工资的定义。

薪金：从事管理工作和负责经营等的人员按年或月领取的固定薪金。

工资：按件、小时、日、周或月领取的工资。

在经济学中，薪金和各种形式的薪酬均称为工资。

总体的工资可以做如下分类：

(1) 基本工资，指员工只要仍在组织中就业，就能定期拿到的一个固定数额的劳动报酬。基本工资多以小时工资、月薪、年薪等形式（计时的形式）出现。基本工资又分为基础工资、工龄工资、职位工资等。

(2) 激励工资，指工资中随着员工工作努力程度和劳动成果的变化而变化的部分。激励工资具有类似奖金的性质，可以分为下面两种形式：

①投入激励工资，即随着员工工作努力程度变化而变化的工资。

②产出激励工资，即随着员工劳动产出的变化而变化的工资。具体形式有计件工资、销售提成等。

(3) 成就工资，指当员工工作卓有成效，为组织做出突出贡献后，组织以提高基本工资的形式付给员工的报酬。成就工资是对员工在过去较长一段时间内所取得成就的“追认”，而激励工资是与员工现在的表现和成就挂钩的。成就工资是工资的永久性增加，而激励工资是一次性的。

2. 奖金

奖金指对员工超额劳动的报酬。组织中常见的有全勤奖金、生产奖金、不休假奖金、年终奖金、效益奖金等。

3. 津贴与补贴

津贴与补贴指对员工在特殊劳动条件、工作环境中的额外劳动消耗和生活费用的额外支出的补偿。通常把与工作相联系的补偿称为津贴，把与生活相联系的补偿称为补贴。常见的有岗位津贴、加班津贴、轮班津贴等。

4. 股权

以组织的股权作为给员工的薪酬，作为一种长期激励的手段，能够让员工为组织长期利润最大化而努力。

5. 福利

福利的意思是对员工生活的照顾，是劳动的间接回报，包括带薪的节假日、医疗、安全保护、保险、各种文化娱乐设施等。

8.1.2 薪酬的本质

薪酬是一个组织对为实现组织目标而付出劳动的成员的答谢或回报，这实质上是一个公平交易或交换的过程，必须遵循等价交换的原则。这一原则与我国长期以来一贯倡导的各尽所能、按劳分配的社会主义分配原则是完全一致的，因此，只有制订公平合理的分配制度，才能充分调动劳动者的工作积极性，促进经济的发展和社会的进步。在计划经济体制下，我们的企业之所以出现生产效率低下、人浮于事、出工不出力的现象，究其原因，最根本的一点就是没有真正贯彻按劳分配这一基本原则，过分强调平均主义，劳动者的劳动付出和劳动成果得不到承认和尊重，甚至出现脑体倒挂等种种不正常的现象，严重挫伤了劳动者的生产积极性，阻碍了经济的发展。

8.1.3 薪酬的作用

从根本上说，薪酬的作用是使一个组织能够吸引、保留和激励所需的人力资源，从而保证组织的正常运行，顺利实现组织的预定目标。具体来说，薪酬的作用有以下几个方面：

第一，维持劳动力的生产和再生产。企业的生产过程同时也是劳动力的消耗过程，员工作为企业的劳动力资源，在生产过程中会消耗一定的体力和脑力，消耗的体力和脑力必须及时得到补充才能使企业的再生产过程顺利进行下去。员工通过劳动取得报酬来维持自身以及家人的衣、食、住、行等基本需要，也可把部分薪酬用于教育子女和自己的学习进修，不断提高自己的技术和文化知识水平。从这种意义上说，薪酬是维持劳动力生产和再生产的基本条件。

第二，促进人力资源的合理流动。不同的企业以及同一企业的不同部门的薪酬之间存在一定的差异，这种薪酬的差异是促进人力资源流动的重要因素。因此，企业可以利用经济杠杆，通过调整不同部门间的薪酬水平促进人力资源在不同部门间的合理流动，从而达到人力资源的最佳配置，使人尽其才，获得单靠行政命令难以达到的效果。此外，对于企业急需的各种专业技术人才和高级管理人才，也可以通过高薪聘请的方法加以引进，这对于打破人才的单位所有制，促进人才流动，减少人才浪费具有积极意义。

第三，增强员工的组织归属感。合理的薪酬制度能使员工较普遍地感到公平、自己的价值得到了认可，因而能够减少矛盾和冲突，降低内耗，使员工感到心情舒畅，增强员工对企业的认同和情感依恋，使自己的发展目标与企业目标自觉统一起来，为实现企业的目标而努力工作。

第四，调动员工的积极性。薪酬的多少决定了员工的物质生活条件，是员工满足多种需要的经济基础，因此薪酬作为一种积极的强化物直接影响员工的积极性。但是实践表明，员工积极性的高低与薪酬的多少之间并不是简单的线性关系，薪酬所激发的员工积极性的高低除与薪酬的多少有关外，还与薪酬分配是否公平合理密切相关。特别是在中国历史文化背景下，不患贫而患不均的思想根深蒂固，如果薪酬制度不合理，不仅不能起到应有的激励作用，甚至还可能适得其反。因此必须制订公平、合理的薪酬制度才能调动员工的积极性。

要想使薪酬发挥应有的作用，管理者在薪酬管理过程中要注意以下几个方面的问题：

（1）薪酬的外部公平性，即企业员工所得的报酬与同地区、同行业或同等规模其他企业中完成类似工作的员工相比，是否接近。企业要想使员工安心在本企业工作，薪酬水平与其他企业相比，差距不能太大，企业要想吸引急需的人才，薪酬的标准更应具有竞争力。

（2）薪酬的内部公平性，指企业内部从事不同工作的员工，所得的薪酬应与他们所从事工作的相对价值相一致。

（3）薪酬的个人公平性，同一企业中从事相同工作员工的薪酬应与他们的绩效相一致。

（4）机会的公平性，员工间的收入与贡献比相等，只是结果的公平，企业的薪酬制度真正做到公平合理，除注意结果的公平性以外，管理者还要为员工创造机会均等、公平竞争的条件，人尽其才、才尽其用，才能最大限度地调动员工的积极性。

8.1.4 影响薪酬制度的因素

（1）劳动力市场的供需关系和竞争关系状况。在市场经济条件下，企业员工的工资是由劳动关系的双方协商决定的，因此劳动力市场的供需关系与竞争状况对薪酬制度的影响很大。在经济增长较快，对劳动力需求大，而劳动力的供给又相对缺乏的情况下，企业付给员工的薪酬就会增加；反之，在经济萧条，对劳动力的需求量较小，劳动力供大于求的情况下，企业就会减人降薪。不同企业间的收入差距会导致人员流动，因此，本地区、本行业的其他企业，尤其是主要竞争对手所制订的薪酬政策与水平，对薪酬制度的影响非常大。一个企业要想在人力资源的竞争中处于主动地位，所制订的薪酬水平至少不能低于同行业的平均水平。目前，我国劳动力总量供过于求，但是，企业急需的各类高级专业技术人员和管理人员则不足，因此，随着人力资源市场的形成与完善，不同素质的劳动者间的收入差距将会进一步拉大。

（2）企业的经济承受能力对其薪酬政策具有决定性的影响。如果公司的产品畅销，利润丰厚，员工的薪酬水平可能比较高；反之，如果公司的经营已陷入亏损局面，企业给予员工的薪酬自然要受影响。

（3）社会生活水平和物价指数变动情况。不同地区的生活水平对企业的薪酬政策也有一定的影响，如我国的沿海开放城市和内陆相对落后地区生活水平相差较大，社会生活水平的不同使不同地区的企业制订薪酬政策时的参照标准也不同。社会生活水平的提高，使员工对个人生活的期望也随之提高，无形中会给企业造成一种制订偏高薪酬标准的压力。即使在同一地区，物价指数的变动情况对企业的薪酬政策也有一定的影响，物价的上升意味着员工实际收入的减少，为了使员工维持已有的生活水平，企业也往往相应地调整薪酬水平。

（4）企业的业务性质与内容。企业薪酬水平的提高，可以调动员工的积极性，增强企业在人力资源竞争中的实力，但同时不可避免地导致人力成本的上升，人力成本的影响对不同的行业具有不同的意义。在传统的劳动力密集型企业中，员工从事的主要是简单的体力劳动，劳动力成本在总成本中所占比重较大，员工薪酬水平的提高可导致生产成本的大幅度上升，因此，在制订薪酬政策时企业不得不慎重对待；相反，在技术密集型企业中，员工从事的是复杂的、技术含量很高的脑力劳动，相对于先进的技术设备而言，劳动力成本在总成本中的比重不大，而员工的积极性和创造性对企业在市场中的生存与发展起着关键作用，因此，企业在制订薪酬政策时往往比较慷慨和大方。

（5）国家的有关政策和法令。国家有关各类职工权益保护的政策和法令，如保护妇女和残疾人的有关规定，关于标准工作时间和延长工作时间的规定，以及最低工资保障制度等都影响着企业薪酬政策的制订。

8.2 薪酬设计

8.2.1 企业薪酬的设计过程

1. 制订企业薪酬分配的原则与策略

企业的薪酬分配制度必须体现出外在公平性与内在公平性。所谓的外在公平性指企业某种职务的薪酬至少应达到本地区、本行业的平均水平，特别是与企业主要竞争对手相应职务的工资相比，不能相差太多，这样才能起到“稳定军心”、吸引人才的作用；内在公平性指企业制订的薪酬制度应体现多劳多得的原则，不同职务的薪酬应与其对企业的贡献挂钩，这样才能调动员工的积极性。此外，企业还要根据自己的实际情况和人力资源市场的供需情况，制订特殊的薪酬政策，如对企业急需的人才给予高薪，以吸引所需人才。

2. 职务设计与分析

企业根据自己的经营目标确定相应的组织结构，形成一定的组织结构系统，然后，通过职务分析，确定每一职务的工作内容和任职资格，这是建立工资制度的依据。

3. 职务评价

以职务分析所确定的各种职务的工作范围以及任职资格为依据，明确每一职务对本企业的相对价值的大小，不同职务的相对价值可用一定的顺序、等级或分数来表示。某一职务工作完成的难度越大、对任职者的素质要求越高，这一职务对企业的重要性也就越高，其相对价值和对企业的贡献也就越大。以每一职务对企业的贡献和相对价值的大小为依据确定其薪酬水平，便保证了薪酬制度的内在公平性。

4. 内外环境调查与薪酬结构设计

通过职务评价明确不同职务的相对价值，是制订企业薪酬制度的基础，在此基础之上，还必须把每一职务的相对价值转换成具体的实际薪酬数，这就需要在内外环境调查的基础上进行薪酬结构设计。内外环境调查的内容包括以下几个方面：

（1）本地区社会生活水平、员工期望、企业目标、经济效益和支付能力等方面的调查与分析，这些因素决定了企业薪酬的总体水平与分配标准。

（2）其他企业的薪酬情况调查。对本地区、本行业特别是主要竞争对手的薪酬状况进行调查，以此作为参照标准来制订和调整本企业相应职务的工资，以保证企业薪酬的外部公平性。

（3）人力资源市场的供求状况分析。当企业所需的某种类型的员工在劳动力市场上供不应求时，企业就会不惜拉大与其他员工之间的工资差距，制订出颇具竞争力的薪酬标准以吸引所需人才，反之，就会制订出相反的薪酬策略。

所谓薪酬结构设计，就是指使一个企业中各职位的相对价值与其对应的实际薪酬数之间保持什么样的关系，这种关系不是随意的，而是与企业的薪酬分配原则与策略密切相关的，如果企业鼓励员工间的竞争，严格按贡献付酬，不惜拉大不同贡献员工间的收入差距，不同职务间的实际薪酬数就会相差较大；相反，若企业偏向于照顾大多数，不愿意因为收入悬殊而激化矛盾，则不同职务间的实际薪酬数相差就较小。企业的薪酬结构应体现出内在公平性与外在公平性，因此常在职务评价与内外环境调查的基础上综合考虑各方面的因素后才能确定。不同职务的相对价值与实际工资数之间的关系可用“薪酬结构线”直观、清楚地表示出来。

5. 薪酬分级

薪酬分级指根据职务评价与薪酬结构设计的结果，将众多类型的职务薪酬归并组合成若干等级，形成一个薪酬等级系列，从而确定企业内每一职务的具体工资范围。

6. 薪酬制度的执行、控制与调整

企业的薪酬制度建立以后，还要根据企业内外环境的变化不断进行调整。

8.2.2 职务评价的方法

职务评价主要是找出企业内各种职务的共同付酬因素，根据一定的评价方法，按每一职务对企业的贡献大小，确定其具体价值。常用的职务评价方法有四种，即排级法、套级法、评分法和因素比较法。

1. 排级法

这是最简单的职务评价方法，这种方法以职务说明书中所规定的工作内容和职务规范为依据，把企业的所有职务两两进行比较，根据其对企业的相对价值大小或重要性的高低排出顺序或等级，参照职务的重要性确定工资额。这种方法的优点是不需要复杂的量化技术，操作简单，不用请专家参与，因而评价的成本较低，又可以保证重要职务得到较高的薪酬。其缺点是没有严格具体的评价标准，评价的主观随意性很大，由于不同的评价者对不同职务的了解程度不同，可能会导致他们的评价结果差异较大，从而降低评价的信度。因此，这种职务评价方法仅适用于那些规模较小、结构简单、职务类型较少，评价者对各种职务都比较了解的企业。

2. 套级法

套级法可以在一定程度上减少排级法由于缺乏明确的评价标准所造成的误差。使用这种方法进行职务评价时，首先应确定一套等级标准，然后将待评价的职务与评价标准相比较，从而确定这一职务的相对价值或重要性。制订评价标准时，首先将企业的所有职务大体划分为若干种类，如管理人员、工程技术员、销售人员等，然后根据复杂程度再把每种职务分为若干等级，在划分的每类每级职务中，分别挑选出一个典型的职务来，并列出该职务的工作范围和任职资格。这些典型职务以及相应的工作范围和任职资格，就是进行职务评价时所参照的等级标准。

用排级法和套级法进行职务评价时，都是仅对不同的职务做整体的定性比较，不进行维度细分，因而所做出的比较是粗线条的，评价的结果也只能将不同的职务按其对企业的相对价值或重要性大小排出顺序或等级，并不能指出各级间差距的大小，各个等级之间的差距也不一定相等，因此，评价结果对薪酬结构设计的参考价值是有限的。

3. 评分法

这是在职务评价时应用最为普遍的一种方法。这种方法与套级法的共同之处是，首先制订评价的标准，然后将待评价职务与标准相比较，以确定待评职务的等级。二者的不同之处是，套级法是先选出典型职务，将典型职务作为评价标准，把待评职务作为一个整体与标准相比较；而评分法不是把典型职务作为评价标准，而是将职务分解为构成要素，以这些要素作为评价标准，这些要素反映了企业对职务的要求，是企业据以支付报酬的因素，因此，被称为付酬因素，如常见的付酬因素有与职务相关的专业知识、工作经验、工作的难度、所承担的责任、劳动条件等。需要指出的是，不同类型的职务所包含的付酬因素是不同的，即使有相同的因素，其重要性也可能是不同的，如创造性这一因素对于从事科研、开发的工程技术人员和生产第一线的车间工人显然具有不同的意义，所以职务评价时所选择的因素必须根据企业的具体情况和所包含的职务类型来确定。付酬因素确定以后，接下来的工作是把各因素分成适当的等级，每一个因素的等级数多少取决于该因素的相对重要性以及不同等级间相互区分的难易程度，因素越重要，等级间越容易区分，这一因素分成的等级就越多。各付酬因素的等级确定以后，为增加评价标准的可操作性，可对每一因素及不同等级分别用简要的说明加以界定。最后，为每一付酬因素规定一个分数，并把每一因素的分数在各等级间进行分配，这样评价标准就完成了。进行职务评价时，将待评职务与这些标准相比较，求出该职务在每一因素上的得分，把各个因素上的分数相加所得的总分就是该职务对企业的相对价值，然后就可以按规定将这一职务纳入企业的工资等级系列。

4. 因素比较法

用因素比较法进行职务评价时，首先选出一些标准职务，然后将待评价职务与标准职务相比较来确定其相对价值和工作报酬。所谓标准职务，是指员工比较了解和熟悉的，足以代表企业内各种职务的关键职务。因素比较法包括以下几个步骤：

（1）选择 15 ~ 20 个标准职务，并对每个标准职务提供简短而明确的职务说明和职务规范要求。

（2）根据企业的特点确定职务因素，通常包括从事某职务所需的技能、智力和体力消耗大小、所承担的责任轻重与工作条件等。

（3）为每一个标准职务的各因素分配薪值，即决定把各职务工资总额如何分配给各因素，确定因素的工资的比例。

（4）画出因素比较表，把各标准职务的工资和各因素的工资的排序情况以图表形式表示出来。

（5）对照因素比较表，对待评职务进行评价，确定该职务的相对价值和应得的工资。

在这四种职务评价方法中，因素比较法是系统化程度较高、较完善的一种，可以直接从职务内容求出工资额，与评分法相比较，省略了从职务评分到工资转换的中间环节；因素比较法在职务因素上的赋值具有相对灵活性，可根据企业特点及待评职务的特殊情况做相应的特殊处理，因此，比其他方法适应性更强。但是，因素比较法的开发难度较大，具体操作过程中它的准确性和公平性受主观成分的影响，在实际的职务评价中用得较多的还是评分法。

8.2.3 工资分级方法

根据工资管理中的公平性原则，不同职务的工资应与其对企业的相对价值成比例，即在职务评价中得分越高，企业对该职务支付的工资也应越高。从理论上看，这是合理的，但在实际的工资管理中，如果严格按照职务的得分支付工资，每一种职务就会有一种独特的工资，这会给工资的发放与管理带来巨大的困难与混乱。在实际的工作中，为便于工资管理，常把职务评价中得分相近的若干职务归为一组，如经过评分法对各职务进行评价后，把全部职务每隔 50 分区间归为一个组，构成一个职务等级（职级），给该职级规定一个工资，即尽管各职务的相对价值并不完全相同，但只要在同一个职级内，就得相同的工资。这样就可以把企业众多职务的工资归并组合成若干等级，从而形成一个工资等级系列。在实际的工资管理中，常为每一职级的工资规定一个变化范围，即薪幅。薪幅范围的大小与工资等级数成反比，即工资的等级数越多，每一等级的变化范围就越小。此外，薪幅还随工资等级的升高而变大，即工资的等级越高，该等级的底薪与顶薪相差越大。相邻等级之间还有一定的重叠程度，薪幅越大，相邻等级间重叠程度越大。

给每一职级的工资规定一个变化范围在人力资源管理中具有积极意义，可以给那些由于职位的限制而一时难以得到提升的优秀员工较多加薪的机会，从而提升其工作积极性。但职级薪幅的增大不可避免地会使邻级间的重叠区域扩大，当员工得到提升时，可能其工资已超过了较高一级的底薪，结果提职不提薪，甚至其工资距离新职级的底薪已较近，以后增薪的机会不多，以致削弱了工资制度的激励功能。因此，在工资管理中，整个企业的工资分为多少个等级，每一等级的变化幅度以及不同等级间的相互重叠程度为多大，需根据企业的具体情况灵活加以安排。

8.2.4 薪酬结构的设计

薪酬结构指在同一组织内部不同职位（或不同技能）薪酬水平的排列形式。它强调薪酬水平等级的数量，不同薪酬水平等级之间的差距（级差），以及决定级差的标准。

薪酬结构设计包括以下三个方面：一是划分薪酬等级，即回答“设计多少个薪酬等级”的问题；二是确定每个薪酬等级内部的薪酬浮动范围，即回答“每个薪酬等级幅度多大”的问题，最高值、中间值以及最低值是三个关键的数值；三是确定相邻两个薪酬等级之间的交叉与重叠关系。

1. 划分薪酬等级

划分薪酬等级的依据是通过职位评价所得到的职位的价值等级（如果使用因素比较法完成职位评价的话，则一般用点数来表示职位的价值等级）。把薪酬点数基本相同的不同职位归纳在一起成为一个等级，因此，每一个薪酬等级应包括价值（点数）相同或相当的若干个职位。企业规模不同，薪酬等级的数量也不相同，大企业的薪酬等级的数量比小企业的要多。

确定薪酬等级的数目时，主要考虑薪酬管理上的便利和各种工作之间价值差异的大小。在组织价值最大的工作和价值最小的工作的职位评价点差异既定的情况下，一方面，如果建立职位等级的点值范围太大，即薪酬等级数量较少，那些在工作任务、责任和工作环境等要素上差别很大的员工因被划到同一级别而支付相同的薪酬，这样就会损害薪酬的内部公平性；另一方面，薪酬等级的划分还必须充分考虑组织内部的管理层级因素，组织内同一管理层级的职位最好能够划分到同一职位等级中，这样既可以体现相同的管理层级对组织价值创造的同一性，又使薪酬管理更加便利。下面我们以某企业为例加以说明，如表 8－1 与表 8－2 所示。

表 8－1　根据职位评价点数对职位进行的排序

顺序	职位名称	职位评价点数
1	秘书	160
2	信息与统计项目经理	210
3	出纳项目经理	235
4	薪酬绩效项目经理	255

续 表

顺序	职位名称	职位评价点数
5	投资管理高级项目经理	270
6	外事服务高级项目主管	300
7	薪酬绩效经理	360
8	投资管理经理	370
9	财务管理经理	375
10	人力资源部总经理助理	415
11	财务部总经理助理	425
12	人力资源部副总经理	480
13	财务部副总经理	485
14	人力资源部总经理	545
15	财务部总经理	555

表 8－2　　根据点数分布进行职位等级划分

职位等级	等级点数段	职位名称	职位评价点数
2	140～199	秘书	160
3	200～259	信息与统计项目经理	210
		出纳项目经理	235
		薪酬绩效项目经理	255
4	260～319	投资管理高级项目经理	270
		外事服务高级项目主管	300
5	320～379	薪酬绩效经理	360
		投资管理经理	370
		财务管理经理	375
6	380～439	人力资源部总经理助理	415
		财务部总经理助理	425
7	440～499	人力资源部副总经理	480
		财务部副总经理	485
8	500～559	人力资源部总经理	545
		财务部总经理	555

2. 确定薪酬的薪酬区间

薪酬区间，也就是薪酬等级的幅度（也称为薪级），是指每一个薪酬等级内最低薪酬到最高薪酬的变动幅度，它是组织中处于相同职位等级内的不同员工获得的不同薪酬的范围。我们知道，同一薪酬等级内的工作具有相同的薪酬标准，但是在相同职位上工作的员工对组织贡献和价值的大小，除了受职位本身价值的影响，员工个人的能力、经验、努力程度、绩效水平等因素也对其有影响。因此，在建立薪酬等级之后，我们还应该为每个薪酬等级设计一个合理的薪酬区间，这个区间反映了企业针对某一特定职位，愿意支付给不同绩效或经验的员工的薪酬的合理差距。

确定薪酬浮动范围首先要确定薪酬区间的中间值。中间值通常依据前面已经确定的每个职位等级的市场薪酬水平来确定。这个市场薪酬水平是由薪酬政策线得出的，薪酬政策线穿过每一职位等级上的这个点，就是该等级薪酬浮动范围的中间值。薪酬区间的中间值反映了员工经过实践经验的积累或培训完全胜任职位时可得到的薪酬水平。

薪酬区间中间值确定以后，接下来就要确定区间的最高值和最低值。最高值和最低值代表了企业愿意支付给该职位等级的最高薪酬和最低薪酬。在设计薪酬浮动范围时，我们一般不直接确定薪酬的最高值和最低值，而是先确定等级的薪酬浮动幅度（带宽），再根据中间值和浮动幅度确定薪酬等级的最高薪酬和最低薪酬。带宽表示了某个职位等级薪酬区间的最高值和最低值之间相差的比率，组织中不同职位等级的薪酬区间的带宽是不同的。一般来说，在一个组织中，职位价值越小，其对应的薪酬区间的带宽就越小；职位价值越大，其对应的薪酬区间的带宽就越大。另外，高等级的职位由于责任、能力、贡献的要求更高而晋升的空间更小，所以，薪酬等级的浮动幅度会更大，带宽也更大。当然，带宽与企业文化也相关。越是鼓励拉开收入差距的企业文化，企业的薪酬浮动幅度就会设置得较大；平均主义比较强的企业文化，企业的薪酬浮动幅度就会设置得较小。

此外，在实务操作中，人们还经常对现存区间进行更加细致的划分，将区间内不同的薪酬水平与任职者的个人特征相联系，得到了一些经验性的指导原则。

虽然所有员工的薪酬水平原则上都应限定在薪酬区间内，但是，由于市场突变或为了维持企业内部平衡，一部分职位的薪酬可能需要突破此区间。在这种特殊情况下，可对一部分职位实行超过薪酬区间范围的临时水平。

3. 确定相邻薪酬等级的交叉

从理论上讲，组织中相邻薪酬等级之间的薪酬区间可以设计成有交叉重叠的，也可以设计成没有交叉重叠的。然而，在实践中，大多数企业倾向于在薪酬结构中设计交叉重叠。相邻薪酬等级之间存在适当的交叉重叠有着重要的作用，主要在于：职位等级越高，职位的数量越少，人们基于职位的晋升空间也越有限，时间也越长；相应地，基于职位等级晋升来提升薪酬的机会也就越小，时限也就越长。这显然会对薪酬的激励效果产生负面影响。这时，如果存在相邻薪酬等级的交叉，那么在低薪酬等级上的员工也有了获得相邻高等薪酬等级上较高水平薪酬的余地和机会，特别是在得不到职位晋升而需要给予较高薪酬激励的情况下，交叉就提供了有效的空间。但是对于具体的薪酬结构中应设计多高的交叉程度，往往没有通用的标准，这主要取决于企业的实际情况。同时，交叉程度的高低也反映了企业的管理倾向，交叉程度越低，表示企业越鼓励低职位等级的员工通过职位的晋升来获得更高的薪酬，从而引导员工去寻求并接受晋升机会或所需的必要培训，相反，交叉程度高，表示企业不鼓励员工致力于职位的晋升，并控制员工晋升的速度。

8.2.5 薪酬的管理与调整

薪酬管理是一个动态管理的过程，为了使相对静态的薪酬体系能适应组织外部环境和内部成长性的变化，需要对薪酬进行适度、适时的调整。

1. 薪酬的管理

薪酬制度的建立与完善，事关每一个员工的切身利益。若员工对企业薪酬制度的公平性产生怀疑，势必影响企业的凝聚力和员工的积极性，所以，薪酬管理的前提是使员工了解企业工资制度所依据的原理，信任并接受企业的薪酬制度。由于薪酬制度的直接依据是职务评价的结果，所以，首先必须让员工了解职务评价的基本原理、内容、程序及方法，增加评价过程的透明度，吸收员工参与职务评价过程，允许员工对评价结果提出质疑，发表意见，采纳员工的合理化建议，这样，评价结果才会得到员工的认可。其次，在根据职务评价结果设置薪酬等级以及每一等级的薪幅大小时更要统筹兼顾多方面的利益，广泛征求员工的意见，以确保所建立的薪酬制度的公平合理性。具体来说，在薪酬分配方面还要注意以下几个方面的问题：

（1）无论对哪个级别的员工支付的薪酬，都应达到社会公认的公正性标准，真正使员工的贡献与其所得的报酬相一致。

（2）无论对哪一层次的员工支付的薪酬，都应保证使他们在劳动中所消耗的体力和脑力及时得到补偿，以维持劳动力的再生产，因此，其最低额不能低于最低生活费用。

（3）在企业的薪酬管理工作中，还必须坚持同工同酬的原则，要特别注意克服和避免薪酬分配中对不同员工的不公正待遇。

（4）对于那些业绩突出，贡献大、能力强的员工，应使他们优先得到提薪和晋级的机会，充分发挥薪酬制度的激励作用。

（5）严格遵守《中华人民共和国劳动法》及相关法律的有关规定，企业支付给员工的薪酬不得低于法定最低标准，企业应把员工的薪酬以货币形式按月支付本人，不得克扣和无故拖延，不得以实物或有价证券代替薪酬。

2. 薪酬的调整

企业的薪酬制度确定以后，还要随企业内外环境的变化不断进行调整，从而保证其激励功能的正常发挥。企业薪酬调整的类型主要有以下几种：

（1）工龄调整。目前实行的结构薪酬制中，工龄工资是整个薪酬的组成部分之一。工龄的增加意味着工作经验的积累与丰富，代表着能力或绩效的提高，因此随着员工工龄的增加，其工龄薪酬也随之增加。

（2）效益调整。这是企业根据自己的效益情况对薪酬进行调整。当企业的经营效益较好、盈利较多时，为回报员工对企业的贡献，对全体员工的薪酬普遍上调，但在经营效益欠佳时可能会再调回。因此，这种调整随企业经营效益的变化而变化，是暂时性的。

（3）生活指数调整。当发生通货膨胀时，尽管职工的薪酬数额没有减少，但物价的上涨使其实际购买力下降，从而造成实际收入的减少。为了使员工的生活水平不致因为通货膨胀而降低，企业常根据物价指数的变动情况对薪酬进行调整。根据物价指数对薪酬进行调整时，可采取两种不同的方法。一种方法是等比例调整，即所有员工的薪酬都在原有基础上按同一比例增加。等比例调整的优点是保持了原来薪酬结构内在的相对级差，使各职务的相对价值与薪酬额间的相对关系保持不变，但用这种方法进行调整时，薪酬越高增加的薪酬额越多，进一步拉大了不同员工间的收入差距，容易使低薪酬者产生不公平感。另一种方法是等额式调整，即不管原来的薪酬高低，一律增加相同数目的薪酬额，这种调整方法容易被员工接受，但导致等级差比的缩小，使各职务的相对价值与相应薪酬额间的相对关系发生变化，动摇了原来的薪酬结构。

（4）奖励性调整。以上几种调整方法是面向全体员工的，不管增加的薪酬额是否相等，所有的员工均能获得调整。奖励性调整的范围则相对小一些，是为了奖励那些绩效突出，为企业作出较大贡献的员工，以使他们发扬优点、再接再厉。

8.3 奖励

8.3.1 奖励的类型

从薪酬的设计过程可以看出，企业中不同职务的薪酬水平主要是依据不同职务本身的特点确定的，与职务承担者个人的具体特点关系不大。但是，在实践中，承担同一职务的员工，其工作绩效不可能是完全相同的，往往会出现上下高低之分。为真正贯彻按贡献取酬的原则，在组织管理工作中，对表现突出、绩效优异的员工给予适当的奖励，才能使人真正产生公平感，从而调动员工的工作积极性，产生积极向上的集体气氛，保证组织目标的实现。因此奖励制度在企业的人力资源管理工作中也具有不可忽略的重要作用。奖励的类型有以下几种：

（1）以奖励对象的作用特点为标准，可将奖励分为外在奖励与内在奖励。外在奖励的资源存在于工作以外，控制在组织、领导与同事手中，如得到领导或同事的赞扬，职务得到晋升，被授予一定的光荣称号或发放一定数额的奖金等。内在奖励的资源存在于工作过程本身之中，如所从事的工作适合自己的兴趣与专长，使自己学有所用，能充分发挥自己的才能与创造性，充分体验到成就感。越是文化素质高的员工，对内在奖励的需要越迫切。因此，企业若能知人善任，根据其特长、兴趣与需要把员工安排在合适的工作岗位上，能极大地调动其工作积极性，甚至能取得外在奖励难以达到的效果。

（2）按奖励的手段，可分为物质奖励与精神奖励。物质奖励可以给被奖励者带来实际利益，如发放奖金、奖品、晋级、奖励旅游、培训、出国考察、给予股权等。精神奖励能使被奖励员工感到心理上的满足，如通报表扬，颁发奖状、获奖证书、奖杯、奖章、锦旗，授予光荣称号，照片上光荣榜等。实际上，物质奖励往往也会使员工感到自豪与骄傲，受到同事的赞扬和羡慕，从而获得心理上的满足。员工获得的精神奖励也往往作为加薪晋级的依据，给被奖励员工带来实际的物质利益，因此，在管理实践中，这两种奖励往往是结合在一起的。

（3）以奖励对象为标准，可把奖励分为个人奖励与集体奖励，前者以员工个人的工作绩效作为奖励的依据，后者以工作小组的绩效为依据。个人奖励有利于激发员工个体的工作积极性，但有时可能会造成员工间的人际关系紧张与冲突。集体奖励可增强团体成员的组织归属感及合作意识，但有时可能导致不能充分发挥每个员工的潜力。管理工作中，应注意把两种奖励较好地结合起来。

8.3.2 奖励的管理

奖励作为对员工为企业做出贡献的答谢和回报，是工资的重要补充，这一手段如果运用得当，可以使员工受到极大的鼓舞，激发出更大的工作热情，为组织目标的实现尽职尽责，使组织有限的投入得到加倍的回报，但是，若运用不当，也可能会适得其反，不仅达不到激励员工的目的，反而会使员工产生不公平感，招致其抱怨与不满，从而导致士气低落，工作效率低下。为使奖励能发挥应有的作用，企业在运用奖励手段时应注意以下几个方面的问题：

（1）奖励措施应具有针对性。在对员工进行奖励时，应根据员工的不同需要采取相应的奖励措施。由于家庭背景、文化修养、工作条件以及个性特点等方面的差异，不同员工的需要是不同的，奖励措施只有与员工的需要相一致，才能最大限度地调动其工作积极性。对于低收入的员工，奖金的作用就十分重要；而对于收入水平较高的员工，特别是对知识分子和管理人员来说，给予晋升职务、职称的机会，授予其一定的工作自主权，可能会收到更好的激励效果；对于在危险、恶劣的特殊条件下工作的员工来说，改善劳动条件，做好劳动保护，增加岗位津贴等都是有效的激励手段。

（2）把物质奖励与精神奖励结合起来。尽量增加物质奖励的精神含量，不仅使获奖人在物质上得到实惠，而且在精神上也受到鼓励，激起荣誉感、成就感和自豪感，从而使激励效果倍增。如发达国家的一些成功企业，特别重视颁奖仪式，尽量把仪式办得隆重热烈，震撼人心，使人终生难忘。此外，也要把精神奖励与物质奖励挂钩，对于获得劳动模范、生产标兵、先进工作者等光荣称号的员工，在授予光荣称号的同时，工资待遇上也予以破格晋升，发放奖金、分配住房时适当予以优先考虑，以避免精神上受奖，物质上吃亏，当先进不合算情况的出现。

（3）注意奖励的公平性。奖励的公平性并不意味着每人所得到的奖励相等，相反，应适当拉开奖励的档次。不同等级的奖励间差别过小，容易造成平均主义，会失去奖励的意义，但是，差别过大，超过了贡献的差距，则会使员工感到不公平，挫伤其工作积极性，也达不到奖励的目的。应尽量使员工受到的奖励与其贡献相匹配，才能使员工感到公平，从而起到激励先进、鞭策后进的作用。需要注意的是，不同员工自身的公平标准可能是不同的，因此，在对员工进行奖励时，除制定科学合理的绩效考评方法、严格按照员工的工作绩效进行奖励外，还必须注意对员工进行公平观教育和心理疏导工作，耐心向员工解释企业的奖励政策，引导员工树立正确的公平观，使员工认识到，无论何人，也不管他从事什么工作，只要给企业做出了贡献，都有机会得到奖励，把员工的注意力引导到努力做好本职工作上来。

（4）恰当地设立奖励标准。奖励的标准定得太高，达到目标的期望概率过低，会使人望而却步；标准过低，人人轻而易举都能得到奖励，也不能充分调动员工的积极性。企业应当设立对员工具有挑战性的奖励标准，对员工来说，绩效目标有一定的难度，不能轻易达到，但经过努力之后又是可以实现的，也就是平时所说的“跳起来，够得着”的标准。

（5）注意掌握奖励的时机。奖励的时机直接影响奖励的效果。斯金纳的操作性条件反射理论认为，当有机体做出了某种正确行为以后，及时给予强化，会进一步提高该行为出现的频率，随着行为与强化之间的时间间隔的延长，强化的效果逐渐减弱，时间间隔增加到一定的限度，有机体难以在行为与强化物之间建立联系，所施加的强化物就达不到应有的强化效果。人们做出一定的行为后，对自己行为的结果高度关心，此时给予强化效果最好，因此，奖励应在绩效考评结束后立即进行，时间的延长意味着对企业奖励资源的浪费。

8.4 福利与薪酬

在现代企业的薪酬体系中，员工福利扮演着非常重要的角色，是企业总薪酬中不可缺少的一个重要组成部分，是雇主为员工支付的货币性薪酬的补偿和延续。完善的福利体系对于吸引和保留员工都非常重要，也是人力资源管理系统是否健全的一个重要标志。

福利反映了组织对员工的长期承诺，正是由于福利的这一独特作用，使许多追求长期发展的员工，更认同福利待遇而不仅仅是高薪。从世界范围来看，在薪酬管理实践中，福利在整个报酬体系中的比重越来越大，成为组织的重要支出。据统计，目前在西方国家，福利和保险费与工资的比例是1:1，并有超过工资的发展趋势。

8.4.1 福利的概念与作用

对于福利的概念，不同国家的学者有不同的定义。本书综合国内外的定义，认为：福利是指组织为员工提供的除工资与奖金之外的一切物质待遇。

员工福利的内容可以分为两大部分：法定福利和组织福利。法定福利是政府通过立法要求组织必须提供的，法定福利主要包括基本养老保险、基本医疗保险、工伤保险、失业保险、生育保险和住房公积金。组织福利是在国家强制之外由企业提供的福利项目，种类繁多，包括补充养老保险和医疗保险、住房福利以及其他各种项目。

1. 福利的作用

为什么组织愿意花费这么多钱来支持福利项目，原因是福利对组织的发展具有许多重要作用，主要有以下几点：

（1）吸引优秀员工。优秀员工是组织发展的重要力量。以前人们一直认为，组织主要靠高工资来吸引优秀员工，现在许多组织认识到，良好的福利有时比高工资更能吸引优秀员工。

（2）提高员工的士气。良好的福利使员工无后顾之忧，使员工有与组织共荣辱之感，士气必然会高涨。

（3）降低员工流动率。员工流动率过高必然会使组织的工作受到一定损失，而良好的福利会使可能流动的员工打消流动的念头。

（4）激励员工。良好的福利会使员工产生较高的工作满意感，进而激发员工自觉为组织目标奋斗的动力。

（5）凝聚员工。组织的凝聚力由许多因素组成，但良好的福利无疑是个重要的因素，因为良好的福利体现了组织的高层管理者以人为本的经营思想。

（6）提高组织经济效益。良好的福利一方面可以使员工得到更多的实惠；另一方面用在员工身上的投资会产生更多的回报。

2. 影响福利的因素

影响组织中员工福利的因素很多，主要有以下几种：

（1）高层管理者的经营理念。有的管理者认为员工福利能省则省，有的管理者认为员工福利只要合法就行，有的管理者认为员工福利应该尽可能好，这都反映了他们的经营理念。

（2）政府的政策法规。许多国家和地区的政府都明文规定组织员工应该享受哪些福利，组织不为员工提供相应的福利就可能构成违法。

（3）工资的控制。由于所得税等原因，一般组织为了控制成本，不能提供很高的工资，但可以提供良好的福利，这也是政府所提倡的措施。

（4）医疗费的急剧增加。由于种种原因，近年来世界各地的医疗费有增加的趋势。员工一旦没有相应的福利支持，如果患病，尤其是危重病人，往往会造成生活困难。

（5）竞争性。由于同行业的类似组织都提供了某种福利，迫于竞争的压力，组织不得不为员工提供该种福利，否则会影响员工的积极性。

（6）工会的压力。工会经常会为员工福利问题与组织资方谈判，有时资方为了缓解与劳方的冲突，不得不提供某些福利。

8.4.2 福利的类型

组织中的福利形式多样，每个组织除了法律政策规定的福利以外，可以提供任何有利于组织和员工发展的福利项目。

下面是组织中经常选用的一些福利项目。

1. 法定福利

所谓法定福利是指由国家相关法律规定的一些福利项目。主要有以下几种。

（1）基本养老保险。养老保险是国家和社会根据一定的法律和法规，为劳动者或全体社会成员建立的老年收入保障制度，是在劳动者达到国家规定的解除劳动义务的劳动年龄，或因年老丧失劳动能力退出劳动岗位后，为解决其基本生活保障问题所做的一项强制性的制度安排。1997 年国务院颁布了《国务院关于建立统一的企业职工基本养老保险制度的决定》，标志着我国新型社会养老保险体系的正式确立。

为了保证参保人员跨省流动并在城镇就业时基本养老保险关系的顺畅转移接续，2009 年 12 月，国务院召开会议通过了人力资源和社会保障部、财政部关于《城镇企业职工基本养老保险关系转移接续暂行办法》，并于 2010 年 1 月 1 日起实施。

（2）基本医疗保险。医疗保险是由国家立法规定并强制实施的，为分担疾病风险带来的经济损失而设立的一项社会保险制度，由国家、用人单位和个人集资（缴保险费）建立医疗保险基金，在人们生病或受到伤害后，由社会医疗机构给予一定的物质帮助。1998 年，国务院颁布的《关于建立城镇职工基本医疗保险制度的决定》，奠定了新时期职工医疗保险制度的框架。

（3）失业保险。失业保险是指国家通过立法强制执行，集中建立失业保险基金，对因失业而暂时中断生活来源的劳动者提供物质帮助，维持基本生活的社会保险制度。1999 年，国务院颁布了《失业保险条例》，这是我国目前执行的失业保险制度的法律依据。

（4）工伤保险。工伤保险是国家依法建立的，对在生产、工作等经济活动中遭受事故伤害和从事有损健康的工作而患疾病的劳动者及其家属提供医疗救治、生活保障、经济补偿、医疗和职业康复等物质帮助的一种社会保障制度。我国现行的工伤保险制度是按照劳动部 1996 年颁布的《企业职工工伤保险试行办法》实施的。国务院于 2003 年 4 月 16 日颁布了《工伤保险条例》，自 2004 年 1 月 1 日起施行。这说明工伤保险已经从部委规章上升到了国务院法规的高度，工伤保险正式被纳入法律体系。

（5）生育保险。生育保险是国家通过立法筹集保险基金，对怀孕、分娩、生育子女期间暂时丧失劳动能力的女职工给予一定的经济补偿、医疗服务和生育休假福利的一项社会保险制度。其宗旨在于帮助她们恢复领导能力，重返工作岗位。1994 年，原劳动部颁布了《企业职工生育保险试行办法》，这是与中国经济体制转型相适应的一部生育保险规章。

2. 组织福利

组织福利是指组织根据自身的发展需要和员工的需要选择提供的福利项目，主要有以下几种：

（1）养老金，又称退休金，是指员工为组织工作了一定年限，到了一定年龄后，组织按规章制度及组织效益提供给员工的金钱，可以每月提取，也可以每季度或每年提取。

（2）辞退金，是指组织由于种种原因辞退员工时，支付给员工一定数额的辞退金，一般来说，辞退金的多少主要根据员工在本组织工作时间的长短来决定，聘用合同中应该明确规定。

（3）住房津贴，是指组织为了使员工有一个较好的居住环境而提供给员工的一种福利，主要包括以下几种：根据岗位的不同每月提供住房公积金；组织购买或建造住房后免费或低价租给或卖给员工居住；为员工的住所提供免费或低价装修；为员工购买住房提供免息或低息贷款，全额或部分报销员工租房费用。

（4）交通费，指上下班为员工提供交通方便，主要包括以下几种：组织派专车到员工家接送上下班；组织派专车按一定的路线行驶，上下班员工到一些集中点去等候车辆；组织按规定为员工报销上下班交通费；组织每月发放一定数额的交通补助费。

（5）工作午餐，是指组织为员工提供的免费或低价的午餐。有的组织虽然不直接提供工作午餐，但提供一定数额的工作午餐补助费。

3. 法定休假

（1）公休假日和法定假日。目前我国实行每周休息两天的公休日制度。

2007 年 12 月公布了《国务院关于修改〈全国年节及纪念日放假办法〉的决定》，并于 2008 年 1 月 1 日起施行。修订后的全体公民放假的节日为：新年，放假 1 天（1 月 1 日）；春节，放假 3 天（农历除夕，正月初一、初二）；清明节，放假 1 天；劳动节，放假 1 天；端午节，放假 1 天；中秋节，放假 1 天；国庆节，放假 3 天。

在公休日和法定假日加班的员工，应享受相当于基本工资双倍和三倍的津贴补助。

（2）带薪休假。带薪休假是指员工工作满一定的时期后，可以带薪休假一定的时间。

（3）病假。员工因为身体疾病不能正常工作时，应该享有病假。

4. 住房公积金

针对计划经济时代的住房制度弊端，国务院于 1980 年 6 月宣布实行住房商品化，取消福利分房。在住房商品化与市场化改革过程中，为了保证职工具有购买住房的支付能力，国家通过立法规定强制企业实施住房公积金制度。1999 年 4 月，国务院颁布了《住房公积金管理条例》，于 2002 年 3 月 4 日进行了进一步的修订。

8.4.3 福利的管理

组织提供的福利反映了组织的目标、战略和文化，因此，福利的有效管理对组织的发展至关重要。有些组织由于不善于管理福利，虽然在福利方面投入了大量金钱，效果却不理想，许多优秀人才纷纷离职，组织效益明显下降。福利的管理涉及以下几个方面：福利的目标、福利的成本核算、福利的沟通、福利的调查、福利的实施。

1. 福利的目标

每个组织的福利目标各不相同，但是有些内容是相似的。主要包括：必须符合组织长远目标并满足员工的需求；符合组织的报酬政策；要考虑到员工眼前需要和长远需要；能激励大部分员工；组织能担负得起；符合政府法规政策。

2. 福利的成本核算

福利的成本核算是福利管理中的重要部分，管理者必须花较多的时间与精力投入福利的成本核算。主要涉及以下一些方面：通过销量或利润计算出公司最高可能支出的福利总费用；与外部福利标准进行比较，尤其是与竞争对手的福利标准进行比较；做出主要福利项目的预算；确定每个员工福利项目的成本；制订相应的福利项目成本计划；尽可能在满足福利目标的前提下降低成本。

3. 福利的沟通

要使福利项目最大限度地满足员工的需要，福利沟通相当重要。研究显示：并不是福利投入的金额越多，员工越满意，员工对福利的满意程度与对工作的满意程度呈正相关。

福利沟通可以采用以下方法：用问卷法了解员工对福利的需求；用影像资料介绍有关的福利项目；找一些典型的员工面谈，了解某层次或某类型员工的福利需求；公布一些福利项目让员工自己挑选；利用各种内部刊物或其他场合介绍有关的福利项目；收集员工对各种福利项目的反馈。

4. 福利的调查

福利的调查对于福利管理来说十分必要，主要涉及三种调查：一是制订福利项目前的调查，主要了解员工对某福利项目的态度、看法与需求；二是员工年度福利调查，主要了解员工在一个财政年度内享受了哪些福利项目，各占多少比例，满意程度如何；三是福利反馈调查，主要调查员工对某福利项目实施的反应如何，是否需要进一步改进，是否要取消。

5. 福利的实施

福利的实施是福利管理最具体的一个方面。在福利实施中应注意以下几点：根据目标去实施；预算要落实；按照各个福利项目的计划有步骤地实施；有一定的灵活性；防止漏洞产生；定时检查实施情况。

8.5 现代薪酬管理思想与发展趋势

8.5.1 现代薪酬管理思想

随着社会生产力的高度发展，随着世界进入经济全球化和知识经济时代，管理也正由科学管理进入文化管理时代，相应地，传统的薪酬管理理念也发生了深刻的变化。逐渐形成的现代薪酬管理思想包括以下内容：

（1）薪酬的管理，最根本的就是对劳动生产率的管理。成功的薪酬管理，必然产生激励因素，刺激员工劳动效率的提高。

（2）金钱的作用是有限的。优厚薪酬只能用来留住员工，其激励作用有限。

（3）不要忽视员工自我激励的能动性。员工自我激励能力基于这样一个事实，即大部分人都对归属感、自尊感、成就感及驾驭工作的权力感充满渴望。恰当地满足员工的这些需要，就会激发其旺盛的自我激励行为。

（4）薪酬管理与绩效考核管理是“亲兄弟”。任何优秀的薪酬管理若想成功，必须有科学有效的考核制度和考核方法与之相配合。

（5）薪酬结构应随行业、组织而改变。薪酬结构作为薪酬策略选择的一部分，日益成为薪酬管理的重要内容。薪酬结构主要指工资、奖金、津贴、股权、福利之间的比例关系，以及固定工资与浮动工资之间的比例关系。这些比例关系像是一些调节阀，整合和变化出许多新的薪酬格局。

（6）薪酬管理应与组织文化、组织形象建设相得益彰。优厚的薪酬可以吸引和留住优秀人才，而优秀的组织文化以及由此塑造出的优秀组织形象，则可以使人才迸发出高度热情和创造性，甚至可以用中等竞争力的薪酬把一流人才吸引来、留住，并使之积极工作。

（7）对于知识型员工的薪酬管理，应以工作而非级别为基础。在知识型组织，知识的创新和业绩的取得，往往不取决于资历深浅和级别高低，而取决于个人工作的投入和创造能力的强弱。

8.5.2 现代薪酬管理发展趋势概述

1. 个性化薪酬

随着社会的发展，人的个性和需求以及所处的环境都出现了明显的差异，单一、固化的传统薪酬制度无法对全体员工起到激励效应最大化的作用。如何满足员工个体的个性化需求，提高其对薪酬水平的整体满意程度，成为组织薪酬设计的重要考虑因素，因此人们引入了个性化的薪酬制度设计。

1）个性化薪酬的基本理念

个性化薪酬的核心理念是以员工为中心，将组织的需求与员工的需求相结合。组织在员工充分参与的基础上，建立每个员工不同的薪酬组合系统，并定期随着他们的兴趣爱好和需求的变化，做出相应的调整，每个员工可以按照事业发展、工作和个人生活的协调比率，决定自己的薪酬组合。

2）个性化薪酬设计思路

个性化薪酬设计思路如下：

（1）组织要建立整体薪酬概念。整体薪酬包括了与收益有关的所有因素，为员工考虑得更全面，涉及员工生活的四个方面：工作、家庭、公共活动和个人活动。薪酬不仅与工作有关，而且与员工的生活有关。

（2）薪酬与员工需求相匹配。组织结合实际情况，在保持总体薪酬支付基本相同的情况下，选择几种薪酬元素为基本框架，根据薪酬元素的不同功能进行归类，按照个性和业绩对员工进行分类，为每一类员工设计一个具有弹性的基本框架，在此框架内，允许员工自由选择适合自己的薪酬组合，并定期给予员工重新选择的机会。

（3）强调雇佣双方在薪酬问题上的沟通。由于薪酬结构趋于复杂化，使员工真正理解每项薪酬项目就显得十分重要，雇主应该充分了解员工的需要，员工也应该充分了解组织的薪酬政策和薪酬模式。

3）个性化薪酬的组合内容

组织要满足不同员工的需求首先要制订一个尽量宽的薪酬选择范围，并且形成个性化的薪酬组合内容。

4）对个性化薪酬的评价

个性化薪酬制度充分考虑了员工的需求和愿望，最大限度地满足了员工的要求，因此，在组织支付成本不变的情况下，个性化薪酬制度可以使薪酬的效用最大化。

然而，个性化薪酬需要向组织全体员工开放，增加了设计和运作的成本，可能会导致内部管理成本的增加。与此同时，个性化薪酬提高了工作的复杂性，对组织内部的人力资源管理人员提出了更高的要求。

2. 宽带薪酬

1）宽带薪酬的产生背景

随着现代组织的变革和不断发展，特别是“扁平化”组织结构的出现，传统的薪酬体系表现出的不适应性越来越明显。组织扁平化带来了一个新的问题：随着职位等级数的减少，职位晋升的空间也逐渐减少，单纯用职务晋升来提高收入的“独木桥”变得拥挤不堪，因此解决组织扁平化下的员工激励问题成为一种新的思路，宽带薪酬体系应运而生。

2）宽带薪酬的设计思路

所谓宽带薪酬，就是把在传统的工资结构中分为十几个甚至几十个工资级别的工作划分到同一工资级别中，同时拉大每个薪酬级别内部薪酬浮动的范围，取消原来狭窄的工资级别带来的工作间明显的等级差别，从而形成一种新的薪酬管理系统及操作流程。其基本的设计思路是将每个职位的薪酬空间拉大，根据能力和表现设定较多的小的技能薪酬等级，形成一种相互交叉的宽带的薪酬安排。

宽带薪酬的实质就是从原来注重岗位薪酬转变为注重绩效薪酬，它体现了绩效比岗位更重要的思想。职级减少，很多岗位被归类到同一个职级当中。带宽拉大，员工薪酬有了更加灵活的升降幅度。这样就能够极大地调动员工的工作积极性，使公司人力资源利用率最大化。

3）对宽带薪酬的评价

与传统的等级薪酬模式相比，宽带薪酬制度具有以下优点：

(1) 使更多的员工从“独木桥”上走下来。传统的薪酬制度往往按照职位等级确定工资数额，因而为了获得工资的提升，员工不得不挤上晋升的独木桥，围绕职位争夺产生了许多内耗，增加了管理成本。而宽带薪酬的实施，可以使更多的员工走下“独木桥”，追求个性化的职业发展。

(2) 使普通的员工在本岗位上成才的愿望大大加强。在传统等级薪酬结构下，员工的薪酬增长往往取决于个人职务的提升而不是能力的提高，因为即使能力达到了较高的水平，如果组织没有出现职位空缺，员工仍然无法获得较高的薪酬。而在宽带薪酬制度下，即使是在同一个薪酬宽带内，组织为员工所提供的薪酬变动范围也会比员工在原来的薪酬等级中可能获得的薪酬范围大，员工不需要为了薪酬的增长而去计较职位的晋升，而是可以考虑通过提升个人的能力，立足本岗，立志成才获得薪酬的增加。

(3) 提高了工作导向薪酬的激励作用。在宽带薪酬结构中，上级对有稳定突出表现的员工可以在报酬方面进行明显的奖励，而避免像传统薪酬制度中组织只能通过职务提升这一奖励办法将薪酬与员工的表现结合起来，更加强调员工的工作表现，提高了工作导向薪酬的激励作用。

(4) 提高了部门经理对员工的影响力。在宽带薪酬中，技能薪酬的等级主要由部门经理来决定，这就提高了部门经理对员工的影响力，有利于管理效率的提高。

(5) 有利于形成和谐的内部关系。在传统的薪酬制度下，职位相对稀缺，必然造成激烈的职位争夺，导致内部人际关系的不和谐。而宽带薪酬体系下，只要立足本岗，做好本职工作，就可以获得更多的报酬，因而员工内部争夺职位的现象就会减少，有利于形成和谐的人际关系。

需要注意，宽带薪酬制度也有其局限，如果实施得不好，有可能会造成一些其他问题。

3. 知识工资

传统的工资计划中，员工的薪酬以小时或月或年为单位计算，这种薪酬方案与员工的学历、职位和工作年限等息息相关，其薪资的增加主要由资历和主管对其工作表现的评价决定。然而，随着组织的发展、外部竞争的加剧、内部员工的增加，公司需要提出一套更有激励作用的工资方案以鼓励员工不断地学习知识，不断地提高工作技能，进而提高组织的竞争力。在这种情况下出现了知识工资方案。

1）知识工资的基本理念

知识工资（pay - for - knowledge）就是一种将薪资与知识和技能联系起来，而不是仅仅与员工所做的工作相联系的薪酬，有时候也称为技能工资（pay - for - skills）。知识工资是薪酬领域的重要创新：在知识工资制度下，员工不再仅仅把报酬看成一种应有权利，而且还是组织对其成功获得或运用与工作相关的知识和技能的一种重要奖励。

2）知识工资的类型

知识工资有三种基本类型，即楼梯 - 台阶模型（stair - step model）、技术 - 单元模型（skill - block model）和工作 - 积分累计模型（job - point accrual model）。

（1）楼梯 - 台阶模型。在此模型中，职位被界定为起步职位到复杂职位阶段，然后可以被安排到不同的“阶梯”中去。阶梯代表一个具体工作组中复杂程度不同的工作，员工每完成一个台阶的课程培训，知识会增加，技能会提升，其薪资也会上升到这个阶梯对应的水平。员工的培训可以由公司内部安排，也可以由外部专门的培训机构来完成。但一般而言，针对公司的专门工作培训是由公司自己承担的，而一般比较普遍的技术则由外部的专门机构承担。

（2）技术 - 单元模型。在此模型中，职位也被归类到技能群中去，就像楼梯 - 台阶模型一样，员工也是由简单的工作升入复杂的工作，但是员工的晋升不是直线阶梯形的（从低一级课程到紧接着的高一级的课程，如从第一级课程到第二级课程，从第二级课程再到第三级课程，以此类推），而是带有一定的跳跃性。

（3）工作 - 积分累计模型。这种模型旨在鼓励员工提高技术和学习完成不同工作组的工作。如果一个组织有太多的职位且有太多的技能需要员工学习，那就可以考虑采用传统的职位工资制中的工作分析法来分析每个职位，给每个职位进行评分后，技能与职位相对应，收入与技能相对应。

3）对知识工资的评价

知识工资具有以下优点：

（1）知识工资鼓励技术创新，可以提高员工知识水平和基本素质。在知识工资系统中，员工会追求掌握更多的技能并且保持一定的熟练度，同时员工在工作中也拥有了相当程度的自由独立的处置权，因而员工的自我管理能力得到提高，这就形成了一个更能够激励人的工作环境。知识工资使员工致力于提升自身的知识水平和基本素质，因此有利于公司的技术创新。

（2）知识工资可以提高公司的业绩和综合竞争力。首先，在知识工资体制下，员工通过学习知识和技能，对公司的整个生产流程了解得更加深入，从而提高了生产力和工作质量，生产率提高促使了成本的降低。员工对生产了解得越多，产品生产的质量就越高。其次，采用知识工资和技能工资可以使公司缩减人员，技术全面的员工代替缺勤的员工，接受培训的员工获得了处理更多更深入的工作内容的能力，能够从事范围更广泛的工作。人员的灵活性使得公司在发生意外时，不必再花费财力、人力来应对紧急事件。

思考题

1. 薪酬的作用有哪些？如何才能使薪酬发挥应有的作用？
2. 影响薪酬制度的因素有哪些？
3. 简述企业薪酬制度的设计过程。
4. 简述薪酬结构的作用。
5. 企业对员工进行奖励一定会提高员工的积极性吗？为什么？
6. 什么是福利？它有哪些类型？
7. 福利的作用有哪些？
8. 应如何设计企业的福利？
9. 现代薪酬管理思想有哪些？
10. 现代薪酬管理发展趋势是什么？

案例分析 1

YT 公司的薪酬体系

YT 公司是一家大型的电子企业。2019 年该公司实行了企业工资与档案工资脱钩，与岗位、技能、贡献和效益挂钩的“一脱四挂钩”工资、奖金分配制度：一是以实现劳动价值为依据，确定岗位等级和分配标准，岗位等级和分配标准经职代会通过形成。公司将全部岗位划分为科研、管理和生产三大类，每类又划分出 10 多个等级，每个等级都有相应的工资和奖金分配标准。科研人员实行职称工资，管理人员实行职务工资，工人实行岗位技术工资；科研岗位的平均工资是管理岗位的 2 倍，是生产岗位的 4 倍。二是以岗位性质和任务完成情况为依据，确定奖金分配数额，每年对科研、管理和生产工作中有突出贡献的人员给予重奖，最高的可达 8 万元。总体上看，该公司加大了奖金分配的力度，进一步拉开了薪酬差距。

YT 公司注重公平竞争，以此作为拉开薪酬差距的前提，如对科研人员实行职称聘任制，每年一聘，这样既稳定了科研人员队伍，又鼓励优秀人员脱颖而出，为企业长远发展提供源源不断的智力支持。

讨论题：

1. YT 公司薪酬体系的优势主要体现在哪些方面？
2. 你对完善 YT 公司的薪酬体系有何建议？

案例分析 2

薪酬体系存在哪些问题?

F 公司是一家生产电信产品的公司。在创业初期，依靠一批志同道合的朋友，大家不怕苦不怕累，从早到晚拼命干，公司发展迅速。几年之后，员工由原来的十几人发展到几百人，业务收入由原来的每月 10 多万元发展到每月 1000 多万元，企业大了，人也多了，但公司领导明显感觉到，大家的工作积极性越来越低，也越来越计较报酬。

F 公司的总经理黄先生一贯注重思考和学习，为此特地到书店买了一些有关成功企业经兹管理方面的书籍来研究，他在《松下幸之助的用人之道》一文中看到这样一段话："经营的原则自然是希望能做到'高效率、高薪资'。效率提高了，公司才可能支付高薪资。但松下幸之助提倡'高效率、高薪资'时，却不把高效率摆在第一个努力的目标，而是借助提高薪资，来激发员工的工作积极性，以此达到高效率的目的。"黄先生想，公司发展了，确实应该考虑提高员工的待遇，这一方面是对老员工为公司辛勤工作的回报；另一方面也是吸引高素质人才加盟公司的需要。为此，F 公司聘请一家知名的咨询公司为企业重新设计了一套符合公司老总要求的薪酬制度，大幅度提高了公司各类员工的薪酬水平，并对工作场所进行了全面整修，改善了各级员工劳动环境和工作条件。新的薪酬制度推行以后，其效果立竿见影，F 公司很快就吸引了一大批有才华有能力的人，所有的员工都很满意，工作十分努力，工作热情高涨，公司的精神面貌焕然一新。但这种好势头没有持续多久，员工"旧病复发"，又逐渐地恢复到以前懒洋洋、慢吞吞的状态。公司的高薪没有换来员工持续的高效率，公司领导陷入两难的困境，既苦恼又彷徨，问题的症结到底在哪儿呢?

讨论题：

1. 该公司应采取哪些措施对员工的薪酬制度进行再设计再改进?
2. 为了持续保持公司员工旺盛的斗志，应当采取哪些配套的激励措施?

实训项目

一、实训内容

以学习小组为单位选择本校或其他单位的某一岗位为研究对象，运用观察法和访谈法对其薪酬进行分析，并探讨如何对其进行薪酬体系设计，请说明小组内各成员分工情况和完成作业的情况，附观察和访谈提纲（参考岗位：单位或学校食堂各工种，办公室、系科各岗位，图书馆各岗位，实验室各岗位，环卫、清洁各岗位等）。

二、方法步骤

1. 每五人组成一组，对本校某一岗位的薪酬进行分析。

2. 以小组为单位撰写某岗位的绩效考核的内容和流程。

3. 每个小组派一名代表在课堂上交流、讨论。

三、实训考核

1. 对某岗位的薪酬体系设计按要求给予成绩认定。

2. 对讨论交流的成果给予点评。

9 劳动关系与员工安全

学习目标

1. 理解劳动关系、劳动合同和劳动争议的概念
2. 理解劳动关系管理的意义
3. 熟悉劳动合同的变更、解除和终止的条件和情形
4. 掌握如何处理劳动争议
5. 理解事实劳动关系的含义及其认定标准
6. 了解员工安全与健康的相关概念及其内容
7. 熟悉各项社会保险的内容

案例导入

新星林业机械厂的劳动安全管理——实施“一把手工程”

新星林业机械厂在劳动安全管理工作上积极推行厂长、车间主任“一把手工程”，贯彻执行“安全第一，预防为主”的方针，充分发挥职能部门作用，大力投入资金改善工作环境和条件，改造设备，全厂上下齐心协力，使安全管理工作取得了斐然的成绩，连续6年无死亡、重伤和轻伤事故，使安全生产工作登上了一个新台阶。

在“一把手工程”的实施过程中，该厂还注重安全管理工作的开展。实施过程中，厂长、车间主任亲自过问、亲手抓的同时，充分发挥安全管理机构的作用，定目标，定职责，给权力，这是实施“一把手工程”的重要内涵。定目标、定职责是指把安全防火目标、职责落实到各职能部门，再分解到科室成员，并与职务和工资挂钩；给权力是指给事故处置权、奖罚权、工人上岗操作考核权、建议权和安全工作一票否决权。同时对事故进行调查处理，对违章单位、人员处罚，对不重视安全的基层单位领导撤销职务，对工厂安全生产工作提出改进意见和合理化建议，年终评比对严重违规单位实行一票否决。

林业机械厂加大资金投入力度确保“一把手工程”安全工作落实。实施安全“一把手工程”以来，对安全工作上的“历史欠账”加大了资金投入，生产安全得到保障，企业效益得到提高。大量投入确保了安全管理“一把手工程”的实施和生产经营上的

良性循环，起到了积极的推动和促进作用。

全体员工认真实施安全管理“一把手工程”，主动自觉地去实施，防微杜渐，及时消除隐患，把事故消灭在萌芽之中，促进新星林业机械厂稳定、发展和不断壮大。

思考：

新星林业机械厂是如何做好劳动安全管理工作的？

本章要点

企业的劳动关系与员工的切身利益息息相关。本章通过讲解劳动关系的含义，理解劳动关系、劳动合同和劳动争议的概念；熟悉员工的五险一金及福利权益，劳动合同的变更、解除和终止的条件和情形，如何处理劳动争议等，以切实维护劳动者的权益。

9.1 员工、劳动关系、劳动争议概述

9.1.1 劳动关系的含义

劳动关系是人力资源管理的重要组成部分。正是由于劳动者与用人单位建立了一定的劳动关系，劳动者才取得了获得员工待遇的资格，用人单位才取得了对于劳动力的使用权。只有在一定的劳动关系的基础上，用人单位才能形成并开展各自的生产经营管理活动。劳动关系是否融洽，直接关系到人力资源潜力的发挥。在现代社会，劳动关系通常是通过劳动合同来确立的，签订劳动合同是建立劳动关系的具体方式，由此也决定了劳动关系具有的稳定性并受到法律保护。

劳动关系有广义和狭义之分。广义劳动关系是生产关系的重要组成部分，是社会分工协作关系。狭义劳动关系则是劳动者与用人单位之间由于劳动交易所形成的关系，是二者围绕有偿劳动的内容和形式所产生的各种权、责、利关系。我们在此论述的是狭义的劳动关系。具体地说，狭义的劳动关系包括了三方面的含义。首先，劳动关系是现实劳动过程中所发生的关系，并常常通过劳动管理过程体现出来。员工与用人单位确立劳动关系，再使自己的劳动置于用人单位的管理之下，应遵守单位内部的劳动规则及有关制度。其次，劳动关系是用人单位与员工之间的利益关系，二者通过劳动交易联系起来。用人单位的利益在于以一定的薪酬为条件，通过加强各种形式的管理和监督，使员工付出较多的劳动，必要时辞退不满意的员工。而员工的利益在于以劳动为条件，获取较高的薪酬及其他待遇，为此可能对用人单位的管理和监督提出异议，甚至采用各种抗议措施。因此利益关系是劳动关系的基础。最后，劳动关系是围绕有偿劳动发生的关系，具有特定的范围，也就是说只有与有偿劳动相关的利益才是劳动关系的内容。与有偿劳动无关的方面，如员工的政治信仰、业余爱好、社会利益等并不属于劳动关系的范围。

劳动关系受所有制形式的影响，大致可以分为公有制和私有制两种类型。在公有制条件下，劳动者是企业的主人，劳动关系是劳动者的内部关系，也就是作为劳动者整体利益代表的企业与作为劳动者个体利益要求的员工，围绕如何进行有偿劳动所发生的关系。当然，在公有制企业中，企业与员工仍存在矛盾，而且这些矛盾也要通过劳动活动的管理体现出来，只是矛盾不具有对抗性，比较容易处理和协调。在私有制条件下，企业归投资者所有，员工是企业雇佣的劳动力，二者的矛盾从根本上说是对抗性的，但这不等于说，二者没有统一的基础。事实上，在加强企业的竞争力、增加企业的总收入方面，企业跟员工有着共同的要求，因为它会导致利润和工资同步增加。这种共性正是协调私有制下劳动关系的基础。我国是社会主义公有制占主导地位的国家，第一种劳动关系是主要的。但是，随着改革开放的不断深入，我国企业的所有权结构发生了很大的变化，涌现了大量的私营企业和外商投资企业，原来单一的所有制形式正逐步向多元的所有制形式转化，形成了多层次、多元化、多种形式并存的所有制结构。这也导致了企业中劳动关系的复杂化，存在着私有制下的劳动关系。但是从总体上看，我国私有企业中的劳动关系，受到以公有制为基础建立起来的政治法律制度的约束，并不具有典型形态。上述两种劳动关系均根据劳动法进行调整。

依据法律、法规形成和调整的劳动关系是劳动法律关系，其由三个要素组成，即主体、内容和客体。主体是指劳动关系的参与者，包括劳动者、劳动者的组织（工会、职代会）和用人单位；内容是指劳动关系主体依法享有的权利和承担的义务；客体是指主体的劳动权利和劳动义务共同指向的对象，主要包括劳动者与用人单位在工作时间、休息时间、劳动报酬、劳动安全、劳动卫生、劳动纪律与惩戒、劳动保护、职业培训等方面形成的关系。此外，与劳动关系密不可分的关系还包括劳动行政部门与用人单位、劳动者在劳动就业、劳动争议以及社会保险等方面的关系以及工会与用人单位、员工之间因履行工会的职责和职权、代表和维护员工的合法权益而发生的关系等。

9.1.2 员工的地位与权益

员工是企业生产经营活动的主体，是企业财富的创造者，也是社会财富的创造者。在任何一个企业或事业单位内，如果没有全体员工的积极努力，就不可能达到组织目标，实现其经济效益和社会效益。因此，员工在企业内处于主体地位，而经营管理者则处于主导地位，二者相辅相成，缺一不可。在我国，“全心全意依靠工人阶级”是我党的一贯方针，劳动者是国家的主人，在整个社会行使当家作主的权利。在全民所有制和其他公有制企业中，员工更是享有主人翁的地位和权利。

1995 年 1 月 1 日开始实施的《中华人民共和国劳动法》（以下简称《劳动法》）规定了劳动者在劳动关系中的各项权利，主要包括以下几个方面。

1. 劳动者有平等就业和选择职业的权利

劳动就业权是有劳动能力的公民获得参加社会劳动和切实保障按劳取酬的权利。

由于劳动是人们生活的第一个基本条件，因此劳动就业权是公民享有其他各项权利的基础。我们国家的性质决定了所有公民无论性别、民族、信仰一律享有平等的就业权，而且在劳动过程中不得受到歧视和侮辱。劳动者选择职业的权利是指劳动者有权根据自己的意愿自主选择适合自己的职业。劳动者可根据市场信息和供求状况，结合自身的素质、能力和志趣、爱好，选择用人单位和工作岗位。劳动者拥有自主选择职业的权利本身就是劳动者劳动权利的一种体现，有利于劳动者劳动潜力的发挥。

2. 劳动者有取得劳动报酬的权利

劳动者取得劳动报酬是公民的一项重要权利。“各尽所能，按劳分配”是《中华人民共和国宪法》（以下简称《宪法》）明确规定的基本分配制度，也是我国经济制度的重要组成部分。《宪法》还规定，男女同工同酬，国家在发展生产的基础上，提高劳动报酬和福利待遇。取得劳动报酬是劳动者持续地行使劳动权必不可少的物质保证，用人单位应依据劳动合同和国家的法律法规，及时足额地向劳动者支付报酬。用人单位违反这一义务，劳动者有权依法要求有关部门追究其责任。

3. 劳动者享有休息休假的权利

我国《宪法》规定，劳动者有休息的权利。我国《劳动法》规定的休息时间包括工作间歇、两个工作日之间的休息时间、公休日、法定节假日以及年休假、探亲假、婚丧假、生育假、病假、事假等。休息休假的法律规定既是实现劳动者休息权的重要保障，也是对劳动者进行劳动保护的一个重要措施。用人单位必须切实保证劳动者的休息权，不得任意延长劳动时间。依据 1995 年对休息制度的调整，我国目前实行每周 40 小时工作制。

4. 劳动者有获得劳动安全卫生保护的权利

劳动安全卫生保护是保证劳动者在劳动过程中的生命安全和身体健康的重要手段，是对劳动主体切身利益的最直接的保护。它主要包括防止工伤事故和职业病。我国《劳动法》规定，用人单位必须建立健全劳动安全卫生制度，严格执行国家安全卫生规程和标准，对从事特种作业的人员要进行专门培训，防止劳动过程中的事故，尽量减少职业病危害。

5. 劳动者有接受职业技能培训的权利

我国《宪法》规定，公民有受教育的权利和义务，这其中也包括了职业教育。公民要实现自己的劳动权，就必须具有一定的职业技能，从这个角度讲，劳动者的职业培训权利事实上是实现其劳动权的一个重要保证。实际上，随着科学技术的迅速发展和劳动复杂化程度的日益提高，劳动者的职业培训公平是劳动者权利必然的要求，也是用人单位在竞争中生存、发展的需要。

6. 劳动者有享受社会保险和福利的权利

社会保险是劳动力再生产的一种客观需要，对于促进经济发展，实现社会分配公平及维护社会安定有重要作用。我国的《劳动法》规定，国家发展社会保险事业，建立社会保险制度，设立社会保险基金，使劳动者在年老、患病、工伤、失业、生育等情况下获得帮助和补偿。目前我国主要设立了5种社会保险，即养老保险、医疗保险、工伤保险、失业保险和生育保险。

社会福利和员工福利也是劳动者应享有的权利，必须受到法律的保护。随着生产力水平的提高和社会财富的增加，劳动者的福利待遇也应不断提高。

7. 劳动者有提请劳动争议处理的权利

劳动争议是指劳动关系当事人因劳动权利和劳动义务所发生的争议。我国《劳动法》七十七规定："用人单位与劳动者发生劳动争议，当事人可以依法申请调解、仲裁、提起诉讼，也可以协商解决。调解原则适用于仲裁和诉讼程序。"劳动争议的解决应根据合法、公正、及时处理的原则进行。

9.1.3 劳动关系的合同

劳动关系说到底是劳动者与用人单位之间自愿达成的一种契约关系，依据这种契约双方明确各自的权利和义务。劳动契约可以有不同的形式，如口头契约、文字契约等，但由于口头契约具有不稳定性，不利于执行，现代社会的劳动契约普遍采用了文字契约的形式。借以明确劳动者与用人单位间的权利义务关系，并经一定程序加以认定的规范化的文字性劳动契约便是劳动合同。可以说，签订劳动合同是建立劳动关系的具体方式。

通过签订劳动合同建立劳动关系有着十分重要的作用，它既涉及国家的方针政策和企业管理制度，又涉及企业和员工的利益分配。具体来说，其作用表现在：它是劳动者实现劳动权和维护自身利益的重要保证；是用人单位合理使用劳动力、维护劳动纪律和提高管理质量和劳动生产率的重要手段；是提高劳动自觉性的重要方法；是减少和防止劳动争议的重要措施。

与其他合同相比较，劳动合同具有以下几个特点。首先，它是劳动者与用人单位签订的。在有些情况下，劳动者可以委托他人或一定的组织代行自己的权利以签订集体合同。我国《劳动法》第三十三条规定，集体合同由工会代表职工与企业签订；没有建立工会的企业，由职工推举的代表与企业签订。其次，它是双方在自愿协商的基础上签订的，体现了用人单位与劳动者在法律上的平等地位。再次，它是关于双方权利义务关系的协定，其目的是协调用人单位与劳动者在有偿劳动过程中的利益关系。劳动合同一经签订就具有了法律约束力，劳动关系当事人必须履行劳动合同规定的义务。

劳动关系的内容分为法定内容和约定内容，前者由法律规定，是劳动合同的必备条款，没有这些条款劳动合同便不能成立；后者则由用人单位和劳动者协商产生，在不同的情况下，有不同的内容。劳动合同的法定内容主要包括劳动合同期限；工作内容和要求；劳动保护和条件；劳动报酬；劳动纪律；劳动合同终止条件；违反劳动合同的责任等。劳动合同的约定内容必须在法定内容的基础上产生，不得违反法定内容的要求。

劳动合同的期限一般分为有固定期限、无固定期限和以完成一定的工作为期限三种。我国《劳动法》第二十条规定，劳动者在同一用人单位连续工作满十年以上，当事人双方同意续延劳动合同的，如果劳动者提出订立无固定期限的劳动合同，应当订立无固定期限的劳动合同。第二十一条还规定：“劳动合同可以约定试用期。试用期最长不得超过六个月。”

劳动合同的订立和变更应遵循平等自愿的原则，不能违反法律、行政法规的相关规定。采取欺诈、威胁等手段订立的劳动合同为无效劳动合同。无效的劳动合同从订立时就不具备法律约束力。但是，如果确认劳动合同属于部分条款无效的情形，且其不影响其余部分的效力，其余部分条款仍然有效。劳动合同的无效，由劳动争议仲裁委员会或人民法院确认。

用人单位或劳动者由于自身的过错造成不履行劳动合同的，应承担相应的责任。《劳动法》及其他一些法规对此做出了明确的规定，主要包括以下几个方面的内容。

（1）用人单位侵害劳动者合法权益

《劳动法》第九十一条规定：“用人单位有下列侵害劳动者合法权益情形之一的，由劳动行政部门责令支付劳动者的工资报酬、经济补偿，并可以责令支付赔偿金：（一）克扣或无故拖欠劳动者工资的；（二）拒不支付劳动者延长工作时间工资报酬的；（三）低于当地最低工资标准支付工资的；（四）解除劳动合同后，未按照本法规定给予劳动者经济补偿的。”

（2）相关处罚

《违反〈中华人民共和国劳动法〉行政处罚办法》规定：用人单位有下列四种侵害劳动者合法权益行为之一的，应责令支付劳动者工资报酬、经济补偿，并可责令按相当于支付劳动者工资报酬、经济补偿总和的一至五倍支付劳动者赔偿金。《违反和解除劳动合同的经济补偿办法》更是对经济补偿做了详细的规定：用人单位克扣或拖欠劳动者工资以及拒不支付延长工作时间报酬的，除在规定时间内全额支付外，还需加发相当于工资报酬百分之二十五的经济补偿金；用人单位支付劳动者的工资报酬低于当地最低工资标准的，要在补足低于标准部分的同时，另外支付相当于低于部分百分之二十五的经济补偿金；用人单位解除劳动合同后，未按规定给予劳动者经济补偿的，除全额发给经济补偿金外，还须按该经济补偿金数额的百分之五十支付额外经济补偿金。

（3）用人单位订立无效劳动合同

《劳动法》第九十七条规定：“由于用人单位的原因订立的无效合同，对劳动者造成损害的，应承担赔偿责任。”第九十九条又规定：“用人单位招用尚未解除劳动合同的劳动者，对原用人单位造成经济损失的，该用人单位应依法承担连带赔偿责任。”

（4）用人单位违法解除、拖延订立劳动合同

《劳动法》第九十八条规定："用人单位违反本法规定的条件解除劳动合同或者故意拖延不订立劳动合同的，由劳动行政部门责令改正；对劳动者造成损害的，应当承担赔偿损失。"

（5）协商解除劳动合同

《违反和解除劳动合同的经济补偿办法》第五条规定：经劳动合同当事人协商一致，由用人单位解除劳动合同的，用人单位应根据劳动者在本单位工作年限，每满一年发给相当于一个月工资的经济补偿金，最多不超过十二个月。

（6）劳动者患病或因工负伤不能从事工作，也不能由用人单位另行安排工作而解除劳动合同

对于这种情况，《违反和解除劳动合同的经济补偿办法》第六条规定：用人单位应按其在本单位的工作年限，每满一年发给相当于一个月工资的经济补偿金，同时还应发给不低于六个月工资的医疗补助费。患重病和绝症的还应增加医疗补助费，患重病的增加部分不低于补助费的百分之五十，患绝症的增加部分不低于医疗补助费的百分之百。

（7）劳动者违反劳动合同

劳动者违反《劳动法》规定的条件解除劳动合同或者违反劳动合同中的约定的保密事项，给用人单位造成损失的，应当依法承担赔偿责任。

9.1.4 劳动争议

劳动争议又称劳动纠纷，是指具有劳动关系的用人单位和员工双方在执行劳动法律法规或履行劳动合同过程中，因行使劳动权利、履行劳动义务而发生的纠纷。在现代社会，劳动争议是一种较为普遍的社会现象。正确地处理劳动争议，是维护和谐的劳动关系、发挥人力资源潜力的重要方面。

1. 劳动争议的原因及常见类型

劳动争议产生的原因十分复杂。有的是由于劳动关系双方没有订立合同，遇到问题时从各自的利益出发引起纠纷；有的虽有合同，但合同订立得过于笼统，不能具体地界定双方的责、权、利；有的则是合同内容已不适应新形势，具体执行过程中出现问题；有的是对合同的理解有差异，引起争议；有的是不承认合同的约束，一方提出无理要求从而引发纠纷。

在我国现阶段，常见的劳动争议主要有以下几种。

（1）人员流动的争议。如员工要求调动和辞职，用人单位因其是业务骨干采用扣压档案等办法"强留"引起争议；再如，有的员工寻找到了更好的工作而自动离职，甚至带走了经营技术秘密，引发争议等。

（2）劳动合同争议。主要是在劳动合同是否延续，以及劳动合同的解除是否合法、

合理等方面存有矛盾。

（3）劳动报酬争议。主要是指员工在工资标准、工资调整、工资支付方式及时间等方面有意见，如员工认为没有得到应有的薪资待遇，企业拖欠员工工资等。

（4）劳动保护协议。例如，在有害作业场所，职工就改善工作条件、提供劳动防护用品及发放有害作业津贴等与企业有分歧。另外像女工在孕期、哺育期的工作安排常常也会引起劳动争议。

（5）劳动保险争议。如员工是否能够退休、如何计算工龄确定退休工资以及因公还是非因公患病、负伤、致残、死亡的争议等。

（6）处罚争议。主要是指管理者采用惩罚手段整顿劳动纪律，被罚者不服引起争议。如员工认为处罚事实错误、处罚不公或是上级故意打击报复等。

（7）因签订和履行集体合同所发生的争议。

2. 劳动争议的处理原则

我国《劳动法》第七十八条规定："解决劳动争议，应当根据合法、公正、及时处理的原则，依法维护劳动争议当事人的合法权益。"

所谓合法原则，就是在处理劳动争议的过程中，处理机构必须坚持以事实为依据，以法律为准绳，在查清事实、明辨是非的基础上，依据劳动法律、法规和政策做出处理。处理的结果不得违反国家现行法律法规和政策的规定，不得损害国家利益、社会公共利益或他人的合法权益。

公正原则是指劳动争议处理机构在处理劳动争议时，要秉公执法，不能偏袒任何一方，要依据客观实际和相关的法律、法规做出判断和裁决。劳动争议双方当事人的法律地位是平等的，平等地享有权利和履行义务，任何一方都不能把自己的意志强加于另一方。

3. 劳动争议的处理途径

我国《劳动法》规定，"用人单位与劳动者发生劳动争议，当事人可以依法申请调解、仲裁或者提起诉讼，也可以协商解决。"

（1）调解。调解是指在第三人主持下，在分清事实、明辨是非的基础上，依据法律、法规和政策规劝、说服争议双方当事人就争议事项自愿达成协议。调解是处理劳动争议的基本方式。用人单位可以设立劳动争议调解委员会，专门负责处理劳动争议，它由职工代表、用人单位代表和工会代表三方组成。调解也是在自愿的基础上进行的，当事人任何一方不愿调解，可以直接向有管辖权的劳动争议仲裁委员会申请仲裁。

（2）仲裁。仲裁是指由劳动争议仲裁委员会对劳动争议做出具有约束力的裁决。劳动争议仲裁委员会由劳动行政部门代表、同级工会代表和用人单位方面的代表组成，其办事机构为劳动行政部门的劳动争议处理机构。劳动争议仲裁一般遵循以下程序：当事人申请、仲裁机构受理、仲裁审理和开庭裁决。如果仲裁机构做出裁决，当事人又无异议，则必须执行。如当事人不服，可以自收到仲裁裁决书15日内向人民法院提起诉讼。一方当事人在法定期限内不起诉又不履行仲裁裁决的，另一方当事人可以申请人民法院强制执行。

（3）诉讼。劳动争议的诉讼是指发生劳动争议的当事人经过申请仲裁，对仲裁裁决不服而向人民法院提起诉讼的请求，由人民法院按照司法审判程序对争议案件进行审理。提起诉讼是劳动争议当事人的一项权利，也是解决劳动争议的最后方式。通过其他方式没有解决的劳动争议，都可以由人民法院来解决。这一方式的最大特点是具有最高的权威性。

（4）协商。协商是指发生劳动争议的双方当事人通过谈判、磋商，自行达成共识，解决纠纷。

4. 劳动关系的改善

正确处理和不断改善劳动关系，是企业管理的重要任务，因为它有利于保障企业与职工的互择权，实现生产要素的优化配置；有利于保障企业内的各方面权益，调动各方面的积极性；有利于创造出一个令人心情舒畅的、安定团结的工作环境，保障企业改革与发展的顺利进行。伴随着市场经济的发展和企业改革的深入，在劳动关系方面我们将不断面临新的问题和挑战，因此不断探索新的劳动关系模式和改善劳动关系的途径具有重要意义。当前改善劳动关系应着重注意以下几个方面：

（1）进一步实现劳动关系的契约化。劳动关系实质上是一种契约关系，但这一观念长期被人们忽视，应注意实现劳动关系的契约化。

（2）加快劳动关系的法制化。劳动关系的法制化，也就是劳动关系的准则及其运行以法制为基础，劳动关系当事人的责、权、利受到法律的保障和约束。出现劳动争议时，也应在法律的基础上进行调整。

（3）提高员工的工作生活质量。这是改善劳动关系的根本途径。

（4）鼓励员工参与民主管理。员工参与民主管理可以使员工参与企业的重大决策，尤其是涉及广大员工切身利益的决定，这样可以更好地使企业管理者在做出重大决策时充分考虑员工的利益。

9.2 辞职与退休

9.2.1 辞职

辞职是指员工根据本人意愿，经用人单位同意批准，与所在单位解除劳动关系的行为。它是建立在员工自愿基础上的，是员工自由择业权利的一种体现。对于员工的辞职行为，用人单位一般应予以尊重。

从总体上说，辞职制度的建立有利于人才的合理流动，有利于岗位与人员更好地结合。不过具体到用人单位，它的影响既可能是积极的，也可能是消极的。例如，员工因能力或健康状况不能胜任工作，要求辞职时，可以减轻企业的负担；辞职人数保持在正常范围内，还可以促进企业吸收新生力量，保持员工队伍正常的新陈代谢。但是如果辞职人数超过正常范围，或者骨干管理人员、专业技术人员辞职往往会给正常的生产经营带来不利的影响。

员工辞职的原因是多方面的、复杂的。有的可能是个人原因，如个人的能力或健康状况不胜任工作、现有的工作不符合自己的职业趣向以及家庭原因等；有的可能是其他用人单位以优厚的条件吸引人才，从而促使员工辞职；有的则是由于管理原因，即由于管理不善导致员工的不满情绪，致使员工辞职等。用人单位对于员工的辞职应予以高度的重视，要针对不同的原因采取相应的措施，特别是应尽量避免由管理原因引起的辞职。

员工辞职应得到用人单位的同意，并由其办理相应的手续。这是因为，在员工与企业之间存在着已经形成的劳动关系，这种劳动关系是双方都必须遵循的。员工的辞职会影响用人单位已有的工作安排。因此员工辞职前应首先向所在单位提出辞职，使单位有一个调整工作安排的时间。如果员工擅自离职，用人单位可以以未解除的劳动关系为依据，对由此造成的损失和影响向员工追责。

一般来说，正常的员工辞职应按以下程序办理：①员工向所在单位人力资源管理部门提出书面申请；②所在单位按有关规定对申请进行审查，同意辞职的，发给辞职申请表；③所在单位接到辞职者填好交回的辞职申请表后，在规定的期限内进行审批或转报（转报审批的也应在规定的期限内审批）；④对审批同意辞职的，通知所在部门办理移交工作、归还公物等手续；⑤辞职人员凭所在单位证明向有关人事部门领取“辞职证明书”。

我国《劳动法》第二十三条、第二十四条、第三十一条、第三十二条规定，以下情形下员工可以自行辞职：①合同期满或约定的合同终止条件出现；②在试用期内的；③用人单位以暴力威胁或者非法限制人身自由的手段强迫劳动的；④用人单位未按照劳动合同的约定支付劳动报酬或者提供劳动条件的；⑤提前30日书面通知用人单位解除劳动合同的。

应该说，员工辞职是人力资源中一个比较复杂的问题，它对员工和用人单位都有着直接的影响。在传统的劳动管理体制下，员工的工龄计算、福利待遇、专业技术职务等，都与所在单位有着千丝万缕的关系，一旦辞职，不仅要失去直接工资，还会失去工资外的许多待遇。这在一定程度上影响了员工辞职的意向，致使许多员工宁肯消极工作，也不愿离开目前的岗位。随着市场经济的发展和劳动力走向市场的形式，目前这种现象已得到了一定程度的改变，辞职员工的许多待遇如工龄、职称等，可以在劳动部门同意的前提下向新的工作岗位结转。不过从总体上看，非正常的限制因素仍大量存在（如档案的转送等），因此有时员工辞职的代价是很大的。对用人单位来讲，防止辞职现象的过度发展，具有特别重要的意义。越来越多的事实证明，辞职的员工很多是拥有较强员工管理能力或掌握专业技术的人才，他们的辞职往往不仅是人力资源的流失，而且会导致经营资源的流失，如技术资料、管理经验、经营关系等。防范员工辞职风险是人力资源管理部门应认真研究的问题。

9.2.2 退休

退休是指劳动者达到一定年龄和工龄，或因丧失工作能力，按照法定程序离开工作职位并领取养老金的行为和制度。退休是劳动者的一项基本权利和义务，通常由国家制定的退休制度加以保障，用人单位和劳动者应共同遵守。

退休是人力资源“出口”管理的主要方式和内容，其功能主要表现在以下三方面。首先，是员工队伍循环更新的主要方法。年老和丧失工作能力的员工退休，有利于其他员工晋升和招募、甄选新的年轻人员，从而保持员工队伍的生机和活力。其次，是现代社会解决年老体弱者生活困难，保持和提高在职员工工作质量，解除员工后顾之忧的重要条件，同时也是维护社会安定的重要措施。退休是与养老保险相配套的，它使退休者安享晚年，对年轻的在职员工也是一种激励和鼓舞，使他们不必为退休后的生活忧虑，从而更加安心努力工作。最后，严格的退休制度还是职务终身制的控制阀。退休不仅是员工的权利，也是员工必须履行的义务。无论是一般员工还是领导干部，满足退休条件都应办理退休手续。

依据原因的不同，退休主要分为两种类型，一种类型是员工的年龄和工龄增长到一定程度，因年老而退出工作岗位，大多数退休人员属于这一类型，人们通常称为正常退休；另一种是指员工虽未达到退休年龄，但由于生病受伤等原因丧失劳动能力而离开岗位，这便是通常所讲的病退。

至于具体条件，由于受生活水平、身体素质、平均寿命、社会保险负担能力等因素的影响，各个国家有着一定的区别，而且工作性质不同，退休条件也不同。我国公务员凡男性年满 60 周岁，女性年满 55 周岁或丧失工作能力便应当退休，另外男性年满 55 周岁，女性年满 50 周岁，且工作年限满 20 年或工作年龄满 30 年的，经本人申请，任免机关批准，可以提前退休。对于企业员工来说，具有下列情形者，应该退休：①男性年满 60 周岁，女性年满 55 周岁，连续工作满 10 年者；②从事井下、高空、高温或其他有害身体健康的工作，男性年满 55 周岁，女性年满 45 周岁，连续工作 10 年者；③因公致残，由医院证明，并经劳动鉴定委员会确认，完全丧失劳动能力者。凡符合上述条件之一的员工，经劳动人事部门批准，即可取得退休身份，享受退休待遇。

员工的退休待遇主要包括政治待遇、养老保险金待遇和其他待遇。政治待遇是指退休人员享有的各种政治权利。注重退休人员的政治待遇是我国退休制度的一个特色。退休人员有权利了解重要的政治、社会事件与党和国家的方针政策。养老保险金又称退休金，是国家规定发给退休人员的生活费，也是退休人员享受物质待遇的基本部分，它对保障退休人员的晚年生活起主要作用。其他待遇主要由两部分构成，一部分是在职时享受，退休后继续保留的，如医疗公费、住房、取暖及物价补贴等；另一部分是为退休人员增设的，如特殊贡献补助费、供养直系亲属抚恤等。

对于大多数员工来说，退休是一种苦乐交织的体验。在有些人看来，这是他们职业生涯的终点，他们可以修养，享受他们劳动的成果，不必再为工作问题担忧。而对有些人来说，退休本身就是一种创伤，他们不得不脱开曾经忙碌的“事业”去面对骤然出现的“非生产”状态。事实上，对于许多退休者来说，如何在没有工作的状况下保持有身份和自我价值的感觉是一个重要问题。为此，用人单位应认真做好退休人员的管理工作，继续关心、帮助他们，使他们生活幸福，并要有针对性地进行开发性管理，使他们为国家建设发挥余热。目前国外有许多企业建立了正式的“退休前质询”制度，通过讲解社会保障福利，进行财政及投资咨询、悠闲时光咨询、健康咨询、心理咨询以及谋求公司内外第二职业咨询等，帮助雇员轻松过渡到退休生活。这种做法也值得我国的用人单位借鉴。

9.3 员工安全与健康

9.3.1 员工安全

安全通常是指对人们身体健康的保护。劳动安全是生产发展的客观需要。在劳动生产过程中，客观上存在着各种不安全的因素，制订安全计划，做好安全生产与管理工作，对于有效防止与工作有关的人体伤害和事故有着重要的意义。它不仅是道德的要求，也是国家法律所规定的，同时也符合用人单位总体的经济利益。我国《劳动法》第五十二条规定：“用人单位必须建立健全劳动安全卫生制度，严格执行国家安全卫生规程和标准，对劳动者进行劳动安全卫生教育，防止劳动过程中的事故，减少职业危害。”

有效的人身安全管理首先要求用人单位要高度重视全面安全工作的重要性。所谓全面安全工作主要包括三方面的含义。首先是安全工作范围的全面性，生产经营管理的各个方面、工作环境、生产设备以及员工本身的行为等都属于安全管理工作的范围。其次是安全工作的全程性，企业运作的各个环节均不同程度地存在着安全问题，一个小环节的疏忽可能酿成大的事故。最后是安全工作的全员性，安全工作不仅是安全工作部门的事，它需要最高管理层的协调管理和全体员工的通力合作。一般来说，管理层对安全工作越重视，员工的安全意识越强，就越不容易出现安全问题。

做好安全工作，除了思想认识上应高度重视，还必须有切实有效的措施予以保障。这包括以下几个方面。

（1）制定安全政策和纪律。强化劳动安全政策和规定，及时对违规者进行纪律惩处，是安全工作的重要组成部分。应经常强化对安全行为方式的要求和及时表彰积极的安全举措。

（2）进行安全培训和交流。通过培训，使员工熟悉和掌握劳动安全法规和安全生产方面的技术知识，树立安全生产的思想；同时进行经常性的交流活动，不断总结安全工作的经验教训。

（3）成立专门的安全管理组织。可以吸收各个层次、各个部门及工会的成员参加，具体负责日常的安全工作。

（4）加强安全检查。不仅用人单位或工会应经常性地进行检查，有时还可以主动请劳动部门、产业主管部门进行检查。一般情况下，检查应定期进行，也可以就某些问题进行专业性的或季节性的检查。

（5）进行安全工作评定。正如企业必须对财务记录进行审计一样，企业也应对安全工作进行总体评定，以把握改进的程度和解决尚存在的问题，以便更好地制订安全规划。

9.3.2 员工健康

健康是一个内涵较为宽泛的概念，通常是指人们体力的、精神的和情绪的总的健康状态。员工健康方面存在的问题是多种多样的，有些问题是长期性的，有的是短期的，但是所有这些问题都可能影响企业的经营和员工的生产力。

一般来说，员工健康问题属于劳动卫生管理的范围。所谓劳动卫生管理，是指有组织、有计划地采取一系列措施，防止和排除对员工的健康有恶劣影响、存在于工作场所的因素。劳动卫生管理与劳动安全管理一起，负有改善工作环境和工作条件的责任。不过两者比较，劳动卫生的不同之处在于它不像劳动事故那样明显，在大多数情况下它的影响是无形的。加强劳动卫生管理主要有以下作用：由于维护、增进了员工健康，使疾病得到预防，能有效地减少员工缺勤，保证生产经营的正常进行；基于改良工作环境的疾病预防措施，能消除员工的不安全感，使其得到精神上的安定，同时还会激发员工的劳动热情，提高工作效率。

1. 职业病

职业病是员工健康主要的问题之一，有效防止职业病也是劳动卫生管理工作的重中之重。所谓职业病是指员工的技能状态和健康状况，由于受到生产工艺、作业过程或外界环境因素的不良影响而引起的疾病。许多职业病一旦形成，往往难以治愈，不仅会对企业造成损失，而且也给员工及其家属造成不良影响。

根据我国目前的生产和技术条件，危害员工健康和影响生产经营比较严重的职业病主要有以下几种：职业中毒；尘肺；热辐射病和热痉挛；日射病；职业性皮肤病；电光性眼炎；噪声性耳聋；职业性白内障；高山病和航空病；振动性疾病；放射性疾病等。

引起职业性的因素很多，概括起来可分为以下四类：

（1）物理因素。包括不良气象条件（如过高或过低的温度、湿度、气流速度和热辐射等）、不正常的气压、电磁辐射、电离辐射、噪声和振动等。

（2）化学因素。包括生产性毒素和生产性灰尘等。

（3）生物因素。包括微生物、寄生虫以及各种兽害等。

（4）劳动过程因素。包括劳动强度大、劳动时间长、长期采取同一体位或个别器官过度紧张等。

有效地预防职业病是一项系统的工程，这其中的关键是消除或尽可能地减少各种危害的因素。要研究生产过程中产生的各种毒气、粉尘、噪声振动、不良照明、射线辐射等对人体具有危害性因素的产生机理、测试技术和控制技术，并采取相应的措施尽量消除这些因素的不良影响，创造舒适卫生的工作环境。除此之外，以下几点也是必须注意的：要依据员工的生理和心理特点，设计和改变操作工艺；可以采取工作再设计措施，使劳动丰富多样；在不卫生因素未能消除的情况下，应为员工配备使用性能可靠的个人防护设备；加强卫生保健的宣传；定期为员工进行职业病检查；根据工作的性质和特点，让员工做有针对性的工间操。

2. 工作压力与健康

工作压力主要有两个来源，即环境因素和个人因素。首先，许多外部因素会导致工作压力。这包括工作性质和数量、工作进度、工作速度、工作保障、主管人员的绩效评价、缺少充分的沟通以及上下班的路线等。其次，个人因素也会导致压力。事实上没有两个人会对同一工作状态做出相同的反应。一般来说，沉迷于工作、总是感到有一股力量驱使自己必须达到某种结果的员工和过于自尊的员工会将自己置于更大的压力之下。另外离婚、生活拮据等非工作问题引起的压力也会增加工作压力。

不管工作压力的来源是什么，它对员工和组织的影响都是严重的。过重的工作压力会使员工感到焦虑、沮丧、发怒、无法放松等，并引发身体疾患，如心血管疾病、头痛等，在某些情况下，还会导致员工人际关系差、精神崩溃，甚至引发事故。压力对组织也有严重的影响，它会导致工作绩效的下降，缺勤和人员流动增加以及产生更多的员工抱怨。当然，压力并不必然导致不良结果，有些人在一定的压力下工作会更有效率。但压力只能是适度的，且不能是不良的压力。

减缓工作压力，消除对健康的消极影响，员工与组织须共同努力。对于员工个人来讲，有许多种缓解的方法，如进行放松性的活动、个人沉思以及换工作等。

组织在缓解工作压力方面也有重要作用：主管人员要注意观察员工的工作状态以发现压力征兆；要通过态度调查确定组织压力来源（特别要注意由主管人员引起的压力）；改进调拨和配置程序，确保有效的人与事的匹配；提供职业开发计划，使员工从事与其自身能力适合的工作；建立畅通的沟通渠道，使员工与管理者能充分地沟通。

9.4 社会保险

9.4.1 社会保险的概念和作用

社会保险是国家依法设立的，在劳动者遇到各种劳动风险时，由国家和社会给予一定帮助的法律规定。它的基本运作程序是，由国家法律规定的专门机构，对各项社会保险基金进行社会统筹，共同解决劳动者遇到风险时的困难，以保证劳动者及其家庭成员的基本生活。完善社会保险制度，是发展市场经济的客观要求和必要条件，是实现社会分配公平以及促进市场经济发展、维护社会稳定的重要保证。它与每一个劳动者的切身利益息息相关。我国的《劳动法》第七十条规定“国家发展社会保险事业，建立社会保险制度，设立社会保险基金，使劳动者在年老、患病、工伤、失业、生育等情况下获得帮助和补偿。”

我国的社会保险体系从结构层次上看包括三个层次，即国家基本保险、单位补充保险和个人储蓄保险。国家基本保险即法定保险，是指普遍适用的、强制保证劳动者遇到劳动风险时最低生活需要的保险制度。基本保险是第一层次，也是最主要的保险方式。它有三个主要特征：一是覆盖面广，各类经济组织都必须依照国家规定参加社会保险；二是保险待遇标准统一；三是基金可以调剂。单位补充保险是第二层次的保险，它是在用人单位具有经济承受能力的前提下，由用人单位自愿实行的保险，主要用于满足本单位劳动者高于基本保险的需求。不过用人单位实行补充保险必须在参加基本社会保险并按时足额缴纳基本社会保险费的前提下进行，而且补充保险一般要实行个人账户制度，由社会保险经办机构管理。个人储蓄保险则是基于劳动者个人的经济能力和满足其更高的生活需要而设立的一种保险方式，是劳动者个人的自愿行为，劳动者可以选择保险经办机构并自主确定储蓄多少。用人单位补充保险和个人储蓄保险是国家鼓励和提倡的社会保险方式。

社会保险是一种为丧失劳动能力、暂时失去劳动岗位或因健康原因造成损失的人口提供收入或补偿的一种社会和经济制度。社会保险计划由政府举办，强制某一群体将其收入的一部分作为社会保险税（费）形成社会保险基金，在满足一定条件的情况下，被保险人可从基金获得固定的收入或损失的补偿，它是一种再分配制度，它的目标是保证物质及劳动力的再生产和社会的稳定。

社会保险的主要项目包括养老社会保险、医疗社会保险、失业保险、工伤保险、生育保险、重大疾病和补充医疗保险等。社会保险是社会保障制度的一个最重要的组成部分。所以，在讨论社会保险时就不能把社会保险从社会保障中抽出来。

社会保障是国家通过国民收入的分配和再分配，对社会成员因年老、疾病、伤残而丧失或暂时丧失劳动能力，或因失业、灾害或不幸事件以及曾为社会尽过义务而生活面临困难者，提供资金或物质帮助以保障其基本生活的社会政策。在我国，主要包括社会保险、社会福利、社会救助和优抚安置等内容。由此可以看出，社会保障的内涵更为宽泛，它不仅涉及劳动者，也包括了对非劳动者的救助。社会保险只是社会保障的一部分。社会保障是发展社会主义市场经济的重要条件，对于维护职工利益，促进经济发展和社会稳定有着重要作用。

社会保险保障了劳动者及其家庭成员的基本生活，能有效免除劳动者的后顾之忧，有利于调动他们生产、工作的积极性。有利于促进人力资源的维护。实行社会保险是使劳动者专心于劳动，促进用人单位加强劳动保护，维护职工安全与健康，保证安全生产的重要条件。社会保险能有利于保障劳动者的基本生活需要，是实现社会安定的基本保证条件之一。

9.4.2 社会保险的特点

社会保险是社会对劳动者在特殊情况下分配消耗品的一种形式，它既具有一般保险的特征，又具有自身的特点。

1. 保障性

保障性是实施社会保险的根本目的，就是保障劳动者在其失去劳动能力或暂时中断生活来源之后的基本生活，从而维护社会稳定。

2. 法定性

法定性就是国家立法，强制实施。社会保障基金是依据国家法律、法规设立的，严格按照法律的规定筹集、运营、管理和运作。保险待遇的享受者及其所在单位，双方都必须按照规定参加并依法缴纳社会保险基金，不能自愿。法定性，是实现社会保险的组织保证，目的在于保障劳动者因暂时或永久丧失劳动能力以及失业时获得生活保障，安定社会秩序。

3. 互济性

互济性是指社会保险按照社会共担风险原则进行组织的。社会保险费由国家、企业、个人三方负担，基金来源于社会统筹，用于社会成员，体现了“一人为众，众人为一”的互助互济性。社会保险机构要用互助互济的办法统一调剂基金，支付保险金和提供服务，实行收入再分配，使参加社会保险的劳动者生活得到保障。

4. 福利性

社会保险不以盈利为目的，它以最少的花费，解决最大的社会保障问题，属于社会福利性质。

5. 普遍性

社会保险实施范围广，一般在所有职工及其供老的直系亲属中实行。

9.4.3 社会保险的内容

社会保险的内容主要包括养老保险、生育保险、工伤保险、医疗保险、失业保险、五个项目。

1. 养老保险

指劳动者在达到法定退休年龄或因年老、疾病丧失劳动能力时，按国家规定退出工作岗位并享受社会给予的一定物质帮助的一种社会保险制度。我国的离休、退休、退职制度属于养老保险范畴。养老保险待遇包括离休、退休费、退职生活费以及物价补贴和生活补贴等。

养老保险，全称社会基本养老保险，是国家和社会根据一定的法律和法规，为解决劳动者在达到国家规定的解除劳动义务的劳动年龄界限，或因年老丧失劳动能力退出劳动岗位后的基本生活而建立的一种社会保险制度。

养老保险是社会保障制度的重要组成部分，是社会保险五大险种中最重要的险种之一。养老保险的目的是为保障老年人的基本生活需求，为其提供稳定可靠的生活来源。

根据《中华人民共和国社会保险法》等有关规定，从2016年5月1日起，将阶段性降低养老保险。

2017年10月18日，习近平同志在党的十九大报告中指出，加强社会保障体系建设。全面建成覆盖全民、城乡统筹、权责清晰、保障适度、可持续的多层次社会保障体系。全面实施全民参保计划。完善城镇职工基本养老保险和城乡居民基本养老保险制度，尽快实现养老保险全国统筹。完善统一的城乡居民基本医疗保险制度和大病保险制度。完善失业、工伤保险制度。建立全国统一的社会保险公共服务平台。自2018年7月1日起，国务院《关于建立企业职工基本养老保险基金中央调剂制度的通知》实施。

1）基本作用

养老保险是以老年人的生活保障为指标的，通过再分配手段或者储蓄方式建立保险基金，支付老年人生活费用。它的实施具有以下作用：

（1）有利于保证劳动力再生产

通过建立养老保险制度，有利于劳动力群体的正常代际更替，老年人年老退休，新成长劳动力顺利就业，保证就业结构的合理化。

（2）有利于社会的安全稳定

养老保险为老年人提供了基本生活保障，使老年人老有所养。随着人口老龄化的到来，老年人口的比例越来越大，人数也越来越多，养老保险保障了老年劳动者的基本生活，等于保障了社会相当部分人口的基本生活。对于在职劳动者而言，参加养老保险，意味着对将来年老后的生活有了预期，免除了后顾之忧，从社会心态来说，人们多了些稳定、少了些浮躁，这有利于社会的稳定。

（3）有利于促进经济的发展

各国设计养老保险制度多将公平与效率挂钩，尤其是部分积累和完全积累的养老金筹集模式。劳动者退休后领取养老金的数额，与其在职劳动期间的工资收入、缴费多少有直接的联系，这无疑能够产生一种激励劳动者在职期间积极劳动，提高效率。

此外，由于养老保险涉及面广，参与人数众多，其运作中能够筹集到大量的养老保险金，能为资本市场提供巨大的资金来源，尤其是实行基金制的养老保险模式，个人账户中的资金积累以数十年计算，使得养老保险基金规模更大，为市场提供更多的资金，通过对规模资金的运营和利用，有利于国家对国民经济的宏观调控。

在中国，20 世纪 90 年代之前，企业职工实行的是单一的养老保险制度。1991 年，《国务院关于企业职工养老保险制度改革的决定》中明确提出："随着经济的发展，逐步建立起基本养老保险与企业补充养老保险和职工个人储蓄性养老保险相结合的制度。"从此，中国逐步建立起多层次的养老保险体系。

2）养老保险主要特点

一是由国家立法，强制实行，企业单位和个人都必须参加，符合养老条件的人，可向社会保险部门领取养老金。

二是养老保险费用来源，一般由国家、单位和个人三方或单位和个人双方共同负担，并实现广泛的社会互济。

三是养老保险具有社会性，影响很大，享受人多且时间较长，费用支出庞大。因此，必须设置专门机构，实行现代化、专业化、社会化的统一规划和管理。

通过建立养老保险制度，有利于新老更替，实现就业结构的合理化；为老年人提供了基本生活保障，使老年人老有所养，是应对人口老龄化的一项重要措施，有利于社会稳定；能够激励年轻人奋进，提升工资标准，为退休后的生活提供保障，有利于从侧面促进经济发展。

养老问题不仅是社会问题，而且是一个全球性问题，关系到一个国家或社会的经济、文明发展，需要我们予以足够的重视。由于养老保险的实施范围很广，被保险人享受待遇的时间较长，费用收支规模庞大，因此，必须由政府设立专门机构，在全社会统一立法、统一规则、统一管理和统一组织实施。

2. 生育保险

指国家和社会对女职工由于妊娠、分娩而暂时丧失劳动能力给予物质帮助的一种社会保险制度。生育保险待遇包括产假、产假工资、生育补助金和医疗服务等。

生育保险（maternity insurance）是国家通过立法，在怀孕和分娩的妇女劳动者暂时中断劳动时，由国家和社会提供医疗服务、生育津贴和产假的一种社会保险制度，国家或社会对生育的职工给予必要的经济补偿和医疗保健的社会保险制度。我国生育保险待遇主要包括两项。一是生育津贴，二是生育医疗待遇。人社部《生育保险办法（征求意见稿）》从 2012 年 11 月 20 日起面向社会公开征求意见。意见稿明确，生育险待遇将不再限户籍，单位不缴生育险须掏生育费。

2016 年 5 月 1 日起各地要继续贯彻落实国务院 2015 年关于降低工伤保险平均费率 0.25 个百分点和生育保险费率 0.5 个百分点的决定和有关政策规定，确保政策实施到位。生育保险和基本医疗保险合并实施工作，待国务院制定出台相关规定后统一组织实施。2017 年 2 月 24 日，人力资源和社会保障部举行生育保险和基本医疗保险合并实施试点工作会议，计划于 2017 年 6 月底前在 12 个试点地区启动两险合并工作。人社部强调，两险合并并不是简单地将生育保险并入医保，而是要保留各自功能，实现一体化运行管理。

2019 年 3 月，国务院办公厅印发的《关于全面推进生育保险和职工基本医疗保险合并实施的意见》，2019 年年底前实现生育保险和职工基本医疗保险合并实施。

1）主要特点

（1）享受生育保险的对象主要是女职工，因而待遇享受人群相对比较窄。随着社会进步和经济发展，有些地区允许在女职工生育后，给予配偶一定假期以照顾妻子，并发给假期工资；还有些地区为男职工的配偶提供经济补助。

（2）待遇享受条件各国不一致。有些国家要求享受者有参保记录、工作年限、本国公民身份等方面的要求。我国生育保险要求享受对象必须是合法婚姻者，即必须符合法定结婚年龄、按婚姻法规定办理了合法手续，并符合国家计划生育政策等。

（3）无论女职工妊娠结果如何，均可以按照规定享受相关待遇。也就是说无论胎儿存活与否，产妇均可享受有关待遇，并包括流产、引产以及胎儿和产妇发生意外等情况，都能享受生育保险待遇。

（4）生育期间的医疗服务主要以保健、咨询、检查为主，与医疗保险提供的医疗服务以治疗为主有所不同。生育期间的医疗服务侧重于指导孕妇处理好工作与修养、保健与锻炼的关系，使她们能够顺利地度过生育期。产前检查以及分娩时的接生和助产，则是通过医疗手段帮助产妇顺利生产。分娩属于自然现象，正常情况下不需要特殊治疗。

（5）产假有固定要求。产假要根据生育期安排，分产前和产后。产前假期不能提前或推迟使用。产假也必须在生育期间享受，不能积攒到其他时间享用。各国规定的产假期限不同。我国规定的正常产假为 90 天，其中产前假期为 15 天，产后假期为 75 天。

（6）生育保险待遇有一定的福利色彩。生育期间的经济补偿高于养老、医疗等保险。生育保险提供的生育津贴，一般为生育女职工的原工资水平，也高于其他保险项目。另外，在我国，职工个人不缴纳生育保险费，而是由参保单位按照其工资总额的一定比例而缴纳。

2）生育保险的作用

生育保险是为了维护女职工的基本权益，减少和解决女职工在孕产期以及流产期间因生理特点造成的特殊困难，使她们在生育和流产期间得到必要的经济收入和医疗照顾，保障她们及时恢复健康，回到工作岗位。其主要作用有以下几个方面：

一是实行生育保险是对妇女生育价值的认可。妇女生育是社会发展的需要，她们为家庭传宗接代的同时，也为社会劳动力再生产付出了努力，应当得到社会的补偿。因此对妇女生育权益的保护，被大多数国家接受和给予政策上支持。世界上有多个国家通过立法保护妇女生育的合法权益。

二是实行生育保险是对女职工基本生活的保障。女职工在生育期间离开工作岗位，不能正常工作。国家通过制定相关政策保障她们离开工作岗位期间享受有关待遇。其中包括生育津贴、医疗服务以及孕期不能坚持正常工作时，给予的特殊保护政策。在生活保障和健康保障两方面为孕妇的顺利分娩创造了有利条件。

三是实行生育保险是提高人口素质的需要。妇女生育体力消耗大，需要充分休息和补充营养。生育保险为她们提供了基本工资，使她们的生活水平没有因为离开工作岗位而降低，同时为她们提供医疗服务项目，包括产期检查，围产期保健指导等，为胎儿的正常生长进行监测。对于在妊娠期间患病或接触有毒有害物质的妇女，做必要的检查。如发现畸形儿，可以及早中止妊娠。对于在孕期出现异常现象的妇女，进行重点保护和治疗。以达到保护胎儿正常生长，提高人口质量的作用。

3. 工伤保险

指劳动者因工作受伤致残，暂时或永久丧失劳动能力时，从国家和社会获得必要的物质帮助的一种社会保险制度。工伤保险待遇包括工伤待遇、医疗期间的生活待遇、因工伤残、死亡待遇和康复待遇等。

工伤保险，是指劳动者在工作中或在规定的特殊情况下，遭受意外伤害或患职业病导致暂时或永久丧失劳动能力以及死亡时，劳动者或其遗属从国家和社会获得物质帮助的一种社会保险制度。

工伤保险的认定：劳动者因工负伤或职业病暂时或永久失去劳动能力以及死亡时，工伤不管什么原因，责任在个人或在企业，都享有社会保险待遇，即补偿不究过失原则。

工伤保险，又称职业伤害保险。工伤保险是通过社会统筹的办法，集中用人单位缴纳的工伤保险费，建立工伤保险基金，对劳动者在生产经营活动中遭受意外伤害或职业病，并由此造成死亡、暂时或永久丧失劳动能力时，给予劳动者及其实用性法定的医疗救治以及必要的经济补偿的一种社会保障制度。这种补偿既包括医疗、康复所需费用，也包括保障基本生活的费用。

2016 年 5 月 1 日起各地要继续贯彻落实国务院 2015 年关于降低工伤保险平均费率 0. 25 个百分点和生育保险费率 0. 5 个百分点的决定和有关政策规定，确保政策实施到位。生育保险和基本医疗保险合并实施工作，待国务院制定出台相关规定后统一组织实施。

（1）工伤保险对象的范围是在生产劳动过程中的劳动者。由于职业危害无所不在，无时不在，任何人都不能完全避免职业伤害。因此工伤保险作为抗御职业危害的保险制度适用于所有职工，任何职工发生工伤事故或遭受职业疾病，都应毫无例外地获得工伤保险待遇。

（2）工伤保险的责任具有赔偿性。也就是说劳动者的生命健康权、生存权和劳动权受到影响、损害甚至被剥夺了。因此工伤保险是基于对工伤职工的赔偿责任而设立的一种社会保险制度，其他社会保险是基于对职工生活困难的帮助和补偿责任而设立的。统一专属工伤保险方案与社保完全对接，补充了一次性伤残就业补助金的赔偿。

（3）工伤保险实行无过错责任原则。无论工伤事故的责任归于用人单位还是职工个人或第三者，用人单位均应承担保险责任。

（4）工伤保险不同于养老保险等险种，劳动者不缴纳保险费，全部费用由用人单位负担。即工伤保险的投保人为用人单位。

（5）工伤保险待遇相对优厚，标准较高，但因工伤事故的不同而有所差别。

（6）工伤保险作为社会保障，其保障内容比商业意外保险要丰富。除了在工作时的意外伤害，也包括职业病的报销、急性病猝死保险金、丧葬补助（工伤身故）。

商业意外险提供的则是工作和休息时遭受的意外伤害保障，优势体现为时间、空间上的广度。如上下班途中遭遇的意外，假如是机动车交通事故伤害可以由工伤赔偿，其他情况的意外伤害则不属于工伤的保障范围。

2010 年 12 月 20 日，国务院第 136 次常务会议通过了《国务院关于修改〈工伤保险条例〉的决定》（以下简称《决定》）。《决定》对 2004 年 1 月 1 日起施行的《工伤保险条例》作出了修改，扩大了上下班途中的工伤认定范围，同时还规定了除现行规定的机动车事故以外，职工在上下班途中受到非本人主要责任的非机动车交通事故或者城市轨道交通、客运轮渡、火车事故伤害，也应当认定为工伤。

在赔付方面，医疗费用通常是由工伤保险先报销后，商业保险扣除已赔付部分对剩下的金额进行赔偿。身故或残疾保险金则是分别按照约定额度给付，不存在冲突现象。通常建议将商业意外险作为社保的补充和完善。

4. 医疗保险

指劳动者因疾病、伤残或生育等原因需要治疗时，由国家和社会提供必要的医疗服务和物质帮助的一种社会保险制度。

医疗保险一般指基本医疗保险，是为了补偿劳动者因疾病风险造成的经济损失而建立的一项社会保险制度。通过用人单位与个人缴费，建立医疗保险基金，参保人员患病就诊发生医疗费用后，由医疗保险机构对其给予一定的经济补偿。

基本医疗保险制度的建立和实施集聚了单位和社会成员的经济力量，再加上政府的资助，可以使患病的社会成员从社会获得必要的物资帮助，减轻医疗费用负担，防止患病的社会成员“因病致贫”。

医疗保险具有社会保险的强制性、互济性、社会性等基本特征。因此，医疗保险制度通常由国家立法，强制实施，建立基金制度，费用由用人单位和个人共同缴纳，医疗保险金由医疗保险机构支付，以解决劳动者因患病或受伤害带来的医疗风险。

1）医疗保险分类

医疗保险同其他类型的保险一样，也是以合同的方式预先向受疾病威胁的人收取医疗保险费，建立医疗保险基金；当被保险人患病并去医疗机构就诊而发生医疗费用后，由医疗保险机构给予一定的经济补偿。因此，医疗保险也具有保险的两大职能：风险转移和补偿转移。即把个体身上的由疾病风险所致的经济损失分摊给所有受同样风险威胁的成员，用集中起来的医疗保险基金来补偿由疾病所带来的经济损失。

医疗保险可分为报销型医疗保险和赔偿型医疗保险。

（1）报销型医疗保险是指患者在医院里所花费的医疗费由保险公司来报销，一般分门诊医疗保险与住院医疗保险。

（2）赔偿型医疗保险是指患者明确被医院诊断为患了某种在合同上列明的疾病，由保险公司根据合同约定的金额来给付给患者治疗及护理。一般分单项疾病保险与重大疾病保险。

上述两类医疗险有相同点但又有不同点，相同点是患病才能获得保险给付，不同点主要是普通医疗险属全类型即各类疾病都能获得保险给付。专项医疗保险属专项类即某项在保险合同中明确列明的疾病或手术才能获得保险给付。保险公司推出的医疗保险常常会综合上述两大类保险的一部分来组合成。

2）医疗保险津贴给付型

简而言之，津贴给付型医疗保险是保险公司按照合同规定的补贴标准，向被保险人按次、按日或按项目支付保险金的医疗保险。理赔与实际发生的医疗费用无关，无须提供发票。

医疗保险投保建议购买医疗保险首先要考虑的是报销医疗费用的问题，其次才能考虑到因为住院所产生的损失补偿问题，只有将基础的保障夯实，在此基础上做补充才能锦上添花。有充足社会保险保障的人士，选择医疗保险可以优先选择津贴给付型医疗保险。

保险原理在保险学中，有一个关于“健康保险是否适用补偿原则”的问题。这个问题不能一概而论。补偿原则是指“被保险人获得的补偿不能高于其实际损失”。津贴给付型医疗保险则不适用，其保险金的给付与实际损失无关。其设计原理实际是考虑被保险人在住院期间，因病假导致的工资损失，因此合同约定按住院天数给付补贴费用，它不考虑实际住院发生的费用，和实际经济损失无关，属于“定值保险”的一种。

3）医疗保险费用型

费用型医疗保险则是根据客户实际发生的医疗费用支出按保单约定的保险金额给付保险金。目的是补偿客户的医疗费，理赔时需要客户出具门诊或住院发票，理赔范围与“社保”基本一致。

此外，社会医疗保险还有严格的限制。新药、进口药、贵药都不在社会医保报销范围之内。对于交通事故所造成的医疗费用，社会医保是不报销的。除此之外，在疾病期间经常发生的费用，如营养费、护工费、误工费等更不在报销范围之内。

所以，有医保的人投保住院医疗保险，可考虑购买费用型和津贴型互补，选择费用型住院医疗保险也是有益的补充。

4）医疗保险作用

第一，有利于提高劳动生产率，促进生产的发展。

医疗保险是社会进步、生产发展的必然结果。反过来，医疗保险制度的建立和完善又会进一步促进社会的进步和生产的发展。一方面医疗保险解除了劳动者的后顾之忧，使其安心工作，从而可以提高劳动生产率，促进生产的发展；另一方面也保证了劳动者的身心健康，保证了劳动力正常再生产。

第二，调节收入差别，体现社会公平性。

医疗保险通过征收医疗保险费和偿付医疗保险服务费用来调节收入差别，是政府一种重要的收入再分配的手段。

第三，维护社会安定的重要保障。

医疗保险对患病的劳动者给予经济上的帮助，有助于消除因疾病带来的社会不安定因素，是调整社会关系和社会矛盾的重要社会机制。

第四，促进社会文明和进步的重要手段。

医疗保险和社会互助共济的社会制度，通过在参保人之间分摊疾病费用风险，体现出了“一方有难，八方支援”的新型社会关系，有利于促进社会文明和进步。

第五，推进经济体制改革特别是国有企业改革的重要保证。

5. 失业保险

指国家通过建立失业保险基金的办法，对因某种失去工作而暂时中断生活来源的劳动者提供一定基本生活需要，并帮助其重新就业的一种社会保险制度。

失业保险是指国家通过立法强制实行的，由社会集中建立基金，对因失业而暂时中断生活来源的劳动者提供物质帮助进而保障失业人员失业期间的基本生活，促进其再就业的制度。

在我国，失业人员在满足：非因本人意愿中断就业；已办理失业登记，并有求职要求；按照规定参加失业保险，所在单位和本人已按照规定履行缴费义务满 1 年三个条件后，方可享受失业保险待遇，待遇内容主要涉及以下几个方面：

（1）按月领取的失业保险金，即失业保险经办机构按照规定支付给符合条件的失业人员的基本生活费用。

（2）领取失业保险金期间的医疗补助金，即支付给失业人员领取失业保险金期间发生的医疗费用的补助。

（3）失业人员在领取失业保险金期间死亡的丧葬补助金和供养其配偶直系亲属的抚恤金。

（4）为失业人员在领取失业保险金期间开展职业培训、介绍的机构或接受职业培训、介绍的本人给予补偿，帮助其再就业。

根据《失业保险条例》对失业保险费缴纳的规定，城镇企业事业单位应按照本单位工资总额的0.5%缴纳失业保险费。单位职工按照本人工资的0.5%缴纳失业保险费。

城镇企业事业单位招用的农民合同制工人本人不缴纳失业保险费。

《失业保险条例》规定：失业保险基金由下列各项构成：

①城镇企业事业单位、城镇企业事业单位职工缴纳的失业保险费；

②失业保险基金的利息；

③财政补贴；

④依法纳入失业保险基金的其他资金。

失业保险待遇是由失业保险金、医疗补助金、丧葬补助金和抚恤金、职业培训和职业介绍补贴等构成。失业保险待遇中最主要的是失业保险金，失业人员只有在领取失业保险金期间才能享受到其他各项待遇。

1）失业保险基本种类

失业保险待遇中，医疗补助金是失业人员患病就医时在失业保险经办机构领取的补助，标准是由各省、自治区、直辖市人民政府确定的，一般包括每月随失业保险金一同发放的门诊费和按规定比例报销的医疗费两部分；失业人员在领取失业保险金期间死亡的，其家属可以领取一次性丧葬补助金和抚恤金，标准参照当地在职职工的规定；职业培训和职业介绍补贴是为了鼓励和帮助失业人员尽快实现再就业而从失业保险基金中支付的费用，一般来说职业介绍的补贴支付给职业介绍机构，由他们为失业人员免费介绍职业，而职业培训的补贴的支付办法则不同，有些是直接发给失业人员、有些则是失业人员培训后报销，还有的是对培训失业人员的培训机构进行补贴。

2）失业保险主要特点

失业保险基金是社会保险基金中的一种专项基金，其具有以下特点。

一是普遍性。它主要是为了保障有工资收入的劳动者失业后的基本生活而建立的，其覆盖范围包括劳动力队伍中的大部分成员。因此，在确定适用范围时，参保单位应不分部门和行业，不分所有制性质，其职工应不分用工形式，不分家居城镇、农村，解除或终止劳动关系后，只要本人符合条件，都有享受失业保险待遇的权利。分析我国失业保险适用范围的变化情况，呈逐步扩大的趋势，从国营企业的四种人到国有企业的七类九种人和企业化管理的事业单位职工，再到《失业保险条例》规定的城镇所有企业事业单位及其职工，充分体现了普遍性原则。

二是强制性。它是通过国家制定法律、法规来强制实施的。按照规定，在失业保险制度覆盖范围内的单位及其职工必须参加失业保险并履行缴费义务。根据有关规定，不履行缴费义务的单位和个人都应当承担相应的法律责任。

三是互济性。失业保险基金主要来源于社会筹集，由单位、个人和国家三方共同负担，缴费比例、缴费方式相对稳定，筹集的失业保险费，不分来源渠道，不分缴费单位的性质，全部并入失业保险基金，在统筹地区内统一调度使用以发挥互济功能。

思考题

1. 什么是狭义的劳动关系？什么是广义的劳动关系？劳动关系的特征是什么？
2. 什么是劳动法律关系？劳动法律关系的主体、客体和内容分别是什么？
3. 什么是事实劳动关系？事实劳动关系包括哪些类别？
4. 什么叫劳动合同？劳动合同包括哪些条款？
5. 劳动关系中规定的劳动者和用人单位的权利和义务分别是什么？
6. 劳动合同如何变更？
7. 劳动合同根据哪些情形可以解除？哪些情况用人单位需要支付经济补偿金？如何计算经济补偿金？
8. 什么是劳动争议？劳动争议的起因和特征有哪些？
9. 实施员工健康与安全管理的重要意义有哪些？
10. 导致安全事故发生的原因有哪些？
11. 什么是社会保险？社会保险包括哪些种类？

案例分析 1

劳动合同

李强打开公司发给他的《劳动合同续订意向书》见上面写道：“公司与你之间的劳动合同将于下月底期限届满。公司希望与你再续订为期 3 年的劳动合同，不知你意下如何？请慎重考虑后，告知人事部。”李强作为某中外合资企业的华东区销售经理，年轻有为，工作能力极强，其个人的销售额占华东区销售收入的 50%，因此，公司领导对他十分赏识，很希望与李强续签劳动合同。可是，由于另一公司已经向李强发出正式邀请，因此他不想续约，于是拨通了公司人事经理的电话：“非常感谢公司对我的好意，但我已决定不与公司再续劳动合同了，请在我合同到期之前，为我办理离职手续。”人事经理一听，李强的口气很坚决，也就没说挽留的话，立即安排有关人员，开始为李强办理工作交接。总经理要求李强在走之前的最后一个月，将他的销售客户中对公司尚有欠款的厂家列出清单，并尽可能再去催要，争取收回这些欠款。根据总经理这一要求，李强经过 30 多天的努力，收回了大部分欠款，只有一笔 3.5 万元的欠款没有收回，原因是，这笔欠款来自山东省济宁市的一个企业，该企业的营业场所已经搬迁，李强在济宁反复寻找，也没找到这个企业的新地址。无奈之下李强只好回来，将该企业的欠款情况及相关证据交给了公司总经理，同时建议，以后可以派人再去寻找并催要欠款。总经理听完李强的汇报，说道：“因为是你向这家企业销售了产品，最终却没把货款收回来，公司准备扣发你最后一个月的工资。”李强解释说：“可我是因为劳动合同到期终止，不在公司继续工作了，才无法继续做这个收款工作，而且，我已经将详细的资料提供给公司，公司完全可以让其他人接替我的工作。”“但是从现在的情况看，找到这家企业并收回3.5万元欠款是将来的事情。收不回这笔欠款，就是公司的损失，而这个损失，就应该由你来赔偿。所以公司决定扣发你这月的工资。你不要觉得委屈，其实，只扣你一个月工资，没让你赔款，已经是便宜你了。”李强离开公司那天，公司果然扣发了他的当月工资。

讨论题：

你认为该公司扣发李强工资的做法妥当吗？为什么？

案例分析2

员工提出辞职，就等于办结劳动关系了吗?

单某（化名）是北京某大学的一名教师，1988年与学校签订了聘用合同，任教期间工作一直勤勤恳恳，也经常得到学生的好评。2007年7月，学校人事处突然接到单老师的书面辞职申请，经过多次挽留无效，在辞职手续也没来得及办完的情况下，单老师就已经毅然决然地离开了学校。转眼到了2009年2月，单老师的家人带着一叠厚厚的药费单据找到学校，告知学校单老师已在2008年8月被送进精神病医院治疗，经某精神病专科医院鉴定，单老师被诊断为“偏执型精神分裂症”，要求学校为单老师办理医疗费用报销手续，并支付单老师2008年8月以后的病假工资。学校认为：单老师已经于2007年7月向学校提出了辞职，双方早已解除了聘用关系，此后学校不再承担相关义务，单老师发生的医疗费用和生病期间的待遇也不应当由校方承担，所以拒绝了单老师家人的要求。

2009年3月，单老师的家人向北京市人事争议仲裁委员会提请仲裁，要求确认单老师与学校的聘用合同尚未解除、校方支付单老师病假工资9万余元并报销医疗费用。

讨论题：

你认为双方劳动关系解除了吗，校方应不应该支付单老师的医疗费等费用？

实训项目

一、实训内容

结合你所熟悉的企业，了解情况后，编写一份劳动合同。

二、方法步骤

1. 每五人组成一个小组，对编写的劳动合同进行分析和研究。

2. 以小组为单位编写一份较为完整的劳动合同。

3. 每个小组派一名代表在课堂上交流、讨论。

三、实训考核

1. 对劳动合同给予成绩认定。

2. 对讨论交流的成果给予点评。

10 企业文化与人力资源管理

学习目标

1. 了解企业文化的兴起及内容
2. 熟悉企业文化的类型与结构
3. 掌握企业文化建设
4. 掌握企业文化与人力资源管理的地位和作用

案例导入

企业文化可以使一个企业败落，也可以使一个企业兴盛或者持续发展。

前几年在管理学中，关于兼并企业，有这样几种方式，比如，资产比较强的企业，去兼并小企业的时候，把它叫作大鱼吃小鱼；如果是技术力量比较强的去兼并技术力量不强的企业，叫作快鱼吃慢鱼；还有一种叫作企业之间的联合，叫强强合作，叫鲨鱼吃鲨鱼；后来，海尔独创了一条，叫吃休克鱼，它的理论是：对于一个企业，如果它的设备上，还有它的资金上都可以，它仅仅是管理模式不行，那这个鱼仅仅是暂时的一个休克而没有死的鱼，不是烂鱼，不是臭鱼，不是腐败鱼，那么，这个鱼可以吃。激活休克鱼的方法就是用文化，用无形资产来激活休克鱼。

海尔兼并青岛红星电器厂的案例就是用激活休克鱼的方法。青岛红星电器厂在1995年之前，也是一个非常著名的生产洗衣机的电器厂，在1995年以前，它曾经是同行业内的前三名，由于它后期的管理不善，到了1995年初期的时候，已经资不抵债，当时的亏损达到一个多亿元，而且3500多名职工基本上都没有工作干，厂里生产的洗衣机常常在发出去之后又被退回来。当时，青岛的市政府就做了一个决定，让海尔兼并红星电器。对于海尔来说，这是一个非常重大的兼并事件，因为在1995年之前，海尔还没有大规模地兼并企业。随后，海尔的总经理对红星电器做了一个全面的分析，在分析的过程中，他们发现青岛红星洗衣机总厂第一不缺资金，第二有现代化的生产流程设备，第三也不缺技术力量，分析之后得出结论：红星电器败在它的管理模式和企业文化上。于是，通过分析研究之后，海尔决定用无形资产——文化来盘活红星电器厂，同时对红星电器厂做了这样一个收购战略：目标——2~3年使红星电器厂成为同行“老大”；策略——用文化，用管理激活红星电器厂；资源——海尔文化+红星电器厂现有资源；行动——立即行动。

在做出决策之后，海尔迅速派出第一批工作人员进驻红星电器厂。他们不是总裁，不是财务人员，也不是盘库人员，而是海尔文化中心的工作人员。他们做的第一件事情就是文化先行，并作为他们整个兼并战略的核心。第一，企业高层管理人员分几次亲自到红星电器厂，给所有的员工讲企业的价值观、讲文化。以市场为中心，告诉全体职工，企业卖的是信誉，要先卖信誉，后卖产品。第二，发动所有的员工找自己的问题，要降成本，要增大盈利。第三，给员工们制订了未来的发展目标，就是用2～3年的时间成为洗衣机行业的老大。三个月的时间，就使得红星电器厂扭亏为盈，到了第五个月，它第一次盈利了150万元，用了两年的时间，红星电器厂洗衣机总厂成为洗衣机行业的第一名。

思考：

为什么产生上述不合理的现象？长此以往可能导致的结果是什么？企业文化对企业发展有什么影响？

本章要点

企业文化是20世纪80年代出现的一种新的管理理论，随后得到广泛传播和发展。企业文化从实践到理论的兴起，逐步丰富了自身的内涵和外延。人们通过对企业文化的内容、类型和结构等方面的探讨，为企业文化的建设提供了系统的理解和思路，对企业的发展起到了极大的推动作用。特别是企业文化实践的深入促进了企业人力资源管理的发展。同时，企业人力资源管理的有效实施也推动着企业文化的不断积累和传播。

本章主要阐述了企业文化兴起的背景及其主要内容；企业文化的类型与结构；企业文化的建设；企业文化在人力资源管理中的重要地位和作用以及人力资源管理对企业文化的影响。

10.1 企业文化的兴起、定义及内容

企业文化对企业管理理论的发展起到了极大的推动作用。那么，它是如何产生和发展的呢？

10.1.1 企业文化的兴起

企业文化的实践活动源远流长，它伴随着企业的出现而产生，即自从有了企业就有了企业文化这一客观现象。但是，自有企业以来一直到20世纪上半期，企业文化在整个企业发展中的作用并不明显。人们对企业文化的研究和认识是在20世纪80年代以后才开始并形成理论探索高潮的。可以说，企业文化“源于美国，根在日本”，即企业

文化的理论从美国诞生，但在日本企业管理实践中得到极大的体现。企业文化理论是美国的管理学者对美日两国进行比较管理研究的产物。“企业文化”作为专业术语，它的英文是 Corporate Culture，直译成中文是“公司文化”或称“企业文化”。

第二次世界大战结束后，战败的日本在经济上远远落后于美国，之后却以惊人的速度发展本国的经济实力。特别是20 世纪70 年代之后，日本企业在电子、信息等生产领域和传统的工业部门对美国企业长期占据的优势地位提出了挑战。到了20 世纪80 年代，日本在很多方面都超过了美国，这给美国企业和美国经济带来了巨大的震动，引起了世人的广泛关注。在对“日本奇迹”的探索中，美国研究人员逐渐意识到：促使日本企业产生巨大生产力、高质量和强大竞争能力产品的不仅仅是发达的科学技术、先进的机器设备等物质、经济因素，还包括更为深刻的社会历史、文化传统、心理状态等文化背景因素。正是这诸多因素融合形成日本企业独具的特色，造就了日本人与众不同的企业精神。这种对日本企业成功奥秘的探究，引起了美国理论界对本国企业文化实践的深刻反思，并由此在美国拉开了企业文化理论研究的序幕。

1979 年，美国的埃兹拉·沃格尔出版了《日本名列第 1》一书，回答了为什么天然资源如此贫乏的日本，却能巧妙地解决美国人认为非常棘手的问题。这本书一出版就在国际上引起了轰动，开创了企业文化研究的先河。进入20 世纪80 年代，美国连续出了四本管理畅销书：《Z 理论——美国企业界怎样迎接日本的挑战》《日本企业管理艺术》《企业文化——现代企业的精神支柱》《寻求优势——美国最成功公司的经验》。这四本著作被誉为企业文化的“四重奏”。

日裔美籍学者威廉·大内的著作《Z 理论——美国企业界怎样迎接日本的挑战》出版于1981 年，该书对美国和日本的企业管理方式进行了比较，把美国式的领导个人决策、员工被动服从的企业称为 A 型组织，特点是短期雇佣、专职专能；把日本式的管理称为 J 型组织，特点是领导层和员工的积极性融为一体。大内认为应该通过学习日本，革新美国的企业，建立新型的 Z 型组织，强调企业与员工荣辱与共，决策采取集体研究与个人负责相结合，树立牢固的整体观念，以自我指挥代替等级指挥等。大内还指出了由 A 型组织转化为 Z 型组织的 13 个步骤，从案例和实际操作的角度提出“企业文化”的概念，并对他所概括的“Z 型文化”做了精辟的论述。在理查德·帕斯卡尔和安东尼·阿索斯合写的《日本企业管理艺术》中，提出了著名的“七因素理论”或称“7S”理论。这 7 个因素是：结构（Structure）、战略（Strategy）、制度（Systems）、技能（Skill）、作风（Style）、人员（Staff）和最高目标（Superordinategoals ）。最高目标代表了企业核心价值观（Shared Value）。该书认为美国在企业管理过程中过分强调前三个“S”，对后 4 个“S”重视不够；日本企业则在不忽视前 3 个硬性的“S”的前提下，很好地兼顾了其他 4 个软性的“S”，即重视企业文化，使企业在激烈的竞争中充满活力。

特雷斯·迪尔和阿伦·肯尼迪合著的《企业文化——现代企业的精神支柱》于 1982 年出版。该书首次将一门系统的理论加以研究，并进行系统而全面的论述。该书认为企业文化由企业环境、价值观念、英雄人物（企业所推崇的楷模）、文化仪式和文化网络五大要素组成；并把企业文化分为前人文化，拼命干、尽情玩文化，风险文化，过程文化4种类型。该书为企业文化这一理论奠定了深厚的基础，是企业文化理论探索的一个里程碑。

《寻求优势——美国最成功公司的经验》一书的作者是两位企业问题专家托马斯·彼得斯和小罗伯特·沃特曼。他们归纳了成功公司的8个共同特点，其中突出的一条就是长期坚持形成有自己特色的企业文化，以此作为企业发展的动力。

在企业文化的“四重奏”之后，一些学者陆续发表了一些著作，对企业文化进行更深入的探讨，企业文化研究进入一个新的阶段。

10.1.2 企业文化的定义与内容

1. 企业文化的定义

关于企业文化的系统定义，一直没有形成统一的概念。企业文化有着独特的内涵和特征。中外学者对此做了种种精彩的论述。例如：

（1）企业文化就是运用价值观形成、塑造英雄人物，明确规定习俗和仪式并了解文化网络来培养其员工行为的一致性。

（2）企业文化是指一个企业的共有价值观、传统、习惯和作用。

（3）企业文化是指导企业制订员工和顾客政策的宗旨。

（4）企业文化是企业生存与活动过程中的精神现象，即企业以价值观为核心的思维方式和行为方式。

（5）企业文化是企业这个社会形成的群体意识及这个群体意识所产生的行为规范。

上述种种说法反映了人们从不同的角度和在不同的阶段对企业文化的理解和概括。综上所述。我们认为企业文化是指处于一定社会经济文化环境中的组织，在长期发展过程中形成和发展起来的共有的、独特的价值观、观念形式、文化形式和行为方式的总和。

从这个定义中可以看到，企业文化实际上是指企业的共同观念系统，是一种存在于组织成员之中的共同理解，通过各种不同且不断发展着的价值观、规范、风俗习惯等的磨合，逐渐成为全体成员所接受和共有的价值系统。企业文化不仅包括企业中所存在的员工意识形态的总和，即员工的思想、心理、精神、风貌等，还包括与员工意识形态相联系的文化活动，这些活动直接影响企业文化的形成与发展，因而构成企业文化的特质内容。因此，企业文化是通过物质形态表现出来的员工精神形态。

2. 企业文化的内容

企业文化的内容主要包括价值观、信念和行为规范、英雄人物、文化仪式等无形和有形方面的内容。

1）价值观、信念和行为规范

价值观是企业文化的核心。价值观是人们对人和客观事物的总的看法和评价。企业的价值观就是企业领导者和员工对企业生产经营活动和行为的根本性评价。企业文化中的价值观、信念和行为规范通常包括企业的宗旨、企业实现目标所应采用的方式、企业各项制度的价值和作用、企业中人的行为与企业利益的关系、企业中员工发挥作用所需的行为模式等。例如，企业是否鼓励员工创新和冒险，员工的进取心和竞争性如何，管理人员是注重工作结果还是注重工作手段和过程，管理决策在多大程度上考虑员工的利益，以及组织活动是重视维持现状还是重视成长等。企业价值观为企业的生存和发展提供了基本的方向和行动指南，特别是企业成员拥有了这些共同的价值观后会更有凝聚力和责任感。这种责任感对于改善业绩、提高生产率非常重要。

2）英雄人物

英雄人物是企业的象征，是企业员工心目中的精神支柱，他们使企业的价值观"人格化"，成为员工学习的榜样。很多企业的领导者和创始人就是该企业的英雄人物，如松下电器公司的松下幸之助、微软公司的比尔·盖茨、联想集团的柳传志、海尔集团的张瑞敏等，他们对各自企业产生了长期的象征价值和作用，使员工对英雄人物的信赖转化为对组织的信心和忠诚，自觉地以英雄人物为榜样，注重行为规范。因此，英雄人物也是形成企业文化的重要因素。

3）文化仪式

文化仪式是企业行为中日常的已成为习惯的一系列文化活动的总称，它以生动的、形象化的形式向员工灌输本企业的价值观。文化仪式是企业文化不可缺少的因素。可以说，没有文化仪式，也就没有企业文化。文化仪式的形式多种多样，也有各种表扬、奖励活动，也有各种聚会和娱乐活动。如摩托罗拉公司每年年末都举行年会，在会上进行各种表彰活动，包括长期服务奖、特殊贡献奖等。各种聚会和文娱活动不仅能增进企业中人们之间的沟通和了解，而且能使员工心情舒畅，减少疲劳，调动员工为企业奋斗的积极性。

10.2 企业文化的类型与结构

企业文化是描述性的而不是评价性的，它主要与组织成员如何理解这个组织有关。企业文化大体分为以下几类。

10.2.1 企业文化的类型

在不同的外部环境和内部条件下，从不同的角度来看，企业文化会呈现出不同的类型。

1. 权力型、角色型、任务型和个人支持型

对于企业文化的研究，罗杰·哈里森提出将企业文化划分为以下四种主要类型：

1）权力型

权力型企业文化的主要特征是：在企业中强调以权力为中心，强调个人的力量，组织的发展取决于处于中心地位的人物。资源权力以及中心的某些人事权力，是这种文化的主要基础。这种组织有较少的规则和工作程序，且规章制度较模糊，不大讲究规范化形式。由组织挑选的主要人物来实施控制，员工对上级十分忠诚，员工努力工作基于对工作的胜任和兴趣。决策的制定很大程度上是取决于影响的平衡而不是基于程序的或逻辑的原因。这类文化常常可以在小企业组织中见到。

2）角色型

角色型企业文化则注重企业中的官阶和等级。这种企业文化的重点在于程序、条例和规章，对角色的要求十分明确。在角色型企业文化中，角色或职务表述，通常要比担任职务的人更为重要，个人由于完满地执行角色的任务而被选中。角色型企业文化中的主要权力来源是职位权力。个人权力不被赞许，专家权力只在适当的地方应用。规章制度是发挥主要影响作用的手段。角色型企业文化的效率取决于工作和责任分配的合理性，而不依赖于人的个性。

3）任务型

在任务型的组织中强调团体的责任，团队有很大程度上的灵活性与自主权，其工作环境有利于发挥创造力。

4）个人支持型

个人支持型企业文化只适用于培养个人和加速个人的成长。

2. 强文化型和弱文化型

虽然企业中有企业文化，但并不是所有的企业文化对员工有同等程度的影响。强文化指一个组织强烈拥有并广泛共享基本价值观，而弱文化则指一个组织对什么是重要的和什么是不重要的不能达成共识，对基本价值观认识模糊。因此，强文化要比弱文化对员工的影响更大，更能产生号召力和凝聚力，企业文化对管理的影响也就越大。反之，员工对组织基本价值观的接受程度和承诺越大，组织中的企业文化就越强。一个组织具有强还是弱的企业文化，主要取决于组织的规模、历史、员工的流动程度及文化起源的强烈程度。在拥有强文化的企业当中，名声十分显赫的当属 IBM 公司了。20 世纪 30 年代中期，该公司全体员工在生产与经营上有着很高的一致性，具体表现在：①公司每一名成员的尊严和权利得到重视；②为本公司产品在世界各地的消费者提供最好的顾客服务；③为达到公司目标，运用最佳经营方式来进行每一项业务活动。

10. 2. 2 企业文化的结构

企业文化的结构如同企业文化的构架和骨骼，其构成是有层次的，并制约着企业文化的内容和功能。企业文化通常由两部分内容构成：一个是企业文化的显性部分，即企业标志、工作环境、规章制度、经营管理行为等；另一个是企业文化的隐性部分，即企业哲学、价值观、道德规范、企业精神等。为了更好地理解企业文化的整体内容，我们将企业文化分为三个层次进行分析研究，如图 10－1 所示：它由表层、中介层、深层三个层次由表及里构成。根据这三个层次的基本内容，我们将它们分别称为物质层、制度层和精神层。在了解企业文化具有不同层次的基础上，还要了解它们的相互关系，目的在于更好地研究企业文化并在实践中更好地建设企业文化。

企业文化
- 物质层（表层）
- 制度层（中介层）
- 精神层（深层）

图 10－1　企业文化的层次

1. 物质层

这是企业文化中最直观、最表象的部分，它包括企业的产品、企业环境、企业形象、企业广告等可以被人们直接看到、感受到的物化部分。

企业的产品是企业物质层的首要内容，这种产品包括有形的产品和无形的服务，其中有形产品包括产品实体及其品质、特色、品牌和包装；无形服务包括给客户带来附加利益和心理上的满足感及信任感的售后服务、保障、销售声誉等。

企业环境主要指与企业劳动相关的各种物质设施、厂房建筑以及员工的学习娱乐设施。

企业形象是企业文化的象征，是体现企业个性的标志，它包括企业的名称、企业中的象征物和空间结构布局等。企业的名称不仅仅是一个称呼和符号，而且体现出企业在公众中的形象。企业的象征物也直接代表着企业的形象，如日本三菱集团的象征物是由三个菱形组成的，它标志着三菱“人和”的企业理念。通过 CIS（企业识别系统）的设计，企业用标志化的和个性化的外化形态来直接表示本企业的文化特色。

2. 制度层

制度层是指具有本企业文化特色的各种规章制度、道德规范和员工行为准则等的总和。它是企业文化的中介层，表现在它是精神与物质的中介，是企业文化中人与物、人与企业运营制度的结合，它既是适应企业文化物质层的固定形式，又是塑造企业文化精神层主要机制的载体。企业文化的制度层是实现企业目标的有力措施和手段，它成为约束企业和员工的行为规范的模式，使员工个人的活动得以合理进行，使企业在竞争激烈的环境中处于良好的状态，从而保证企业目标的实现。脱离了制度层的企业文化将是空中楼阁，失去了实际作用（包括厂规、厂纪及生产经营过程中的交往、行为准则等）。企业文化的制度层构成了各个企业在管理制度上的不同文化特征。

3. 精神层

精神层是指企业员工长期形成并共同接受的思想意识活动，包括基本的企业精神、企业经营哲学、企业价值观、企业道德、管理思维方式等。精神层是企业文化的源泉，在整个企业文化的框架中，它处于最深层次，是企业文化的核心部分。企业精神不仅能动地反映与生产经营密切相关的企业本质特征，而且反映出鲜明的企业的经营宗旨和发展方向。例如，美国杜邦公司的企业精神是“通过化学为人们提供更好的生活”，表明了杜邦公司独特的经营宗旨、经济利益与社会发展方向。企业经营哲学则表明企业经营管理过程中如何对待企业经济利益与社会效益的关系：眼前利益与长远利益的关系以及在跨文化的国际经营中探讨企业经营哲学与企业文化背景之间的相互联系，建立一种新的多文化相结合的经营模式。企业价值观是指企业在追求经营成功过程中所推崇的基本信念及奉行的目标。如美国的3M公司推崇创新，认为企业的价值在于创新，当利润、效率与创新发生矛盾时，它会自然地选择创新。因此，创新价值观成为3M公司企业文化的特色。

企业文化的三个层次的内容相互依存、相互作用并且不断发展，形成了丰富多彩的企业文化。三个层次之间的关系如下：

企业精神层的内容决定了物质层和制度层的内容，精神层是企业文化的核心。相对于其他两个层次的内容来说，精神层的内容较为稳定，它的形成受到社会、政治、文化传统、企业经营实践的影响较大，一旦形成就难以改变。正是由于这个原因，精神层的内容在企业文化中起着决定性的作用，从而在很大程度上决定了物质层和制度层的产生。

第一，制度层是精神层和物质层的中介。精神层的内容几乎直接决定了制度层的内容，并且通过制度层而影响物质层。创造企业价值观念，提出思维方式的往往是企业的创始人或高层领导人。为了使企业内部员工都能接受、遵从这些价值观念、思维方式，他们通常都直接领导各种规章制度、行为准则的制订，以期达到目的。这些制度、准则对精神层的内容起到正强化或负强化的作用。没有制度层的支持，精神层的内容就有可能成为空谈。同时，这些制度、准则的推行和实施，又需要企业创建一定的工作环境、文化设施等来进行配合，即建立一定的物质层。这个过程表明了制度层的中介属性。第二，物质层和制度层是精神层的直观体现。企业的工作环境、文化设施、规章制度等是最能直接体现企业文化的，即物质层和制度层以其外在的形式体现了企业文化精神层次的价值观念、经营哲学和道德规范等内容。因此，许多成功的企业都非常重视物质层和制度层的建设，明确企业的特征和标志，完善企业的制度和规范，使得企业文化的精神内涵得以很好地体现。

从以上对企业文化的层次及其相互关系的分析中可以看出，企业文化的精神层是最根本的，它决定着其他两个层次。因此，建设企业文化要以精神层的确立为核心。

10.3 企业文化建设

企业文化的建设是一项复杂的系统工程，它受到企业外部和内部多种因素的牵制和影响。因此，企业文化的建设绝不是一蹴而就的，而是要遵循一定的原则和方法的。

10.3.1 企业文化建设的原则

企业文化的建设应当在坚持科学原则的基础上进行，具体来讲应注重以下几项基本原则。

1. 立足民族传统文化，注重吸收外来先进文化

立足民族传统文化，就是从我国的国情出发，从我国企业的现状出发。我们的民族文化传统经过世代相传，已经渗入到我们意识的深层，沉积在我们的心灵之中，因此，企业文化的建设要充分重视民族文化传统的影响，正视民族心态对外来文化可能的认同与接受的程度。同时又要大胆地吸收和借鉴当今世界各国一切先进的管理思想和优秀的企业文化，以美日企业文化的对比为鉴，找出适合我国企业发展的企业精神，并将它们具体应用于不同行业、不同类型的企业中去，建设具有中国特色的社会主义企业文化。

2. 全员与专家参与相结合的原则

企业文化的建设不是简单的一般生产技术问题，它需要人们对文化有一种较为深刻的理解和在具备一定的理论基础的前提下对企业文化进行提炼和总结。显然，许多企业自身没有这样的实力和精力，因此，在贯彻全员参与的基础上，应当聘请专家进行指导和专门的设计，或者委托有经验的人员负责企业文化的建设。在国外的企业中，一些资深专家以顾问的形式，常年帮助企业进行有关的工作指导，形成了企业发展中的一种特殊力量，这一点，也值得我国的企业进行借鉴。

3. 共同性与特色相结合的原则

人与人之间既有共同性，也有差异性，而共同性与差异性的有机结合就形成了一个人具有自己特色的人格模式，企业的文化建设也与此同理。企业与企业之间既有共同性也有差异性。企业的共同性要求企业在进行企业文化建设的过程中，不要刻意地标新立异，而要尊重企业发展的基本规律，借鉴其他企业的一些长处；同时，一个具体的企业与其他的企业有着许多的不同，这些不同中既有适合自己和自我创新的一面，也有应当淘汰的一面。对此，任何企业都应客观地进行评价。

4. 形式与内容相结合的原则

企业文化的建设很容易变成一种纯粹的形式，这已经为不少企业的实践所验证。从哲学的角度上说，形式与内容是统一的，是一个事物的两个方面。企业文化的建设，首先应当思考内容的建设，这内容当中，就应当同时包括企业文化的一些形式。同时，在企业文化的内容框架完成之后，就应当付诸实践，以具体的形式来体现企业文化的内涵。尤其值得注意的是，企业文化的形式设计，应当紧密结合企业的特点和实际运作的需要，体现文化在企业运作中的特殊功能。企业文化与企业中的其他活动一样，也应当是为企业特定的目标服务的，而不能变成为建设企业文化而建设企业文化。

10.3.2 企业文化建设的步骤

1. 制订企业文化系统的核心内容

企业价值观和企业精神是企业文化的核心内容，它们为企业文化建设设定基本框架和目标。合理和有效的企业文化内核一般不会自发地产生，必须进行审慎的选择。首先，企业价值观体系的确立应结合企业自身的性质、规模、技术特点、人员构成等因素，从企业实际出发来进行提炼。其次，良好的价值观应从企业整体利益的角度来考虑，更好地融合全体员工的行为，而不是仅从个别部门的利益角度来考虑。再次，一个企业的价值观应该凝聚着全体员工的理想和信念，体现着企业发展的方向和目标，成为鼓励员工努力工作的精神力量。最后，企业的价值观中应包含着强烈的社会责任感，使社会公众对企业产生良好的印象。企业文化内核确定以后，就是具体的企业文化的树立了。

2. 进行企业文化表层的建设

企业文化建设包括表层和深层两方面的建设。前者主要指企业文化的物质层和制度层的建设，后者指企业文化精神层的建设。企业文化的表层建设主要是从企业的硬件设施和环境因素方面入手，包括制订相应的规章制度、行为准则，设计公司旗帜、徽章、歌曲，建造一定的硬件设施等，来为企业文化精神层的建设提供物质上的保证。因此，在企业文化建设的总过程中，一般把表层的建设放在深层建设的前面，但事实上，两者在很多情况下是同时进行的。

3. 企业文化核心观念的贯彻和渗透

企业文化核心观念在全体员工中的培育是企业文化建设的重要步骤。要想使已经确立的企业文化核心内容贯彻并渗透到员工中，通常需要较长时间深入细致的工作。一般来讲要包括以下几方面的内容：

1）员工的选聘和教育

首先，企业在员工招聘过程中，通过选择与本企业的价值观相符合的人使得新员工能融入企业。其次，员工在企业中的晋升和奖励也受到企业价值观的暗示，并不断得到强化和巩固。最后，对员工有意识的宣传和教育也是建设企业文化的有效手段，并且经常性地将其渗透于日常行为来强化员工的企业文化价值观。

2）英雄人物的榜样作用

英雄人物是企业文化价值观的人格化体现，他们是强文化中的重要形象。英雄人物可以是一个企业的创立者，也可以是一个企业中德高望重有影响力的人物，或者是劳模、标兵等，他们是振奋人心、鼓舞士气的积极因素。企业可以通过树立英雄人物向员工们传达企业文化价值观念，英雄人物通过自己的行为为企业员工提供样板，告诉大家成功是可以学习的。这样，通过树立体现着企业价值观念的典型人物，宣传他们的事迹，能够取得建设和强化企业文化的效果。

3）礼节和仪式的安排与设计

礼节和仪式是企业将一定的活动内容和形式作为载体来表现和说明企业文化的核心内容，它们对企业文化价值观的宣传具有潜移默化的作用。抽象的企业文化价值观往往要通过具体的礼节和仪式变为有影响的、可见的、可遵循的东西。例如，IBM 公司和松下公司分别要求其员工每天唱自己的公司之歌或朗诵企业精神，通过这种仪式来展示企业价值观和企业精神，使员工对企业文化有更深层次的理解。因此，要建立强企业文化，管理者就应对企业的各种仪式进行和谐的安排和设计——从招聘仪式到奖励及会议形式，并赋予它们以文化价值观念，让员工从具体的事情和行为中对企业文化有更深层次的理解。

10.4 企业文化在人力资源管理中的地位和作用

10.4.1 企业文化在人力资源管理中的地位

1. 企业文化的实质决定人力资源管理目标的实现

企业文化是全体员工所认同和共有的企业价值观念，并以此为核心形成基本的行为模式。从企业文化的实质内容可以看出，企业文化是整个企业的精神支柱和灵魂。尤其是企业的价值观念引导着企业的经营宗旨、追求目标，以及制约着企业的一切行为方向和规范。因此，企业的人力资源管理也毫无例外地受制于以企业整体价值观为核心的企业文化。企业文化决定着企业人力资源的规划、选聘、使用、奖励和开发培训等过程。例如，一个企业的经营宗旨如果是以高质量的产品满足社会需求的话，那么在这个企业里，企业招聘的员工应满足高质量产品所需要的高素质人才；从物质和精神上创造使员工满意的环境来增加企业对员工的吸引力；合理地使用人才，最大限度地发挥人才的积极性和创造性；对于企业所需要的人才不断加以培训和开发，使得他们的工作具有更大的挑战性，不断研究和开发出更新和更高质量的产品，以满足社会需求。企业文化不同，企业的精神支柱就不一样，不同的企业文化规定了不同的企业人力资源管理方向、目标和机制。因此企业文化决定着人力资源总体素质，追求卓越的企业就是追求卓越的人力资源总体素质，而较高的企业必然得力于较高的人力资源总体素质，即通过先进的企业文化的确立来适应竞争的要求，使企业更具有生命力。企业通过或利用企业文化进行管理，是人力资源管理发展的必然要求，是当代管理所追求的最高管理境界。因此，人们把企业文化称为“管理的精髓”，指的是以企业文化建设促进人力资源管理，并以较高水平的人力资源管理来全面提升企业管理的整体效率和效益。

2. 企业文化建设促进人力资源管理的变革

在人类历史发展的过程中，从先进文化取代和改造落后文化的事例中可以看出，文化的改变指的是人的价值观和行为方式的改变。一个优秀的企业就是要创造一种能够使企业全体员工衷心认同的核心价值观念和使命感、一个能够促进员工奋发向上的心理环境、一个能够确保企业经营业绩不断提高、一个能够积极地推动组织变革和发展的企业文化。知识经济的兴起，使人在与物的力量对比中，重新占据优势，重新成为主角，人的劳动成为21世纪经济、生产和财富的中心。企业围绕着人而进行的企业文化建设的地位也明显上升。为使企业能蓬勃发展，企业人力资源管理的主要职责在于为新知识资本创造良好的环境并不断加以培育。因此，在新的社会经济环境条件下，企业文化建设围绕着对传统人力资源管理的改革做出了有益的尝试。在知识经济中，人力资源管理的改革可以体现在知识管理上。首先，知识管理承认个人在知识发展中的独特作用。要实现员工头脑中知识的价值，不仅应鼓励其主动从事本岗位工作，更应经常地鼓励其交流，创造一种开放式的企业文化，使员工的观点、思路、灵感、主意等在交流与碰撞中，得到丰富与提高，充分肯定个人的智慧。其次，知识和信息往往是丰富的，缺少的只是以有意义的方式对其进行有效的利用和经营。这样，就需要一批善于经营和管理自己的智慧资本，也精于发掘、提炼和管理企业智慧资本的管理人才。因此，当代企业文化建设从加强知识管理入手，为企业人力资源管理开辟了新路。

10.4.2 企业文化在人力资源管理中的作用

企业文化近年来之所以得到广泛的研究和受到重视，是由于其具有丰富的内涵和强大的生命力。企业文化在人力资源管理中的主要作用概括起来有以下几点：

1. 导向作用

企业文化决定着企业的价值取向，规定着企业所追求的目标，对员工及其行为起着导航的作用。优秀的企业文化，规定着企业具有崇高的理想和追求，引导着员工规范自己的行为，使之朝着组织的目标方向发展。对员工行为的引导，是通过企业整体的价值认同来进行的，使员工在本企业价值观念的熏陶下，接受这种价值观并按照它来行动。即使在没有某种规章制度约束的时候，员工也能自觉地朝着企业的目标努力。例如，摩托罗拉公司的员工在其优秀企业文化的熏陶下，自觉地关心企业的生存和发展，积极参与公司的管理，主动提出各种各样的建议和发表自己的看法，从而极大地提升了全体员工的敬业精神和责任感。

2. 凝聚作用

企业文化的凝聚作用在于它可以增强企业的凝聚力，这种凝聚力的产生来源于企业文化的同化、规范和融合作用。企业文化通过建立共享的价值观把员工的个人目标同化于企业目标，对员工的理想和追求进行引导，改变了企业员工以自我为中心的个人价值观，使他们产生强烈的集体意识，并对本企业产生认同感和归属感，从而使员工自觉地进行自我约束和规范。企业文化的这种规范作用，大大加强了一个企业的内部凝聚力。与其他规章制度不同的是，企业文化的规范性是一股潜移默化的力量，它成为一种黏合剂，从各个层次、各个方面把千差万别的员工融合、团结起来，从而产生一种巨大的向心力和凝聚力。这种力量使得员工乐于参与企业的事务，发挥自己的聪明才智。对于新员工来说，它能产生极强的融合作用，使他们融合到这种文化中来，从而显示出凝聚功能。企业文化的凝聚作用还反映在企业文化的排外性上，对外排斥可使个体产生对群体的依赖，对外竞争又可使个体凝聚在群体之中形成命运共同体。例如，日本企业竞争力强就与此有密切关系。

3. 激励作用

企业文化不仅具有导向、凝聚作用，而且具有激励作用。所谓的激励作用，就是企业文化通过满足员工的需要，引导员工产生强大的内在动力，起到激发、调动员工积极性的作用，使之为实现企业的目标而努力奋斗。根据马斯洛的需求层次理论，人的需求是分层次、呈阶梯式自下而上逐级上升的。而需求的存在是促使人产生某种行为的基础。每个人都有相同或不同的需求，且在不同时期都会有不同强度的需求。正因为如此，要调动人的积极性，就必须针对不同的人，引导其满足不同层次的需求。在一个企业中，积极的企业文化，在满足员工工资、福利、职业保障、组织认同等基本需求的基础上，更加尊重和信任员工。以员工的共同价值观为核心，激发员工的积极性、创造性，使每个员工从内心深处自觉产生为企业拼搏的献身精神，自觉为企业多做贡献。并通过分享企业的荣誉和成果，员工的自我价值从中也得以实现，个人需求得到满足，并因此进一步受到激励。这样，形成良性循环，使员工的积极性长时期处于最佳状态。

4. 约束作用

企业文化的约束作用不仅仅表现在通过其物质层和制度层的各种物质形式和规章制度来约束员工的行为，更主要的是通过企业文化对员工的行为形成一种无形的群体压力。由于企业文化使得企业的价值观念与员工的个人价值观得到统一，所以员工对企业的理念、行为标准等产生共鸣，继而产生行为的自我控制、自我约束的意向。同时，员工在受到企业强文化的影响和熏陶后，对企业的目标有了更深刻的领悟和理解，从而自觉地约束个人的行为，使自己的思想感情和行为与企业整体保持一致。企业文化带来了无形、非正式的和不成文的行为准则，使得企业员工进行自我管理和控制，减少了员工对单纯的硬性规章制度的抵制情绪。因此，企业文化将外部的约束和员工内在的约束有机地融合在一起。

10.5 人力资源管理推动企业文化的形成与发展

10.5.1 人力资源是企业文化存在的物质前提

首先，人力资源是企业文化的物质载体，企业文化的建设，包括从企业价值观、企业精神，到企业的物质表现形式，都是通过人力资源来表现和承担的。因此，人力资源是企业文化的物质实体或承担者。

其次，人力资源是企业文化的主体。在企业里，人力资源不仅作为生产要素的客体存在，更作为企业生产和文化建设的主体而表现。他们既是企业文化的自觉实践者，又是企业文化的积极创造者。因此，充分发挥人力资源的主动性和创造性，可以有效地推动企业文化的形成和发展。

可见，没有企业人力资源，便没有企业文化的产生、存在和发展。人力资源管理，通过提供企业所需要的一定量的人力资源要素，保证企业文化得以存在；同时，通过对人力资源使用、配置、开发、工资收入分配、福利保健等多方面的管理，调动员工的积极性，使之充分发挥主体作用，必有利于企业文化的有效建设。

10.5.2 人力资源管理传递和保存企业文化

企业文化的形成过程是群体内聚化或心理认同的过程。人力资源管理，不仅管企业员工的工作、生活，还管他们的思想，而且总是思想管理工作先行。思想管理的重要原则和内容，就是将公司全体员工思想认识统一到公司的奋斗目标上来，并且用公司目标指导下制订的规章制度、行为规范来约束员工。这种管理过程，也就是加速和强化员工群体心理内聚化的过程，是加速和强化全体员工心理认同的过程，同时就是企业文化的形成过程。所以，人力资源管理直接加速企业文化的形成。

此外，人力资源管理还起着保存企业文化的作用。企业文化形成后，其连续传递和存在，是通过企业的经营管理实践活动而实现的。其中人力资源管理的作用最直接，作用也最大。一方面，它通过招聘员工，宣传、教育、组织员工，新员工上岗和老员工退休的管理实践，保证企业一定量人力资源的存在，从而延续和保存了企业文化赖以存在的物质实体；另一方面，由于企业人力资源管理以实现企业目的和追逐目标为己任，在实践工作中坚持企业精神，以企业的伦理道德、行为准则为准绳，因此，企业文化的实质内容和优秀特质也通过人力资源管理得以连续传递和保存。

10.5.3 人力资源管理推动企业文化的发展

人力资源管理不仅传递和保存企业文化，而且进一步推动企业文化的发展。这一作用关系是在企业文化塑造中得到突出表现的。在企业文化的塑造过程中，离不开企业人力资源管理的协调与配合。

首先，积累企业文化。企业文化的积累是企业文化特质的保存以及企业文化新特质不断增长的发展过程。企业文化的保存和新特质的增加，是在不同特质企业文化互相接触、交流时产生碰撞、对抗和竞争，也就是在企业文化的冲突中进行的。这种冲突主要表现在新旧文化冲突，不同的文化传播主体之间（如公司新老成员之间、公司正式组织与非正式组织之间、正式组织内部的部门之间、班组之间、上下级之间，以及组织与个人之间等）的文化冲突，不同时空上的文化冲突和不同民族间的文化冲突等。企业的人力资源管理在自身实践活动中，有意识地进行文化判断、文化分析、文化评价和文化选择。一方面，淘汰原有企业文化中的消极成分和与时代不适应的成分，保留、传递其优秀成分，于是，原有企业文化的优秀特质不断沉淀积累下来，聚合为宜于企业发展的自由文化传统。另一方面，通过企业人力资源管理，不断增加企业文化新特质，包括企业发展过程中形成的新文化等来完成企业文化的积累。

其次，传播企业文化。企业文化传播，是指企业文化特质从一个群体或个体，扩散到另一个群体或个体的过程。企业文化只有通过广泛而持续的传播、扩散和流动，才能为企业广大员工所了解、共同认可和共同享有。企业文化也只有在传播中才得以保存、积累和发展。企业人力资源管理，在协调个人之间、组织之间、个人与群体之间关系时，在指导、管理人力资源的各项工作中，总是以企业文化为宗旨和行为规范准则的，因此，成为企业文化传播的媒介。同时，人力资源管理也在沟通和发展着企业文化的传播关系。所谓企业文化的传播关系，即在企业文化传播中，发生于传播主体与客体之间的相互关系。这是企业文化传播中最本质的要素。人，既是企业文化传播的主体，又是传播的客体。企业人力资源管理，因为是对人及人与人之间关系的直接管理，是专门做人的工作的，因此，在人与人（群体、个人）之间的企业文化传播中，不可避免地起着沟通文化传播主体与客体关系的作用；对于上下左右、纵横交错的传播关系及由此而形成的社会关系网络，也起着推动作用。

最后，整合企业文化。企业文化在发展中不仅具有矛盾冲突的排异性，同时也具有整合性。所谓整合性，即企业内部不同特质的文化部分，在相互接触、交流中，经过充满冲突和选择的传播过程，相互吸收、渗透，进而在性质、内容、形式上发生修正和变化，不同文化重新组合，结果占主导地位的企业文化失去一些特质，融进某些异质文化的新特质，从而组成和发展为一种新的企业文化体系。它较之原有文化，在内容上更加丰富，体系上更加完善，更适应当今时代的要求，从而更具有生命力。企业人力资源管理通过形成人力资源，协调管理人与人、人与事的关系，为企业文化的整合提供机遇、创造条件、疏通渠道。同时，人力资源管理在工作中始终维护主导地位的企业文化，并使之在不可避免的企业文化冲突与整合中，不断自我修正、自我完善，获得持续发展。

思考题

1. 简述企业文化产生的背景和过程。
2. 什么是企业文化？它包含哪些基本内容？
3. 企业文化的类型有哪些？它的结构如何？
4. 你认为企业文化的建设需要哪些步骤？
5. 企业文化是如何影响企业人力资源管理的？

6. 人力资源管理对企业文化的影响表现在哪些方面？

案例分析

两只红鞋

有位留美女士逛美国的一家百货公司的时候，在进口看见有一堆鞋子，旁边的标价牌上写着："超级特价，只付一折即可穿回"。她拿起一双鞋子一看，原价70美元的一双充满光泽的红色皮鞋只要7美元，这简直让人不敢相信。她试了试觉得皮软质轻，外观也完美无瑕，她真是乐不可支。

她把鞋捧在胸前，然后赶快呼唤服务小姐，服务小姐微笑地走过来："您好，您喜欢这双鞋？正好配您的红外套！"她伸出手说，"能不能再让我看一下。"她把鞋交给服务小姐，不禁担心地问："有什么问题吗？价钱不对吗？"

那位服务小姐赶紧安慰说："不，不！别担心，我只是要确认一下是不是这两只鞋。嗯，确实是！"

"什么叫两只鞋，明明是一双啊"她迷惑不解地问。

那位服务小姐诚实地说："既然您这么中意，而且打算买了，我一定要把事情的真相告诉您。"

服务小姐开始解释："非常抱歉！我必须让您明白，它们真的不是一双鞋，而是相同皮质、尺寸一样、款式也相同的两只鞋，虽然颜色几乎一样，但还是有点色差，我们也不知道是否以前卖错了，或是顾客弄错了，剩下的左右两只正好凑成一双，我们不能欺骗顾客，免得您回去以后，发现真相而后悔，责怪我们欺骗您，如果您现在知道了而放弃，您可以再选别的鞋子！"这真挚的一席话，哪有不让人心软的！何况，穿鞋走路，又不是让人蹲着仔细对比两边色泽。这位女士心里越想越得意，除下定决心买这"两只"外，不知不觉又买了"两双鞋"。

时过几年，那双鞋仍是这位女士的最爱。当朋友夸赞那双鞋时，她总是不厌其烦地诉说那个动人的故事。唯一的"后遗症"是每次她到纽约时，总要抽空到那家百货公司捧回几双鞋。

智慧分享：谁也不愿意被别人当傻瓜欺骗，尤其是花钱的顾客，留住顾客心的方法就是以诚待人。

讨论题：

1. 本案例对你的启示是什么？
2. 一个企业企业文化的核心内容是什么？

实训项目

一、实训内容

结合你所熟悉的企业，了解企业文化与人力资源管理的情况。

二、方法步骤

1. 每五人组成一个小组，对企业文化管理的情况进行分析和研究。
2. 每个小组派一名代表在课堂上交流、讨论。

三、实训考核

1. 对交流、讨论给予成绩认定。
2. 对交流、讨论的成果给予点评。

11 人力资源管理业务外包

学习目标

1. 了解人力资源管理业务外包的发展历程
2. 了解人力资源管理业务外包的内涵、外延及特点
3. 了解人力资源管理业务外包的选择动机
4. 掌握人力资源管理业务外包的风险及防范对策
5. 掌握人力资源管理业务外包的影响因素
6. 了解人力资源管理业务外包的成本收益
7. 掌握人力资源管理业务外包的实施流程

案例导入

人力资源管理业务外包作为新生事物正逐步为人们所认知，大多数企业对人力资源管理业务外包是持肯定态度的。一些人认为，人力资源管理业务外包会降低成本、提高服务质量。华润物流的胡经理说，他们人事部门本来只有一个人负责，人少事却很多。但人力资源管理业务外包后，只需给人才服务中心交费，这个费用要比给员工付工资低很多，而且可以减少人事上的纠纷。金鹰软件的宋经理也认为人力资源管理业务外包的推出给企业带来了方便——降低了企业的人力成本，提高了企业的工作效率。

但是另一方面，也有一些企业对人力资源管理业务外包的某些优点提出了质疑，认为外包会置企业于代理方的一些机会主义行为中，以至于限制企业发展其独特的核心竞争力，而且由于代理方不熟悉企业的战略和文化，会造成低效。如广东某集团的人力总监赵女士指出："企业架构、高层培训等若外包出去，势必要让外包机构的顾问对公司的每个岗位设置、岗位描述，对每个人员的评估、及对职员的核心技能、相关技能是否达到需求进行全方位的了解，才可以设置相关的培训课程，那么，这个顾问若不熟悉公司的运作、企业文化、企业目标与政策，是不可能设置到位的培训课程的。"如果真能做到对公司以上情况了如指掌，此顾问就必须常驻企业，而且这个顾问也不能想换就换，那么，这样的费用会比公司为内部 HR（人力资源）工作者支付得更少吗？这些顾问会更可信、更可靠吗？企业为什么要把 HR 管理外包出去呢？完全是为了减轻 HR 工作者的压力吗？若真是这样，完全实现 HR 业务外包的时候，也是 HR 工作者失业的时候了。

思考：

人力资源管理业务外包具有的优势和存在的风险有哪些？

本章要点

在工作分工更加精细的今天，“麻雀虽小，五脏俱全”的企业形式已不能完全适应时代发展，所以人力资源管理业务外包是大势所趋。本章讲解人力资源管理业务外包的内涵、外延及特点，人力资源管理业务外包的选择动机，人力资源管理业务外包的风险及防范对策，人力资源管理业务外包的实施流程等。

11.1 人力资源管理业务外包概述

11.1.1 人力资源管理业务外包的兴起与发展

人力资源管理业务外包是在20世纪90年代西方企业实施“回归主业，强化核心业务”的大背景下风行起来的一种新的企业战略手段。它的兴起与企业人力资源管理的战略转变密切相关。

1. 外包

外包（Outsourcing）是指企业动态地配置自身和其他企业的功能和服务，并利用企业外部的资源为企业内部的生产和经营服务。

2. 人事外包

人事外包（HR Outsourcing Managed Service）即企业将人力资源管理中非核心部分的工作全部或部分委托人才服务专业机构管（办）理，但托管人员仍隶属于委托企业。这是一种全面的高层次的人事代理服务。人才服务机构与企业签订人事外包协议以规范双方在托管期间的权利和义务，以及需要提供外包的人事服务项目。它是策略性地利用外界资源，将企业中与人力资源相关的工作与管理责任部分或全部转由专业服务机构承担。

早期企业的人事管理工作仅限于人员的招聘、选拔、分派、工资发放和档案保管等比较琐碎的工作，后来逐渐涉及职务分析、绩效评估、奖酬制度的设计与管理、其他人事制度的制订、员工培训活动的规划与组织等。这一时期的人事管理基本属于行政事务性的工作，活动范围有限，主要由人事部门负责，很难涉及组织高层战略决策。人力资源的概念起源于20世纪60年代，人力资源管理是一个组织对人力资源的获取、维护、激励、运用与发展的全部管理过程活动。人力资源管理强调其在企业整体经营中所拥有的重要地位，侧重变革管理和人性管理，属于预警式的管理模式，将重点放在资源的获得和使用上，注重雇主或管理人员对人力资源的需要，于是人力资源管理的职能也随之发生了变化：从一种维持和辅助型的管理职能上升为一种具有战略意义的管理职能，从而使其部分事务性工作外包成为可能。同时，分工的细化使专业化程度很高的公司大量涌现，这也为企业的人事外包提供了良好的外部条件。

业务外包的核心思想是：企业根据需要将某一项或几项人力资源管理工作或职能外包出去，交由其他专业企业或组织进行管理，以降低人力成本，实现效率最大化。这种管理模式早在20世纪60年代的美国就开始出现了，当时由于产业空洞化和国际竞争力的下降，美国企业纷纷致力于企业重组，在这一过程中不少企业将业务委托给外部企业。业务外包最早应用于信息领域，主要是因为信息技术发展很快，设备投资巨大，再加上许多企业对信息系统的开发、运营并不十分专业，因此企业比较愿意将系统开发和信息处理方面的业务外包出去。

比较著名的例子是柯达公司。1989年柯达将自己的信息部门委托给了IBM等公司。当时柯达面临着计算机设备投资的增加和从自动相机领域撤退等问题，在解决这些问题时柯达选择了外包。柯达与IBM的契约期为10年，合同总额达10亿美元。柯达在实行业务外包的同时，将计算机设备出售给IBM，将信息部门的350名员工也转到IBM。此举将柯达信息部门的计算机关联投资减少了90%以上，年运营成本也减少了20%。这一成功的尝试引发了业务外包的高潮。一时间，美国出现了大量的外包需求，企业、医院、学校甚至政府把整个项目交给专门从事某种业务的企业。在20世纪80年代后期，外包影响到日本、欧洲，全球外包业务急剧增加，继而成为一股潮流。

11.1.2 人力资源管理业务外包的内涵和外延

人力资源管理业务外包将渗透到企业内部所有的人事业务，包括人力资源规划、制度设计与创新、流程整合、员工满意度调查、薪资调查及方案设计、培训工作、劳动仲裁、员工关系和企业文化设计等方方面面。这就给人力资源管理业务外包提供了相当大的拓展空间。由于公司规模、人力资源要求和公司长远战略规划的不同，各个公司在开展人力资源管理业务外包上有很大的差异。许多公司的实践表明，外包业务需要遵循一个原则才能最大限度地为公司业务服务：公司核心业务，即有关公司文化建设、机构设置、核心决策等事项不能外包，只有常规事务性的工作才能够外包。

人力资源管理涉及内容众多，流程庞杂。若企业邀请咨询公司评价其专业技术与能力，给整个人力资源管理的涵盖内容进行重新设计，这就是“大外包”的概念。总体来说分为六大块：人员配置、培训与发展、薪酬福利、绩效考核、企业架构及岗位设置。而通常在完成人力资源管理体系的设计后，企业仍然需要聘用专业外包公司来实施日常烦琐的操作和管理，如薪资福利管理、薪资福利数据的获得、能力评估、人员培训与发展等，这就是普遍意义上的“小外包”概念。高层次人力资源招聘的特色工作。

11.1.3 人力资源管理业务外包的特点

1. 从服务行业角度来看

人力资源管理业务外包属于服务行业，故具有服务行业的通性特点。

1）无形性

人力资源管理业务外包服务是一种行动，我们无法像感觉实物商品那样来看到、感觉或触摸到这种行动。

2）异质性

人力资源管理业务外包服务由于是人表现出来的一系列行动，那么就没有两种服务会完全一致。不同的公司、同一家公司不同的员工、同一个员工不同的时间都会提供不同的服务，而且同样的服务在不同的服务对象眼中都有不同的感受。

3）生产与消费的同步性

人力资源管理业务外包服务不同于实物商品，先生产后销售和消费；人力资源服务生产的过程也是客户的消费过程，即使客户和服务人员在过程中没有接触。我们在给服务对象提供入离职手续服务或社会保险管理的时候，或者客户打电话向服务商咨询的时候，生产与消费同时发生。

4）易逝性

人力资源服务不能被储存、转售或退回，“瞬间”发生后就需要重新来生产。

2. 从人力资源活动角度来看

通过对人力资源管理业务外包活动进行分析研究，管理学者认为可外包出去的人力资源活动具有以下特点。

1）基础性

人力资源管理业务外包所涉及的内容是传统人力资源活动的基础部分，具有基础性，这是人力资源管理业务外包活动存在的必要理由。社会进入 21 世纪，企业管理也变为主要是人力资源管理，人力资源管理随即被提升到战略层次，之前在人力资源管理过程中的人事管理工作也转变为战略管理的下层工作。对于企业人力资源管理人员来讲，为了更好地扮演老板战略伙伴的角色，就必须将这些基础性工作外包给专业机构操作，以便自身腾出时间和精力进行战略层次的思考。

2）重复性

人力资源管理业务外包活动具有重复性，这不仅体现在外包活动自身的具体内容上，更多表现在企业对人力资源管理业务外包需求的重复性上。人力资源管理业务外包活动的重复性是人力资源管理业务外包发展的可能理由，企业对人力资源管理业务外包服务有重复性的需求，才使人力资源管理业务外包获得足够的发展动力。

3）通用性

人力资源管理业务外包的通用性，即人力资源管理业务外包活动不是针对某一个企业而言的，而是基于满足这一类服务需求的，这是人力资源管理业务外包的社会属性。

基础性、重复性、通用性是人力资源管理业务外包活动的基本特点，人力资源活动的某个部分要想外包必须具备这三个特点，并且要同时具备、缺一不可。

11.1.4 人力资源管理业务外包与企业需要

美国印第安纳大学的管理系教授斯考特·莱沃于1998年1月至7月对位于美国北部的500家企业外包人力资源管理模式进行了调查。调查对象是外包一项以上人力资源管理职能的企业，其规模从员工不足100人的小企业到12000人的大型企业不等。调查发现，人力资源管理的不同职能对企业的意义不同，外包程度也不同。由此可见，虽然人力资源管理的一些业务越来越外包化，但也不是全无选择性的。从人力资源管理的五大块事务性工作（人员配置、培训与发展、薪酬福利、绩效考核、企业架构及岗位设置）来看，企业比较感兴趣的外包业务如下：

1. 员工招聘

人力资源相关法律法规的变化，以及外部环境的不断变化给企业的招聘政策、招聘工作带来了较大的风险，同时，企业员工的流动性和可替代性也越来越强，因此，该项工作走向外包的程度也越来越高。招聘工作要求招聘人员具有相关的专业知识和技能，而面对企业日趋复杂的人力资源需求，仅靠企业人力资源部门自行招聘较难为企业招到合适的员工。因此，许多企业选择了外包的管理模式。对于企业低层人员的招聘，可由企业设定个性化的条件，委托专业中介机构代为招聘；对于企业需求的高层人员的招聘，可外包给猎头公司，从而为企业提供较为合理的人力资源配置。

2. 员工培训

在员工培训过程中，培训设计方面的工作一般由专业培训公司来完成，因为优秀的专业培训公司通常拥有人力资源管理各方面的专家，他们能够建立起一整套可以普遍适用于多家企业的综合性专业知识、经验和技能。而在培训的实施过程中往往需要企业内部培训的专业人员、经理和其他辅助人员的参与，因为他们比外部人员更熟悉本企业的情况，对员工具有更好的示范效果和亲和力。

3. 福利和津贴

企业的福利和津贴体现了企业对员工的关心，最易使员工感到个人与企业的利益相关性，从而形成归属感和认同感。现在，许多企业也把福利和津贴的业务交由专业机构代为管理。我国法定的福利，如养老保险、失业保险、医疗保险和住房公积金等事务性工作也可外包。企业通过把类似的福利与津贴的规划与管理交给专业咨询公司，一方面会提高双方的效率，享受因各自规模经济而带来的好处；另一方面还能降低企业的经营风险。

4. 薪酬管理

薪酬的设计与发放历来是人力资源管理部门的基本业务之一。目前，我国很多行政事业单位采用银行代发工资的形式，这不是外包服务所指的薪酬管理。外包服务所指的薪酬管理包括了绩效考核之后代为计算薪酬、代发工资的业务。这种业务外包，国内很多企业还没有采用，它们更习惯于采用隐蔽的手段发放工资。但是在国外，薪酬由第三方发放，无疑是提高薪酬透明度、保证公正的一种方式。据统计，薪酬管理外包的结果将取得成本下降47.4%的理想效果。

11.1.5 人力资源管理业务外包在我国的发展

人力资源管理业务外包在中国可以追溯到改革开放初期，1980年国务院出台了《关于管理外国企业常驻代表机构的暂行规定》，强制性规定了外国企业常驻代表机构应当委托政府指定的外事服务单位办理中方工作人员聘用手续，其中可以看到一些人力资源外包的影子。

1. 人力资源管理业务外包的萌芽期

从20世纪80年代初期到20世纪80年代末的大约10年期间是我国人力资源管理业务外包行业的萌芽期。此时，人力资源管理业务外包在我国以类似人力资源派遣的“提供中方雇员”方式为中国人力资源管理业务外包行业积累着宝贵的经验，为后来人力资源管理业务外包行业的起步和发展奠定了人才基础。如今中国人力资源管理业务外包服务领域的行业巨子FESCO（北京外企服务集团有限责任公司）和上海外事服务中心便是起步于此阶段的外事服务单位。

2. 人力资源管理业务外包的起步期

从20世纪90年代起到20世纪90年代末的又一个10年是我国人力资源管理业务外包行业的起步期。此阶段，“提供中方雇员”继续着它的发展，另外，伴随着改革开放的步伐，民营企业和外资企业相继出现，人才也开始小范围流动，各地人才交流中心和职业介绍中心开始为民营企业和外资企业提供基于人事档案的劳动用工手续的服务，人事事务外包终于揭开了它的面纱。此外，由于外资企业进入和先进西方人力资源管理理念的引进，我国部分企业从人事管理概念转入人力资源管理的概念，特别是一些发展快速的高科技企业，投入了大量资金和精力来打造自己的人力资源管理体系，此过程造就了一批人力资源管理实践专家，他们利用自己的专业知识和实践经验纷纷成立了人力资源管理顾问公司，开始推动我国人力资源管理职能外包市场的发展。

3. 人力资源管理业务外包的发展期

从21世纪起，我国人力资源管理业务外包行业进入了一个发展期。人力资源管理职能外包先行一步，不但向规范化、专业性发展，还出现了市场细分，如专业招聘网站、薪酬数据咨询顾问、人才测评机构、人事事务外包公司等。跨国企业在我国业务的发展、分支机构和人数的增多，使它们纷纷开始由其在华总部牵头，将其人事事务统一外包出去，如IBM、Microsoft、GE、西门子、西安杨森等。

4. 人力资源管理业务外包的规范期

总结人力资源管理业务外包在中国20多年的发展历程，可以看到一个异常清晰的具有中国特色的特点：①早期人力资源管理业务外包大多是由国有企业按照政策规定的外包；②人力资源管理职能外包向市场化发展；③跨国外资企业在华业务发展带动了人事事务外包。

5. 人力资源管理业务外包主导期

人力资源管理业务外包或成未来招聘手段的发展方向。如今80后、90后已成为职场主力军，他们每天花大量时间在微博、微信、社交平台等新媒体上，搜索求职信息了解企业文化。为了迎合现代人的需要，手机招聘、微招聘、互动招聘、预约式招聘等新产品、新渠道在近几年层出不穷，各类派遣、外包公司也纷纷冒头，招聘官们已经开始用各种手段迎合新生代的嗜好，以物色自己的“千里马”。

11.2 人力资源管理业务外包的选择动机与风险隐患

11.2.1 人力资源管理业务外包的选择动机

人力资源管理业务外包之所以发展迅速，受到众多企业的青睐，是和其自身的优势分不开的。

1. 能使组织把资源集中于那些与企业的核心竞争力有关的活动上

在竞争激烈的情势下，企业之间的竞争依赖的是建立和提升自身的核心竞争力，专门从事自身的优势产业，而没有过多的精力去关注企业价值链的其他环节。因而可以考虑将非核心业务实行外包，如将招聘员工、新员工培训、工资发放和人事档案管理等转交给专业服务公司或顾问人员，从而使这些活动尽可能少地干扰企业构建核心竞争力。

2. 可以有效地降低和控制企业的运营成本，缓解资金压力，实现高效运作

在美国，一个典型的组织中，平均每年用在每个员工身上与人力资源管理事务有关的开支约为1500美元，效率较低的公司这项开支是此数目的2~3倍。而行政性、事务性和非经常性活动的支出等占人力资源管理开支中相当大的一部分。对于企业来讲，从专业咨询公司获取人力资源方面的信息和高质量的服务，远比企业自身拥有庞大繁杂的人事管理队伍更能节约成本。根据富士通综合研究所的测算，业务外包降低成本的效果虽然在不同领域不尽相同，但平均可以降低成本10%~20%。

3. 降低企业的风险

有些人力资源活动，如以企业中高级管理人员和技术人员为主组成的核心人员的招聘和培训，与企业核心竞争力和经营绩效密切相关，企业往往较慎重。由于企业内部缺少相关领域的专家、技能和工具，故经常将此类活动外包给声誉较高、能力较强的专业性公司，以降低与此相关的风险，并获得优质的服务。

4. 适用于各个不同发展阶段的企业

不论是对新成立的公司、处于高速发展阶段的公司还是对大中型的成熟企业，都有其自身的独特优势。

5. 能够帮助企业建立完善的人力资源管理制度

这一点对于管理资源相对不足的中小企业尤其具有现实意义。当企业的人力资源

部门无力、不擅长或不便于满足某些要求时，将任务外包无疑是必然的选择。专业的PEO（Professional Employer Organization）公司可以帮助企业突破逐渐老化的管理模式，制订清晰的工作说明书和岗位规范，将员工考核记录及时归档，管理员工进出记录，建立人力资源管理信息系统等。

6. 有助于企业留住优秀员工

人才问题已经成为企业人力资源管理过程中一个不可忽视的问题，如何留住关键性人才是企业发展所面临的最大挑战。优秀的PEO公司通常拥有人力资源管理各方面的专家，他们能够建立起一整套可以普遍适用于多家企业的综合性专业知识、技能和经验，为客户公司做更为有效的人力资源管理工作。这些外部工作者了解员工的需求，能够提高员工的综合待遇，从而提高员工满意度，员工流失率自然就会下降。

11.2.2 人力资源管理业务外包的风险隐患

对于国内多数企业来讲，外包这个行业并没有相应的、完善的法律法规，也没有形成服务质量及价格的规范和标准，服务机构水平亦良莠不齐。在这种情况下，企业如果实施人力资源管理业务外包，势必面临可能产生的各种风险。从总体上看，人力资源管理业务外包的风险主要表现在以下几个方面：

1. 企业人力资源管理业务外包内容的决策风险

随着人力资源管理业务外包业务的逐渐完善，外包服务的内容已经逐渐涵盖了人力资源的主要职能，从简单的档案管理、薪酬福利发放到具有战略意义的人员招聘、人力资源规划。

企业应当根据自身的实际情况进行外包内容的选择，切忌迷信或者跟风，而应当从企业实际出发，选择最适宜、最有效果的内容进行外包。

此外，企业中如果大多数有关人力资源管理的工作内容都外包给了专业公司处理，那企业内部的人力资源管理部门就面临着重新定位和工作转型的威胁，所以企业在进行人力资源管理业务外包业务时有两个目标必须重视：一是解放人力资源管理人员，使他们将注意力从日常的事务性工作转向战略性的工作；二是在关注企业信息安全的前提下根据自身的实际情况进行选择，明确人力资源管理职能中哪些可以外包、哪些不适于外包且必须限制在企业内部进行。

2. 企业实施人力资源管理业务外包时的风险

1）人力资源管理业务外包服务商的选择风险

目前我国尚无相应的、完善的法律法规去规范外包行业的运作，服务商的规范经营和专业化程度让人担心，所以，这种风险是显而易见的。如从业人员素质参差不齐、专业化程度不高等，加上一些非法经营的外包服务机构的违规经营，使服务商的诚信度大打折扣。

选择人力资源管理业务外包的目的是降低企业运营成本和提升核心竞争优势，企业的生产流程都相对严谨，它要求外部资源能面向企业实现共享和优化，并且要保证信息的真实传递。由于行业存在信息不对称，企业很难对服务商的背景、资质准确了解，而真实的水平往往在过程中才能被准确评估。而人力资源管理业务外包服务的质量和效果与服务提供商的优劣有直接关系，因此服务商选择的决策风险不可忽视。

2）信息安全保护的风险

企业在外包合作过程中必须向服务商披露大量信息，在一些特殊项目中，还可能需要提供人力资源以外的相关信息。虽然目前国内的服务机构在合作时都会与企业签订保密协议，这提供了一定程度的信息安全保障，但是由于我国目前尚无完善的法律法规去规范外包行业的运作，一些运作不规范的外包服务商有可能泄露企业经营管理方面的机密信息，特别是如果出现服务商因经营不善而倒闭的情况，那么企业的合法权益将得不到保护。如何在保证服务商为外包服务的顺利开展获得足够的企业信息的同时保护企业信息安全，是外包的过程中必须妥善处理的问题。

11.2.3 防范人力资源管理业务外包风险的对策

1. 选择合理的人力资源管理业务外包内容

各个企业应根据行业特点、自身配置、需求层次等决定人力资源管理业务外包的内容。从整体上看，企业比较多地实施外包的有以下几个方面：

一是招聘工作。人员招聘工作中，基层的人员招聘主要交给一般的劳力公司操作，而企业需要的高层人员则外包给猎头公司。把这些职能有层次地外包出去，在一定程度上可减少人力资源部门的运作费用，而且可以保证在短时间内、以更广的渠道找到合适的人才。二是国家法定的福利，如养老保险、失业保险、医疗保险、住房公积金等事务性工作。三是员工培训等专业化程度比较高的工作。

但是，把一些关键职能，如薪酬管理、人力资源信息系统等外包出去则不可取，因为这些属于商业机密，一旦泄露给竞争对手，必将对企业生产造成极其不利的影响。另外，企业为了增强自身的核心竞争力、提高员工的积极性，那些可以解决员工冲突和抱怨等特殊的人力资源管理活动，最好交由本公司的人力资源管理部门实施。

根据统计，目前较常见的人力资源管理业务外包项目包括：

（1）代办员工的录用、调档、退休手续、社保开户变更手续、年检手续、外来人员综合保险。

（2）受用人单位委托招聘派遣岗位所需人才。

（3）代理户口挂靠及档案委托管理相关人事手续。

（4）代办人才引进、居住证、就业证手续。

（5）提供各类商业保险、福利、培训方案、规章制度的设计等。

（6）提供人事政策、法规咨询、调解劳动争议。

（7）调查员工满意度、调查薪资、拟定岗位描述。

（8）人力资源规划。

2. 准确实施人力资源管理业务外包过程

企业在进行充分的人力资源管理业务外包准备工作后，为了使外包达到预期的效果，在实施人力资源管理业务外包时必须考虑以下四个问题：

1）做好准备工作

对于准备进行外包的项目，首先要明确目标，制订完善的外包计划，并对计划和方案进行可行性分析。

2）充分的内部信任与合作

在实施人力资源管理业务外包前，应取得企业内部员工的充分信赖。各种宣讲活动的目的是让员工清楚地认识企业开展外包活动的目的和意义，让员工意识到实行外包是一种真正多赢、有效的方式。

3）有效而开放的沟通

任何企业在第一次进行人力资源管理业务外包时都意味着公司内部会发生重大变革和各种利益的再分配，所以最重要的是与员工进行合理的沟通，取得他们的信任，将信息和新的策略传递到公司的各个层面，以解释、指导和推动外包工作的顺利进行。

4）坚定的执行力

每一项变革都需要公司决策层的全力支持和员工坚定的执行力，但这不是简单地召开动员大会就能实现的，而是需要执行层的具体参与。一个好的外包计划加上强有力的执行才能算得上真正的成功。

3. 正确选择外包服务商

为了寻找到合适的外包服务商，首先应对其资格进行审查。除了价格外，应当从公司实力、客户群体、专业背景、客户口碑等方面综合了解，针对所要进行外包的内容，选择专业可靠的服务商。特别是客户口碑，作为传统的信息渠道的补充非常有帮助：通过曾与服务商合作过的客户的反映，可以更加客观地了解该服务商的水平资质。企业的项目负责人（通常是人力资源部专人负责）必须在服务机构调研、选择时考虑周全，尽量选择实力雄厚、公司历史较长、有丰富的本行业企业服务经验、在合作的内容上具有专长以及客户评价良好的服务商。

4. 合理定位人力资源部门的角色

越来越多的企业开始选择将人力资源工作外包出去，于是很多人力资源工作者开始担心这样一个问题：人力资源工作者将何去何从？是要转行做外包工作还是向咨询业发展？

事实上，人力资源管理业务外包只是起着一种“减压器”的作用。如前所述，企业并不是全部把人力资源管理职能外包出去，而是有选择地外包，企业会把一些重复的、烦琐的、事务性的工作，不涉及企业秘密的培训、招聘、社会福利管理等工作外包给专业机构，让它们完成一些前期的或者例行的工作。而其他一些涉及公司机密或核心职能的工作，依然由企业内部的人力资源部门管理，所以，应该不存在人力资源工作者失业的可能。当然，大部分人力资源经理对于人力资源管理实行部分外包还是持肯定态度的。

此外，为了能更加适应企业人力资源管理的变化，人力资源从业人员除了有专业上的深度外，还应该多增加自己的广度，从而能够扮演一个真正的企业伙伴，站在企业的战略高度上来进行人力资源规划等人力资源工作。

5. 明确人力资源部门在外包过程中的职责和定位

明确人力资源部门在外包过程中的职责目的是保证过程的参与和监控。虽然外包可以把人力资源部门从日常事务中解放出来，但是在外包过程中他们的参与和监控也决不可以忽视。作为与外包服务机构接触最为密切的部门，人力资源要承担起对服务的监控和评估职能，要建立起对服务商的评估机制，在实施过程中不断地进行评审、反馈和沟通；同时由于大多数信息资料都是由人力资源部披露给服务商的，在信息安全的保障方面，人力资源部门应当与相关部门进行协作，建立起文件管理和信息安全保障机制，避免机密信息的外泄。

人力资源管理业务外包某种程度上减轻了企业管理者及人力资源部门的负担，但是要保证服务的效果并且规避服务过程中的风险，需要进行充分的计划、准备工作，并且要求企业管理者的支持、相关法律法规的建立、行业规范程度的提高和企业对外包服务理解认识的不断加深，这样风险将随之减弱，企业也会在不断的实践中提高应对风险的能力，人力资源管理业务外包服务的积极效用将会进一步显现出来。

11.3 人力资源管理业务外包的影响因素

企业对于外包态度的差异可归因为企业决策者对人力资源管理业务外包持不同的认知和行为倾向，另外，还与社会对外包的优势和劣势的评价有关。这些差异说明，人力资源管理者在进行外包决策时需要考虑的因素是很多的，其中主要包括外部环境影响因素、组织影响因素、外包的动机影响因素。

11.3.1 外部环境影响因素

外包的环境影响因素包括以下两部分：

1. 外包市场的成熟程度

外包市场是由专门从事人力资源活动的公司集合体组成的，是企业为将其人力资源活动进行外包寻求外部服务提供者或契约方的市场所在。该市场的存在与发展既受企业人力资源活动外包的影响，又对其人力资源活动外包产生一定的影响。一般来说，当人力资源活动专营公司的数量较少、规模较小时，该市场处于发展的初级阶段，由于规模经济较小或不存在规模经济，其服务的成本和质量对企业来说一般不具有吸引力；相反，当行业得以进一步发展至公司数量众多、业务分工精细、工具或手段合理先进，即达到一定的规模或成熟度时，企业更愿意实行人力资源活动外包，以从中获取质优价低的服务。

2. 主要竞争对手的外包情况

行业中主要竞争对手的行为往往是“有效性”的信号和标志，因此，竞争对手人力资源活动外包的程度及效果优劣等必然影响企业外包的意愿和选择。

11.3.2 组织影响因素

1. 人力资源实践的独特性

有关外包的问题与交易成本经济学的“自制”或“外购”相关。根据交易成本经济学，人力资源管理业务外包可看作同组织科层制相对的一种以市场契约为存在形式的组织结构。独特的人力资源实践是指组织用一种明显不同的方法来管理其劳动力，这时，人力资源管理业务外包可能需要明显的高额投资，因为其人力资源过程并不总能被编码，而是经常以隐性知识为基础的，这种高成本就反映在外部需要的高价服务上，而且，公司实施独特的人力资源实践时可能会限制契约方为其提供满意服务的能力。我们知道，外包往往由于多个委托方的相似需求产生规模经济，而独特的实践必然需要特殊的投资，则规模经济会下降，从而影响外包的成本优势。当然，这种影响取决于人力资源活动的类型。因一些活动，如绩效评估、培训、选聘等战略性、专业性活动直接反映组织的独特文化，故若组织实施独特的人力资源实践，这些战略性和专业性活动主要依赖隐性知识。相反，更多常规性的活动，如薪资发放，可能更少依赖组织特定的隐性知识。所以，如果组织的人力资源实践独特，除交易性活动外，综合性、人力资本性和招聘性活动外包的可能性较小。

2. 人力资源的战略性参与

近几年来，公司不断地要求人力资源部门成为经营合作伙伴或在关注组织绩效的战略中扮演更加重要的角色，所以对于更多战略性参与的人力资源经理来说，他们将更加关注那些与战略相关性强、对组织绩效起重要作用且要求更好理解公司实践和文化的人力资源活动，而较少关心一些常规性活动，如薪资发放和培训等专业性活动的实施。所以，如果人力资源在公司中扮演战略性角色，则将会有更大的外包趋势，但对不同类型活动的影响是不同的。如综合性活动因要求高度理解公司的战略规则，增加了外包的成本和风险；而常规的交易性和专业性活动则相反，因与组织战略相关性较小而可能要求决策制定者较少地直接参与，所以，战略性人力资源管理人员出于两种原因倾向于外包交易性、人力资本性和招聘性活动。人力资本性和招聘性活动的战略性参与可能使这些管理人员倾向于从外部选定优秀的供应方以获得专业人才的优质服务。由于交易性活动几乎不需要战略性参与，出于外包的规模经济所产生的潜在成本节约的考虑，其被战略性人力资源管理者外包的动力更大。

3. 人力资源效果现状

根据公司的资源观，良好人力资源效果（如员工工作的积极性、上进性和合作性表现）的获得依赖于隐性知识。当人力资源管理在企业内部进行时，拥有隐性知识的管理人员可以通过指导下属的工作来取得良好的效果，即使下属不能完全理解其指导的理论基础，经过一段时间后，管理人员的领导和指导将会使这种知识在员工之间内部化。而在外包情形下，尽管目标可以在契约中具体化，但是以隐性知识为基础的方法和过程却难以在二者之间进行有效的传递和交流，在契约方不能拥有这种隐性知识的情况下，其必然选择“次优”的方法和过程，从而造成低效。当然，隐性知识对不同人力资源活动的重要性是不同的，例如，有关特定工作程序和组织文化的隐性知识对综合性活动（如雇员关系项目设计）非常重要，但与交易性活动（如薪资管理）的相关性较小，故对该类几乎不需要理解组织文化的常规性活动实行外包可使契约方开发出标准化程序，在不威胁有关企业内部人力资源管理良好效果的前提下，利用其规模经济产生成本优势以吸引企业管理者。故已取得良好人力资源效果的公司将较少外包其综合性、人力资本性和招聘性活动，而其交易性活动不受影响。

4. 人力资源工作者的内部晋升机会

公司内部进行人力资源活动时，雇员追求自我或本部门目标而牺牲组织整体利益的事情时有发生，从而产生组织成本。该问题的解决当然有赖于控制机制的存在及其程度。强调内部晋升即为职业生涯发展提供通道，是降低组织成本的有效控制机制。所以，当公司强调晋升机会时，雇员对组织的持续贡献将获得更多的晋升机会，相应地，组织可支付更低的内部人力资源活动成本，所有人力资源活动外包的动力降低。

5. 人力资源需求的不确定性

劳动力的需求对人力资源管理业务外包成本有潜在的影响。当人力资源活动在企业内部进行时，若劳动力需求发生变化，经常需进行高成本付出的调整以在雇员间重新分配这些活动。当人员增加时，需对新雇员的雇佣和培训进行投资；当人员减少时，不仅会丧失这些人力资本投资，而且会增加解除劳动关系的成本。而在外包时，即使某一委托人的需求发生变化，契约方仍可能在不花费高昂成本的情况下重新在其众多的委托人之间进行调整。因此，当公司面临巨大的人力资源需求不确定性时，外包人力资源活动的可能性将会增加。

6. 薪资政策

由于薪资政策的不同，内部进行人力资源活动的成本在不同的组织间是不同的，且可能影响内部管理的成本和收益。一般来说，实行高薪政策公司的内部人力资源活动成本较高，除综合性活动外，其他三类活动外包的积极性更大。

7. 公司规模

公司规模会由于规模经济而影响外包的成本。很多人力资源服务需要专门的知识和技能，从而需要大量培训。一般情况下，有些公司并不经常或偶尔需要这样的服务。特别是在小公司里，很多需要人力资源专业知识和技能的活动由于不经常进行，而使其内部提供这些服务的单位成本也相对较高；相反，大公司由于大的雇员群体，且其专业性活动经常在不同群体间进行，其单位成本由于规模经济而降低。因此，从经济学角度分析，小公司可能更倾向于外包，即公司规模与人力资源管理业务外包呈负相关。

11.3.3 外包的动机影响因素

我们从以上分析中知道，即使是相同的组织因素，对组织内不同类型人力资源活动外包的影响也是不同的，这可以综合为由以下三种主要动机所致。

1. 建立和提升核心竞争力

自20世纪80年代以来，随着信息技术的日新月异、知识经济的来临和经济全球化，企业之间的竞争依赖的是建立和提升自身的核心竞争力，专门从事自身的优势业务，而把非核心业务或因素通过实行外包的形式排除在企业之外。对人力资源部门来说，与企业竞争优势保持和组织战略成功实施高度相关的活动，如人力资源规划等综合性活动，一般不实行外包，只对另一些相对不重要的活动进行外包。

2. 减少成本

减少成本的动机主要是针对那些对企业的核心竞争力和经营绩效影响不大的人力资源活动来说的。如薪资发放等交易性活动，在企业既定的薪资政策下，如果能利用契约方企业的规模效应，从而降低本企业的对应成本，正是所有企业所希望和追求的；而与此相反，对于不重要的一般员工的招聘性活动和人力资本性活动，出于同样的减少成本的目的，大多在企业内部进行，因为企业在这方面的培训资源既丰富，又方便有效。

3. 降低风险

有些人力资源活动，如以企业中高级管理人员和技术人员为主组成的核心人员的招聘和培训，与企业核心竞争力和经营绩效是密切相关的，该类活动成功的意义也是非同凡响的，所以企业往往慎重待之。由于内部缺少或担心缺少相关领域的专家、技能和工具，故企业经常将此类活动外包给声誉较高、能力较强的专业性公司，以降低与此相关的风险，并获得优质的服务。

综上所述，可得出以下结论，因为员工处于企业内部的不同层次，故对企业的相对重要性也不同，再辅之以不同的动机考虑，进而影响企业对其进行人力资源活动的行为选择。出于建立和保持核心竞争力的动机考虑，有关企业战略成功实施的关键的综合性人力资源活动通常保留在企业内部进行；为降低风险，企业中高层管理人员和专业技术人员，特别是高层管理人员和核心技术人员的招聘性和人力资本性活动多通过寻求专业性服务公司进行外包；从降低成本的角度出发，企业内部其他人员的招聘和人力资本性活动往往保留下来。

总之，以上环境因素、组织自身特点和动机三类因素都能影响组织人力资源管理业务外包活动，但由于它们依次处于由外到内的不同层次上，所以其影响也是不同的。其中，环境因素和组织特点影响企业人力资源活动外包的程度和效果，而组织内部不同类型人力资源活动外包的不同程度则是由其目的或动机决定的。同时，这些影响因素的作用是复杂的和不确定的，所以，公司在决定将人力资源活动外包时应统筹兼顾，系统地考虑诸多因素的影响。

11.4 人力资源管理业务外包决策的成本收益分析

在做人力资源职能外包决策的时候，大多数高级管理人员都会聚焦于成本以及回报，期望有完整的成本收益分析。在人力资源活动方面，许多企业使用一种简单的衡量标准——计算所有工作人员完成某特定活动的成本（包括薪资、福利、办公空间、电话、计算机设备及其使用等），再将此成本与该活动外包的成本进行比较。一般来说，有多少企业采用外包方式，就有多少种成本收益分析的情形。

然而，成本只是一方面的因素，还有很多需要考虑的其他因素，例如，必须考虑雇员和管理人员对以外包方式完成此工作的满意度、现有人员的未来能力和企业技术现状等。因此，衡量成本不能仅仅着眼于直接成本，而应该定位于更大的外延上——如何带来最高的回报率和最小的组织混乱。

由此可见，企业在做出是否将人力资源管理的某一职能外包决策之前，必须先做好成本收益分析。如果业务外包比雇佣更多的人去做人力资源的成本更低、效益更好，那么就可以考虑将人力资源的职能外包出去，如福利、培训或人员配置，以使企业有机会精简这些职能工作，这样，企业就能在相关活动中节省成本。

思考题

1. 什么是人力资源管理业务外包？它的核心思想是什么？
2. 人力资源管理业务外包的内涵和外延是什么？
3. 人力资源管理业务外包的内容及特征是什么？
4. 人力资源管理的哪些环节最适合外包？
5. 人力资源管理业务外包是如何在中国发展的？
6. 人力资源管理业务外包存在哪些风险？如何规避？
7. 人力资源管理业务外包发展如此快的优势有哪些？
8. 人力资源管理业务外包的实施步骤有哪些？

实训项目

一、实训内容

结合你所熟悉的企业，了解人力资源管理业务外包的情况。

二、方法步骤

1. 每五人组成一个小组，对人力资源管理业务外包的情况进行分析和研究。
2. 以小组为单位编写一份人力资源管理业务外包的案例。
3. 每个小组派一名代表在课堂上交流、讨论。

三、实训考核

1. 对交流、讨论给予成绩认定。
2. 对讨论交流的成果给予点评。

参考文献

［1］加里·德斯勒．人力资源管理［M］．6 版．北京：中国人民大学出版社，1999.
［2］许莹．人力资源管理理论与实务［M］．北京：人民邮电出版社，2013.
［3］李宝元，王文周．人力资源战略管理［M］．北京：清华大学出版社，2013.
［4］张德．人力资源开发与管理［M］．4 版．北京：清华大学出版社，2012.
［5］何耀明．人力资源管理［M］．南京：南京大学出版社，2011.
［6］王丽娟．招聘与录用［M］．北京：中国人民大学出版社，2012.
［7］曾湘泉．薪酬管理［M］．3 版．北京：中国人民大学出版社，2014.
［8］萧鸣政．工作分析的方法与技术［M］．4 版．北京：中国人民大学出版社，2014.
［9］石金涛，唐宁玉，顾琴轩．培训与开发［M］．3 版．北京：中国人民大学出版社，2014.
［10］夏兆敢．人力资源管理［M］．2 版．上海：上海财经出版社，2011.
［11］李冰，李维刚．人力资源管理［M］．北京：清华大学出版社，2009.
［12］彭剑锋．人力资源管理概论［M］．上海：复旦大学出版社，2012.
［13］唐静，程云．人力资源培训与开发［M］．北京：电子工业出版社，2010.
［14］赵景华．人力资源管理［M］．济南：山东人民出版社，2002.
［15］THOMAS A STEWART. Taking on the Last Bureaucracy［J］. Fortune，1996（1）.
［16］BARBARA PARUS. Designing a Total Rewards Program to Retain Critical Talent in the New Millenium［J］. ACA News，1999（2）.
［17］LEN STARAZEWSKI. Double Duty［J］. Human Resource Executive，1998（7）.
［18］ANDREW R MCLLVANE. Work Ethics［J］. Human Resource Executive，1998（8）.
［19］LINDA MICCO. Ranks of Certified HR Professionals are Swelling Rapidly［J］. HR News，1998（6）.
［20］JAY B BARNEY，PATRICK M WRIGHT. On Becoming a Strategic Parther：The Role of Human Sources in Gaining Competitive Advantage［J］. Human Resource Management，1998.
［21］SUSAN WOLFE. HRIS Usability：Why You Can't Afford To Ignore It［J］. IHRIM. Link，1998（1）.
［22］ALEX M SUSSKIND，VERNON D MILLER，J DAVID JOHNSON. Downsizing and Structural Holes［J］. Communication Research，1998.

[23] JULIE COOK. Some Way Out [J]. Human Resource Executive, 1998 (9).

[24] DAVID ULRICH. A New Mandate for Human Resources [J]. Harvard Business Review, 1998 (1) ~(2).

[25] JOSEPH COATES. Emerging HR Issues for the Twenty – First Century [J]. Employment Relations Today, 1997.

[26] JOHN R HOLLENBECK, et al. Extending The Multilevel Theory of Team Decision Making [J]. Academy of Management Journal, 1998 (41).

[27] JENNIFER LAABS. What You're Liable for Now [J]. Workforce, 1998 (10).

[28] BILL LEONARD. A New Era at the EEOC [J]. HR Magazine, 1999 (2).

[29] LINDA MICCO. EEOC Cuts Number of PendingCases in Half Over Three Years [J]. HR News, 1998 (9).

[30] LEON G WYNTER. Business and Race [J]. The Wall Street Journal, 1998 (7).

[31] Five Things to Remember When Creating a Job Description [J]. Manager's Intelligence Report, 1997 (3).

[32] DEBRA L MCDANIEL. A Competency Model for Human Resources, in David D. Dubois, The Competency Case Book [M]. Amherst, MA: HRD Press, 1998.

[33] PATRICK M WRIGHT, GARY C MCMAHAN, BALINE MCCORMICK, et al. Strategy, Core Competence, and HR Involvement as Determinants of HR Effectiveness and Refinery Performance [J]. Human Resource Management, 1998.

[34] TOM SRARNER. Being Direct [J]. Human Resource Executive, 1999 (3).

[35] MICHELLE NEELY MARTINEZ. Intranets Boost HR to More Strategic, Future – Based Sevels [J]. HR International Update, 1998 (2).

[36] 秦志华. 人力资源管理 [M]. 3 版. 北京：中国人民大学出版社，2012.

[37] 靳丰菱. 人力资源投资、内部控制与企业绩效 [J]. 商讯，2020 (14).